부모와 교사가 함께 읽는 책

존 화이트의 교육적 관점에서 본

마음과 교육

부모와 교사가 함께 읽는 책

존 화이트의 교육적 관점에서 본

마음과 교육

이지헌 저

학지사

서문

교육이란 무엇인가? 이런 근본적인 문제는 아이를 기르는 부모, 학생을 가르치는 교사, 학교교육을 이끌어 가는 교육행정가와 교육 관료, 그리고 교육을 연구하는 다양한 학자에게 매우 중요한 것이다. 그들이 교육을 어떻게 보는가는 그들이 수행하는 거의 모든 일에 이론적으로 또 실천적으로 영향을 미친다.

이 책은 이런 근본 문제에 새롭게 접근한다. 새로운 접근이란 마음을 통해 교육을 이해하려는 것이다. 다시 말해서 마음의 본성이 무엇인가를 밝힘으로써 교육이 무엇인가를 밝혀 보려는 것이다. 교육과 마음의 깊은 관계를 탐색하는 일이 이 책의 핵심이다.

마음이란 무엇인가? 마음에 대한 상식적 이해는 성인이라면 누구나 갖고 있다. 이런 상식적 이해는 국어사전에서 마음의 의미를 찾아보면 쉽게 파악할 수 있다. 사전에 나오는 마음의 의미는 다양하다. 첫째, 마음은 사람의 성격이나 품성을 전체적으로 가리킨다. 좋은 마음, 착한 마음, 어진 마음이라는 표현에 그런 의미가 담겨 있다. 둘째, 마음은 여러 가지 심적 작용을 구체적으로 가리킨다. 마음은 의지, 생각, 감정, 기억, 관심, 판단, 사랑, 호의 등의 심적 작용을 가리킨다. 마음으로 축하한다, 마음을 떠보다, 마음에 비추다, 마음이 있다 등의 표현에 그런 의미가 담겨 있다. 셋째, 마음은 그런 작용이 발생하는 위치나 자리를 가리킨다. 마음을 비우다, 마음에 담아 두다 등의 표현에 그런 의미가 담겨 있다. 요컨대, 마음은 여러 가지의 구체적인 심적 작용, 인간의 전체적인 품성, 혹은 그런 작용과 품성이 생기는 자리 등을 가리키는 용어다.

이런 상식적 이해를 체계적으로 분석하여 마음의 본성을 탐구하려는 학문이 철학이요, 그것을 구체적으로 또 경험적으로 탐구하는 학문이 심리학을 비롯한 경험과학이다. 철학의 역사는 수천 년이고, 경험과학의 역사는 수백 년이다. 그런데 우리가 마음을 연구하는 학문을 떠올릴 때엔 심리학이 주로 나타나고, 철학은 거리가 먼 것으로 느껴진다. 아무래도 철학은 난해한 것이라서 접근하기가 어렵다고 보기 때문인지 모른다.

그러나 철학은 오랫동안 마음을 탐구해 왔다. 철학은 당대의 상식적 이해와 당대의 과학적 이해를 기반으로 마음에 대한 이해를 심화시키고 체계화시켜 왔다. 모든 철학자의 사상 속에는 마음에 관한 철학적 이해가 깔려 있다. 최근에는 철학을 전공하지 않은 일반인도 이해하기 쉽도록 평이하게 쓰인 책들이 많이 등장하고 있어서 마음에 대한 철학적 이해를 통해 교육이 무엇인지를 새롭게 살펴볼 수 있게 되었다.

이 책은 마음에 대한 철학적 이해가 교육을 어떻게 밝혀 주는지를 보여 준다. 여기서 드러나는 교육관은 기존의 교육관과 사뭇 다른 것이다. 어떻게 다를 수 있는지는 이 책이 자세히 보여 줄 것이다. 여기서 그 요점만 말한다면 교육의 핵심은 마음의 확충을 돕는 일이다. 인간의 교육은 그 마음의 확충에 집중해야 한다.

세상에 태어난 아이는 누구나 몸과 마음이 건강하고, 건전하고, 온전하게 성장하고 발달해야 한다. 몸과 마음의 성장 및 발달은 서로 밀접하게 연결되어 있지만 이 책에서는 몸보다는 마음에 집중한다. 그렇다고 해서 몸이 덜 중요하다는 뜻은 아니다. 마음을 바람직한 방향으로 확충하는 것이 교육의 핵심임을 밝히는 데 초점을 둘 것이다.

마음의 현상이나 활동은 앞서 상식적 이해에서 언급한 것처럼 다양하다. 중요한 것을 몇 가지 추려 보면 개념, 믿음, 발달, 지능, 사고, 상상, 동기, 정서, 자아, 혹은 몸을 들 수 있다. 이런 심적 현상이나 활동은 따로 나타나고, 서로 이어지고, 또 모두 연결되는 것이다. 따라서 마음의 여러 현상이나 활동은 개별적으로, 또 관계적으로, 그리고 종합적으로 밝혀낼 필요가 있다. 그렇게 하면 사람의 마음이 어떻게 작동하고, 또 어떻게 발달하는지가 더 명확하게 드러날 것이다. 그리하여 심적 활동의 다양하고 균형된 발달이야말로 아이를 기르고 가르치는 일에서 핵심이라는 점도 밝혀질 것이다. 이를 간단히 다음과 같이 제시할 수 있다.

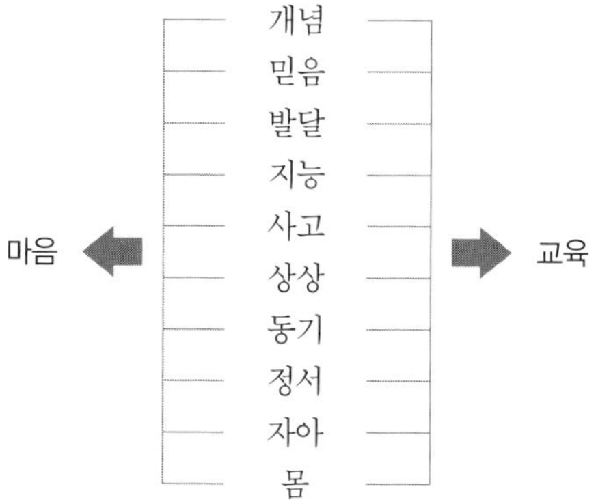

한국교육의 한 가지 문제는 '마음에 대한 교육적 관심'이 별로 깊지 못하다는 것이다. '아이의 마음이 건강하고, 건전하고, 온전하게 발달하고 있는가'보다는 '아이가 남보다 얼마나 더 많은 교과 지식을 습득하고 더 좋은 성적을 내고 있는가'에 관심이 집중되어 있다. 한국교육은 주로 학문적 교과의 지식을 습득하는 것에 치중하고 있어서 아이의 마음의 온전한 성장과 발달은 늘 주변적 관심사로 밀려나기 쉽다. 지적인 것은 단지 마음의 일부에 지나지 않는 것인데도 말이다.

이런 문제는 심각한 사회 현실과 연결된 것이다. 어느 사회학자의 말처럼, 21세기 한국은 평등 사회다. 즉, 아파트의 '평'수, 그리고 시험 성적의 '등'수가 최고의 관심인 사회다. 아무튼 사회와 교육은 심각할 정도로 병들어 있는 것 같다. 정의롭지 못한 사회는 불평등을 악화시키고, 정의롭지 못한 교육은 부당한 차별을 정당화하고 있는 것 같다. 이런 상황에서 어른과 아이의 마음은 정상적인 상태에 있지 못하고, 마음에 관한 관심과 이해도 정상적이지 못하고, 마음의 교육도 비정상적인 것 같다. 교육과 마음이 함께 문제다.

교육에서 마음을 중시해야 할 이유가 또 있다. 뇌와 컴퓨터에 관한 과학기술의 발전과 변화는 경이롭다. '마음은 뇌다', '마음은 기계다', '마음은 컴퓨터다'라는 말이 널리 퍼지면서 교육계도 크게 동요하고 있다. 이런 상황에 잘 대처하자면 무엇이 먼저 필요할까? 그것은 '인간의 마음이 무엇인가'에 대한 분명한 이해일 것이다. 마음이 무엇인가에 대한 철학적 이해를 바탕으로 교육 문제에 접근할 필요가 있다. 마음에 대한 기초적 이해를 제공해 준다는 점에서 이 책은 새로운 의미가 있다.

이 책은 존 화이트 교수의 『아동의 마음』에 담겨 있는 교육관을 한국의 부모와 교사가 함께 읽어 보고, 생각하고, 논의해 볼 수 있도록 필자가 최대한 알기 쉽게 해설한 것이다. 이와 관련된 전문적 사항은 학술적 후기에 별도로 적어 넣었으니 참고가 될 것이다. 지난 이십 년 동안 필자가 『아동의 마음』과 관련 문헌을 반복해서 읽고 생각한 바가 이 책에 담겨 있다. 이 책의 출간 소식을 듣고 기쁨과 희망의 메일을 보내 준 화이트 교수에게 감사한다.

또 '아이의 마음'에 관한 필자의 호기심을 불러일으키고, 이 책이 완성되도록 큰 자극을 준 정윤재에게, 그리고 많은 도움을 준 정진서 차장에게 감사한다. 또한 좋은 지적과 많은 격려를 보내 주신 분들, 학지사의 김진환 사장님, 김진영 차장님을 비롯하여 출간을 위해 도와주신 분들께 모두 감사한 마음을 전한다.

2022년 1월
이지헌

차례

서론

이 책은 교육을 받는 아이의 마음이 어떤 것인가를 밝혀냄으로써 교육이 무엇인가를 드러내는 '기초적 교육론'이다.

전체적으로 다음의 세 가지 문제를 다룬다.

- 마음, 개념, 믿음, 발달, 지능, 사고, 상상, 동기, 정서, 자아란 무엇이며, 그리고 마음과 몸의 관계는 무엇인가?
- 심적 특성들은 서로 어떤 관계에 있는가?
- 심적 특성들은 어떻게 길러질 수 있는가?

이를 탐구하려면 '심리철학(philosophy of mind)'이라는 영역으로 들어가야 된다. 이는 철학의 기본 영역 중 하나다. 심리철학은 마음이 무엇인가를 철학적으로 탐구하는 영역이다. 한편으로 마음과 몸의 관계를 통해서 마음을 총체적으로 탐구하고, 다른 한편으로 마음에서 나타나는 구체적 현상, 즉 개념, 믿음, 발달, 지능, 사고, 상상, 동기, 정서, 자아 등을 통해서 마음을 세부적으로 탐구한다. 이 책은 후자의 방향에서 마음이 무엇인가를 탐구한다. 여기서 탐구하는 마음의 현상, 즉 개념, 믿음, 발달, 지능, 사고, 상상, 동기, 정서, 자아 등은 인간의 삶과 교육에서 핵심을 차지하는 것들이다. 이처럼 마음과 교육은 깊은 관계에 있다. 따라서 마음을 통해서 교육을 밝혀낼 수 있다.

철학과 달리 심리학은 인간의 마음을 과학적으로 탐구한다. 심리학은 마음의 구체적 특성을 과학적으로 연구하고, 심적 특성에 대한 세밀한 정보와 지식을 제공해 준다. 이와 달리 철학은 마음의 전체적인 그림을 제공해 준다. 다시 말해서 인간의 마음과 그 주요 특성, 그리고 각 특성 간의 상호 관계에 관한 지도를 제공해 준다. 한마디로 심리철학은 마음의 틀, 혹은 구조를 파악하는 데 도움을 준다.

사람들은 심리학이나 철학을 공부하지 않아도 마음이 무엇인지를 어느 정도는 거의 알고 살아간다. 이미 얼마간 알고 있는 점을 더 깊게 파고드는 것이 철학이다. 철학은 우리에게 들어 있는 생각을 들추어내고, 명료하게 밝혀내고, 얽혀 있는 의문과 혼란을 추려 내는 데 도움을 준다. 다시 말해서 심적 현상을 개념화하는 방식이 우리에게 이미 있는데 이를 더 체계적으로 규명함으로써 마음의 전체 모습과 그 교육적 의미를 더 명확하게 드러낸다는 뜻이다.

그렇다면 실제 교육 상황에서는 어떻게 해야 할 것인가? 이건 중요한 문제다. 그러나 철학이 구체적 조언을 제시하기는 어렵다. 철학은 아이의 심적 장치를 체계적으로 밝혀내고, 그것이 교육과 어떻게 연관되는지를 드러내는 데 도움을 줄 뿐이다. 실천적 상황에서 부딪히는 교육 문제를 제대로 처리하자면 다방면의 이론적, 정책적 연구 및 사회운동이 절실하게 필요할 것이다. 특히 윤리학이나 정치철학의 도움을 받아서 교육목적을 제대로 밝히는 일이 중요하다. 왜냐하면 교육을 어떻게 해야 할 것인가 하는 문제는 결국 교육의 목적을 어디에 둘 것인가와 깊이 연관되기 때문이다. 그렇지만 가치나 윤리와 관련된 교육목적 문제를 이 책에서 다룰 수 없다. 다만 심적 세계의 어느 부분이, 또 어느 지점에서 교육목적 문제 혹은 교육정책 문제와 맞닿아 있는지를 밝혀낼 수 있을 뿐이다.

******

이 책은 11개의 장으로 구성되어 있다. 제1장에서 마음이란 무엇인가를 다룬다. 제2장부터 제10장까지는 마음의 여러 측면을 다룬다. 제11장은 마음과 몸의 관계를 간략하게 다룬다.

각 장에서는 해당 주제를 어떻게 다루는가? 이에 대한 간략한 해설을 다음에서 제공하고자 한다. 마음에 관한 이야기가 상당히 낯설게 느껴지는 독자가 있겠지만, 다음의 해설과 각 장의 요약 부분을 미리 읽어 본다면 각 장의 윤곽을 쉽게 파악할 수 있을 것이다.

제1장 마음

여기서 크게 세 가지 질문을 다룰 것이다. 마음이란 무엇인가? 심적 현상이란 무엇인가? 교육이란 무엇인가?

첫째, 마음이란 무엇인가? 이는 종교적 관점과 과학적 관점에서 접근할 수 있다. 종교적 관점은 인간과 동물의 절대적 구분을 강조하고, 과학적 관점은 인간과 동물의 연속성에 주목한다. 두 관점의 교육적 의미는 다를 것이다. 종교적 관점은 추상적 사고를 일방적으로 강조하는 반면, 과학적 관점은 마음의 다양한 측면을 강조한다고 볼 수 있다. 이런 차이는 학교 제도와 학교 교육과정에서도 나타난다.

둘째, 심적 현상이란 무엇인가? 다시 말해서 여러 가지 심적 현상의 공통된 특성은 무엇인가? 합리적 사고, 의식, 혹은 심적 대상이 그런 공통점에 속하는 것일까? 세 가지가 심적 현상의 공통점인지를 하나씩 검토한다. 먼저, i) 합리적 사고는 모든 심적 현상의 공통된 특징인가? 심적 현상 중에 합리적 사고가 없는 것도 있는가? ii) 의식은 모든 심적 현상의 공통된 특징인가? 심적 현상 중에 의식이 없는 것도 있는가? iii) 심적 현상에는 대상이 있다라는 점이 공통점인가? 심적 현상 중에는 대상이 없는 것도 있는가?

셋째, 교육이란 무엇인가? 이는 합리적 사고, 의식, 심적 대상이 과연 마음의 공통점인지를 검토하면서 밝혀질 것이다. 예를 들어, 의식이 마음의 공통점인지를 논하면서 마음의 상태, 즉 심적 상태를 발현(적) 상태와 지속(적) 상태로 구분하고, 이 구분을 통해서 가르침, 배움, 교육이 무엇인가를 설명할 것이다. 요약해서 말하면 교육의 핵심은 마음에 있고, 마음의 핵심은 개념에 있다. ('발현 상태'와 '지속 상태'라는 구분을 통해서 교육을 자세하게 설명하는 글이 제1장 끝에 있다)

제2장 개념

여기서 개념은 무엇이며, 또 어떻게 발달하는가를 논한다.

첫째, 개념이란 무엇인가? 이를 여덟 가지 문제로 나누어 접근할 것이다. i) 개념은 머릿속의, 혹은 마음속의 아이디어인가? ii) 개념은 언어가 없어도 가능한 것인가? iii) 동물(쥐와 고양이)은 언어가 없을지라도 먹이를 인지하는 능력이 있는가? iv) 선천적인 시각장애인은 색상을 인지하지 못할지라도 색상에 대한 언어적 이해는 가능한가? v) 개념을 소유한다는 것은 인지적 능력 및 언어적 이해를 갖는 것이라고 볼 수 있는가? vi) 인간의 개념화 능력에 생물학적 기반이 있는가? vii) 신호 인지(sign cognition)를 통한 개념학습은 체육 및 다른 분야에서 어떻게 나타나는가? viii) 언어의 소유는 인간의 개념에 어떤 차이를 일으키는가?

둘째, 개념은 어떻게 생기는가? 이를 여섯 가지 문제로 나누어 접근할 것이다. i) 신호 인지는 삶을 통해, 혹은 가르침을 통해 발달하는가? ii) 개념은 경험으로 혹은 언어로 학습되는가? iii) 개념은 혼자서 혹은 도움을 받아서 학습되는가? iv) 개념학습에 관한 이론으로 생득설에는 어떤 오류가 있는가?

v) 개념학습은 '연결된 것을 함께 그리고 점진적으로 배우는 일'이라는 말은 무슨 뜻인가? vi) 개념학습의 사회적 성격이란 무슨 뜻인가?

요약해서 말하면 개념을 갖는다는 것은 인지적 능력과 언어적 이해를 갖추는 일이며, 개념학습은 부모와 교사의 세심한 도움이 필요한 일이다.

제3장 믿음

여기서 믿음은 무엇이며, 믿음의 교육이란 어떤 일인가를 다룬다. 이 두 가지를 따로 다루지 않고 함께 논의할 것이다.

아이는 '크리스마스 전날 밤에 산타 할아버지가 선물을 가져다준다'라고 믿을지라도, 조금 더 크면 그것을 믿지 않는다. 여기서 믿음이 '믿지 않음'으로 변한다. 두 가지의 차이를 어떻게 설명할 것인가? 이는 믿음의 대상과 믿음의 (심적) 상태를 구분함으로써 가능할 것이다.

믿음의 대상은 명제다. 예컨대, '산타가 선물을 준다'라는 것은 명제다. 이 명제는 맞거나 틀리거나 한다. 그것은 아주 어린아이에게는 참이고, 다 큰 아이에게는 거짓이다. 산타는 실재하지 않는다. 그런데 실재하지 않는 것도, 또 틀린 내용도 아이는 믿을 수 있다. 그러나 '산타', '선물', '준다'라는 말이 무슨 뜻인지를 모르는, 즉 그런 개념이 없는 갓난아이는 그런 믿음을 가질 수 없을 것이다.

믿음의 상태는 심적 태도에 속한다. 예컨대, 아주 어린아이의 믿음은 '산타가 선물을 준다'라는 것을 참이라고 여기는 태도다. 그러나 다 큰 아이는 그 점을 믿지 않는다. 다시 말해서 참이라고 여기는 태도가 그의 마음에는 없다. 그렇지만 연극을 할 경우, 산타 할아버지의 역할을 맡을 수 있다. 믿지는 않지만 산타클로스가 실재한다고, 또 선물을 준다고 가정하면서 연기할 수 있다. 다 큰 아이의 이런 태도는 '믿기'에 속하는 것이 아니라 '가정하기'에 속한다.

믿음의 교육이란 어떤 일인가? 믿음의 교육은 한편으로 개념의 확충 및

'믿음의 망'의 확대이며, 다른 한편으로 거짓된 믿음을 참된 믿음으로 바꾸는 일이다. 믿음의 교육은 다음의 네 가지 문제를 통해 더 자세히 밝혀질 것이다. i) 믿음과 지식 간에는 어떤 차이가 있는가? ii) 모든 지식, 이해, 기능 속에 믿음이 들어 있다는 말은 무슨 뜻인가? iii) 믿음의 위험성은 무엇이며, 믿음에 대한 합리적 평가는 어떻게 가능한가? iv) 학교교육이 중시하는 기억(암기, 외우기)을 어떻게 볼 것인가?

제4장 발달

여기서 다룰 문제는 세 가지다. 마음은 발달하는가? 마음은 어떻게 발달하는가? 마음의 발달을 어떻게 이해하는 것이 적절한가? 이런 문제는 마음의 발달과 신체의 발달을 비교함으로써 풀어 갈 것이다.

신체의 생물학적 발달에서는 세 가지 요소, 즉 펼쳐짐, 처음 상태, 최종 상태가 나타난다. 이 세 가지 요소를 기준으로 삼아 마음의 발달을 살펴볼 수 있다. i) 심적 발달은 신체 발달처럼 (심적 씨앗으로부터 심적 최종 상태로) 펼쳐지는 것인가? ii) 심적 발달에도 심적 씨앗과 같은 처음 상태가 있는가? iii) 심적 발달에는 심적 천장과 같은 최종 상태가 있는가? 심적 발달은 이 세 가지 점에서 신체 발달과 다른 것이다.

이 차이를 밝힌 후에 심적 발달이 어떤 것인가를 구체적으로 설명한다. i) 심적 발달에는 최종 상태가 없지만, 그 나름의 심적 성숙이 나타난다. ii) 심적 발달에는 미리 정해진 방향이 없을지라도, 그것은 유기체의 생물학적 생존을 도와준다.

마음의 발달은 교육적으로 어떤 의미가 있는가? 신체가 발달하는 것과 마음이 발달하는 것을 '비슷하게' 보는 사람들은 교육을 어떻게 이해하는가? 마음의 발달을 신체의 발달과 '다르게' 보는 사람들은 교육을 어떻게 이해하는가? 마지막 논의에서는 후자의 교육관으로 기울어진다.

제5장 지능

20세기의 심리학은 IQ 논쟁으로 뜨거웠다. 그 결과, 지능은 수많은 사람의 주된 관심사로 떠오르게 되었다. 지능에 대한 철학적 관심과 심리학적 관심은 어떤 차이가 있을까? 지능의 교육적 의미는 무엇인가?

철학자는 지능을 어떻게 이해하는가? 먼저, 길버트 라일(G. Ryle)의 행동주의를 간단히 언급할 것이다. 지능은 행동으로 드러나고, 외부에서 관찰 가능한 것이라는 그의 주장을 설명하고, 그 한계를 지적할 것이다. 길버트 라일과 다르게 지능은 '추구하는 목표에 알맞게 행동을 조절하는 능력'이라고 이해할 수 있다. 지능을 이렇게 이해하는 데에는 다양한 의미가 들어 있다. i) 지능은 수단-목적과 관련된 실천적 합리성으로 이해할 수 있다. 또 ii) 지능은 더 넓은 의미로, 즉 '개념을 조작하는 능력'으로 이해할 수 있다. 그리고 iii) 지능은 개념을 포함하는 심적 현상, 즉 일반적인 심적 활동을 가리킬 수 있다. 이런 구분 방식은 아리스토텔레스로 거슬러 올라간다. 그는 지능을 세 가지 수준으로 설명했다.

심리학자는 지능을 어떻게 이해하는가? 세 명의 심리학자, 즉 시릴 버트(C. Burt), 프랜시스 골턴(F. Galton), 하워드 가드너(H. Gardner)의 견해를 살펴볼 것이다. i) 버트의 지능관이 데카르트의 관점과 유사한 점, 그리고 가드너의 관점과 다른 점을 각각 설명한다. ii) 골턴의 지능관에서 주장하는 지적 한계론의 근거가 빈약하다는 점, 그리고 그 이데올로기적 성격을 밝힌다. iii) 가드너의 다중지능 이론이 지닌 가치와 한계를 밝혀낸다.

끝으로, 지능의 제한된 가치를 실천적 지혜와 비교한 후에 그 교육적 의미를 지적한다.

제6장 사고

사고란 무엇인가? 사고는 활동과 믿음으로 구분할 수 있다. 사고하는 활동이 있고, 또 사고의 내용(결과)인 믿음이 있다. 제6장에서는 활동으로서의 사고를 중심으로 논의한다. 사고가 무엇인가를 여섯 가지 사항으로 나누어 살펴보고, 그 교육적 의미도 언급할 것이다.

i) 사고 활동에는 어떤 종류가 있는가? 이를 일곱 가지 종류로 나누어 설명한다. 여기서 지향적 사고, 이론적 사고, 실천적 사고, 수단적 사고, 목적적 사고, 명상, 상상이 언급된다. ii) 사고의 공통된 특성은 무엇인가? 그것을 네 가지로 지적할 수 있다. 즉, 지향, 활동, 개념, 기능이다. iii) 일반적 사고 혹은 일반적 사고 기능이라고 말하는 것이 정말 있는가? '논리, 논변, 수리, 탐구 등에 숙달한다면 일반적으로 온갖 종류의 사고에 능통할 수 있다'라고 사람들이 말하기도 하는데 정말 그런 것인가? 그렇지 않다고 주장할 것이다. iv) 인간의 사고에서 큰 부분을 차지하는 것은 실천적 사고인데, 왜 이것이 이론적 사고에 밀리는가? 이를 설명한 후, '실천적 사고를 강조한다고 해서 도구적인 실천적 사고에 치중해서는 안 된다'라는 점을 강조할 것이다. v) 명상이라고 말하는 것은 어떤 종류의 사고인가? vi) 인간은 신체적 활동을 할 때에도 사고하는데, 이는 어떤 것인가?

이상과 같이 사고가 무엇인가를 밝히면서 그 교육적 의미를 적절하게 지적할 것이다.

제7장 상상

상상이란 무엇인가? 이는 '상상하다'는 동사와 '상상적'이라는 형용사를 통해서 밝혀 볼 수 있다. i) '상상하다'는 '마음속으로 이미지를 떠올린다'를 의미한다. 그렇다면 이미지는 지각과 어떤 관계에 있는가? 이미지를 통해서 사고가 일어난다면 이미지를 떠올릴 때 개념이 필요하지 않을까? ii) 또 '상상하다'는 '가정하다'를 의미한다. '무엇이 어떠하다'라고 가정하는 사람은 그렇게 생각하기는 해도 그렇다고 믿는 것은 아니다. '가정하기'는 역사적 사고와 도덕적 사고에서 나타나며, 그리고 현실성을 뛰어넘어 가능성의 영역으로 우리를 이끌어 준다. iii) '상상적인'은 사고 활동이 아니라, 사고 활동의 결과물을 가리킨다. '상상적인' 것은 상상이 뛰어난 것, 다시 말해서 보통의 일상적인 기대와 인습을 뛰어넘는 것을 가리킨다. 그런 사람을 가리켜 상상적인 인간이라고 말한다.

상상은 어떻게 발달할 수 있는가? 상상은 세 가지로 발달할 것이다. i) 아이는 가르쳐 주지 않아도 이미지를 떠올릴 줄을 안다. 부모와 교사는 그것을 끌어내어 다양한 방식으로 개발시킬 수 있다. ii) 가정하기는 타고난 능력이 아니다. 믿기는 타고나는 것이지만, 가정하기는 배울 필요가 있는 것이다. 가정하기를 배우려면 개념화 능력이 필요하다. 하나의 현상을 놓고 하나 이상의 개념으로 보거나 생각할 줄 알아야 비로소 가정하기를 배울 수 있다. 학교에 들어가면 아이는 '가정하는 힘'을 발휘할 기회가 많아진다. iii) 상상적인 것에는 천지를 뒤흔들 만한 수준의 것이 있고, 그저 미미한 수준의 것도 있다. 아이는 '탁월한 수준에서 상상적인' 것들의 사례로 입문되어야 한다. 학문이나 예술의 영역에 입문하려면 아이는 탁월한 사례에 친숙해져야 하고, 인간의 최고 경지를 이해해야 비로소 인간이 무엇인지를 이해하게 된다. 아이를 상상적인 인간으로 길러 낼 수 있는가? 빼어난 수준에서 상상적인 인간은 길러 내기가 어렵다. 상상의 수준이 높아질수록 더 그럴 것이다.

제8장 동기

여기서 크게 두 가지 문제를 다룬다. 동기는 무엇이며, 어떤 유형으로 구분되는가? 동기의 교육적 의미는 무엇인가?

동기란 무엇인가? 동기는 행위의 이유를 가리킨다. 동기를 밝히려면 행위와 행위의 이유를 설명해야 한다. 또 동기의 유형은 어떤가? 동기(이유)는 내재적 동기와 외재적 동기로 구분되며, 외재적 동기는 도구적 동기, 전체-부분 동기, 과거지향적 동기로 나누어진다. 이에 대해 자세하게 설명할 것이고, 그 중에서 전체-부분 동기를 특별히 강조할 것이다.

동기의 교육적 의미는 네 가지로 나누어 밝힐 것이다. i) 동기를 이해하기,

ii) 동기를 부여하기, iii) 동기를 발달시키기, iv) 동기에 대한 이해를 발달시키기 등으로 설명할 것이다. 이 중에서 ii) 동기를 부여하기가 가장 자세히 논의될 것이다. '동기를 부여하기'에서 중요한 것은 믿음과 욕구다. 이런 사항은 세 가지 동기 유형, 즉 순전히 도구적인 동기, 내재적 동기, 전체-부분 동기로 나누어 상세하게 논의될 것이다.

제9장 정서

여기서 정서란 무엇인가, 그리고 정서 교육이란 무엇인가를 논할 것이다.

정서는 무엇인가? 정서는 느낌, 대상, 생각, 개념 등과 연결하여 상세하게 밝혀질 것이다. 정서는 느낌에 그치는 것이 아니며, 그리고 그 대상에 들어 있는 생각과 개념 때문에 감각과 구별될 수 있는 것이다. 여기서 까치와 인간의 차이점이 부각된다. 그리고 정서는 발현적 정서와 지속적 정서로 구분되고, 그리고 감각, 욕구, 행위와 연결되는 것임을 자세히 설명할 것이다.

정서 교육이란 무엇인가? 이를 크게 세 가지로 밝힐 것이다. i) 정서 교육의 핵심은 생각(믿음과 판단)을 확인하고 그것을 바꾸는 데 있다. ii) 정서 교육은 욕구, 행위, 표현이 형성되는 것을 도와주며, 또 인성(인격, 덕) 교육으로 연결된다. iii) 정서 교육은 정서를 형성시키고, 또 정서가 무엇인가를 이해시키며, 그리고 타인의 정서와 자신의 정서가 어떤 것인지를 이해하도록 도와주는 일이다. 결국 정서를 가리키는 개념, 그리고 정서 속의 생각에 담겨 있는 개념에 대한 이해가 중요하다는 점을 강조할 것이다.

끝으로, 사랑이라는 정서를 간단히 언급한다. i) 사랑은 교과에 대한 애착심을 뛰어넘어 각 교과의 탐구 대상에 대한 사랑으로 이어질 수 있다. ii) 학습을 즐거워하고 몰두하는 것이 중요한 일임에도 불구하고 이것은 사실/지식/기능의 습득에 치우치는 가운데 도외시되고 있다. iii) 정서(감정, 감성)의 순화를 위해 예술과 문학은 중요하다.

제10장 자아

여기서 두 가지 질문을 다룬다. 자아는 무엇인가? 자아관은 교육과 어떤 관계에 있는가?

자아란 무엇인가? 제9장에 이르기까지 개념, 믿음, 발달, 지능, 사고, 상상, 동기, 정서와 같은 심적 활동을 자세히 알아보았고, 각각의 교육적 의미도 살펴보았다. 마음의 이런 측면들은 다양한 방식으로 서로 연결된다. 그런데 이런 측면들을 한데 묶어 주는 어떤 전체가 있을 것이다. 이 전체는 무엇인가? 다양한 심적 활동을 포괄하는 전체 단위를 가리켜 자아라고 부를 수 있다. 자아는 무엇인가? 데카르트는 그것을 실체라고 말했고, 존 화이트는 주체라고 설명한다. 그렇다면 실체와 주체는 어떻게 다른가?

다음으로, 데카르트의 실체적 자아관을 대체할 수 있는 것으로 존 화이트의 주체적 자아관을 설명할 것이다. 주체적 자아관에 따르면, 자아는 세 단계를 거치면서 발달한다. 제1단계에서 '자아'가 탄생한다. 아이가 출생한 후 '일인칭 인격'이 발달한다. 제2단계에서 '자아에 대한 성찰'이 탄생한다. 여기서 자아에 대한 이해가 발달한다. 제3단계에서 '인격'이 탄생한다. 여기서 아이는 인간의 일반적 본성이라는 관점에서 자아가 무엇인가를 생각한다. 각 단계에서 자아 발달의 교육적 의미가 무엇인가를 밝힐 것이다.

제11장 몸

이 장은 심신의 관계에 대한 심리철학의 최신 논쟁에 관심이 있는 사람들에게 유익한 글이다. 마음은 몸과 어떤 관계에 있는가? 이를 네 가지로 나누어 살펴볼 것이다.

i) 마음과 몸은 별개의 것이다. 그렇지만 마음과 몸은 인과적으로, 쌍방향으로 상호작용한다. 마음이 몸에 영향을 미치고, 또 몸이 마음에 영향을 미친다. 이것이 데카르트의 견해다. ii) 몸은 마음에 영향을 미치나, 마음은 몸에 영향을 미치지 못한다. 다시 말해서 한 방향의 상호작용만 있다. 그렇다

면 심적인 것은 고유한 것이 못 된다. 이것이 부수 현상론이다. iii) 마음은 물리적이다. 즉, 마음은 행동이며(행동주의), 마음은 뇌이며(중추 상태 유물론 혹은 동일론), 마음은 소프트웨어다(기능주의, 인공지능 이론). iv) 마음을 물리적으로 이해하려는 견해는 의식의 주관성, 혹은 지향성을 간과한다는 비판을 받는다[토마스 네이글(T. Nagel), 그리고 존 설(J. Searle)].

네 가지 견해를 밝힌 후, 다음과 같은 사항을 지적할 것이다. 심신의 관계에 대한 논쟁은 교사와 부모에게 별로 도움이 안 된다. 형이상학적인 논의일수록 그 교육적 연관성은 떨어진다.

제 1 장 마음

1. 마음이란 무엇인가?
2. 심적 현상이란 무엇인가?
3. 교육, 마음, 개념
4. 요약

1. 마음이란 무엇인가?

마음이란 어떤 것인가? 이 문제에 두 가지로 접근할 수 있다. 아주 간략하게 구분한다면 하나는 종교적 관점이고 다른 하나는 생물학적 관점이다.

–종교적 관점–

마음이란 무엇인가? 이에 대한 오랜 믿음이 있다. 즉, 인간은 불멸의 영혼이다. 인간의 영혼은 영원하다. 땅에서 사람은 몸을 갖고 살지만, 다른 동물과 다르다. 사람의 몸에는 생기를 불어넣는 영혼이 들어 있다. 영혼은 인간의 동물적 본성이 이성의 적절한 통제를 받게 하는 것이다. 사람이 죽으면 몸은 썩고, 마음의 일부 기능은 살아남는다. 다른 기능은 몸과 너무 밀접해서 몸이 죽으면 함께 사라진다. 예컨대, 치통, 냄새를 맡는 후각, 활발하게 운동하는 위 등이 그렇다. 그런데 이보다 더 미묘하고, 더 세련되고, 사람의 몸에 덜 의존하는 심적 특성이 있다. 예컨대, 추상적 사고, 명상이나 사변, 믿음을 지키기 등이 그것이다. 몸은 죽어도 마음의 고차적인 부분은 살아남는다. 이런 성찰적 부분이 영혼이다. 이것이 인간의 참된 존재다.

–과학적 관점–

마음이란 무엇인가? 이에 관한 종교적 견해를 거부하는 사람들이 많다. 과학적 근거가 없기 때문이다. 사람이 죽어서도 계속 살아남는 것이 있다고 하지만 과학적 증거가 없으면 그것은 무의미한 생각일 뿐이다. 이런 신화적 이야기를 버리고 그 대신 우리가 알고 있는 것에서 출발하자. 인간은 동물의 일종이다. 다른 종과 마찬가지로 인간도 어느 생명체에서 진화했다. 마음은 몸에서 분리되는 실체가 아니고, 몸보다 더 오래 사는 것도 아니다. 인간의 심적 활동은 다른 동물의 그것과 연속성을 갖는다.[1] 소수의 고등한 동물에게서도

> 심적 활동이 어떤 형태로인가 나타난다. 예컨대, 지적 행동, 공포감과 통증, 보고/듣고/냄새 맡는 능력 등이 그렇다. 인간의 특별한 속성으로 간주하는 추상적, 창의적 사고 능력도 생물학적 관점에서 이해해야 한다.

종교적 관점은 서양의 전통적인 믿음이다. 그 사람들 사이에 오랫동안 널리 퍼진 믿음이다. 영혼이나 마음은 몸보다 더 오래 산다. 마음과 몸은 서로 분리될 수 있다. 오래 존속하는 마음은 신체적인 것과 별로 관계가 없다. 몸은 없어지는 것이기 때문에 신체적 통증, 감각적 지각, 그리고 음식, 술, 섹스에 대한 욕구는 결국 무의미한 것이다. 그러나 인간의 사고, 특히 그중 일부는 다르다. 몸의 관심사에서 거리가 먼 추상적 사고일수록 인간의 본질에 더 가까운 것으로 간주한다.

이 견해는 데카르트를 넘어 플라톤으로까지 거슬러 올라간다. 이 견해의 흔적은 요즘도 많이 남아 있다. 예컨대, 사람들이 추상적 사고에 부여하는 가치에서 그 점을 짐작할 수 있다. 이런 점은 학교 교육과정에서 수학이 차지하는 위상에서 실제로 드러난다. 또 IQ를 측정할 때 추상적 과제의 수행 정도에 따라 지능을 산정하는 것에서도 드러난다.

학교 교육과정을 자세히 살펴보자. 수학, 과학뿐만 아니라 국어, 영어, 역사, 지리, 가정, 기술, 미술, 음악, 체육이 들어 있다. 그런데 과목들 사이에 서열이 존재한다. 지적인 과목, 즉 지식 습득과 관련된 과목이 더 중시된다. 예술, 체육, 기술, 가정은 그 반대다. 가장 추상적 과목인 수학이 서열의 최상부를 차지한다. 추상적인 것에서 거리가 멀어질수록 점점 더 아래에 깔리고 무시되는 경향이 있다.

'IQ가 높다', '머리가 좋다', '지적이다' 하는 말이 자주 들린다. 체육, 미술, 음악에 재주가 있는 사람을 가리키는 말일까? 아니다. 수학, 과학, 역사, 언어와 같은 교과에서 지적 능력이 높은 사람을 가리키는 말이다. 그 핵심은 이론적 사고 능력에 있다. 예술이나 기술을 더 낮게 보는 것은 왜일까? 그것은 합리적인 진리 추구와 관련된 것이 아니라 감각의 즐거움, 정서, 상상, 기능과 관련된 것이기 때문이다. 체육은 마음이 없이 몸으로만 하는 것으로 오해를 받는다. 건강한 몸은 건강한 마음, 즉 지적 능력을 위한 예비조건으로만 중시된다. 다시 말해서 몸을 길들이고, 단련시키고, 건강을 유지하고, 성적 욕망을 통제함으로써 결국 지적 능력이 더 발휘될 수 있게 하려는 의도가 거기에 깔려 있다.

교과뿐만 아니라 학교의 유형에도 서열이 존재한다. 흔히 말하는 명문 학교, 명문 사립학교, 명문 대학의 엘리트 교육은 추상적, 지적 학습과 밀접하게 연관되어 있다. 이와 달리 일반 학교는 육체노동으로 살아갈 대중을 가르치는 곳으로 인식된다.

2. 심적 현상이란 무엇인가?

세속적으로 생각하는 사람들에게 플라톤이나 데카르트처럼 마음을 (몸이 죽은 후 살아남는다고 하는) 영혼과 연결하는 것은 이상하게 보인다. 진화론을 받아들이는 사람들에게 인간과 다른 동물을 절대적으로 구분하는 것은 이상하게 보인다. 왜냐하면 개, 고양이, 침팬지에게도 심적 활동이 어느 정도 나타나기 때문이다.

종교적 관점에서는 마음을 지속적 실체라고 가정한다. 세속적인 사람의 눈에는 이것도 문제다. 의자, 탁자, 돌 등은 물리적 실체다. 이런 것은 일정한 공간을 차지하고, 길이, 폭, 무게를 갖는다. 그런데 마음은 이런 실체와 비슷한가? 마음은 공간을 차지하지 않는 어떤 실체인가?

'의자', '탁자', '돌', '별'은 명사다. 이런 명사는 실체적 사물을 가리킨다. 그렇다면 '마음'이라는 명사도 그처럼 실체를 가리키는 것일까? 이렇게 보기는 어려울 것이다. 우리는 '어리석음', '분노', '자부심'과 같은 명사를 사용하지만 이런 명사가 가리키는 실체가 이 세상의 어디에 있다고 생각하지 않는다. 이런 명사는 '어리석은', '분노하는', '자부하는'과 같은 형용사로부터 만들어진 추상적 용어다. 그렇다면 마음이라는 명사도 마찬가지다. 따라서 마음이라는 명사보다는 '심적(mental)'[2]이라는 형용사로 논의를 이어 가는 것이 좋다. 다시 말해서 '마음이란 무엇인가?'라고 묻지 말고, 그 대신 '심적인 것, 혹은 심적 현상이란 무엇인가?'라고 물어 보자. '마음이란 어떤 실체인가?'라고 묻지 말고, 그 대신 '심적 현상이란 어떤 것인가?'라는 물음을 가지고 다시 논의를 시작해 보자.

심적 현상이란 무엇인가? 이에 속하는 것들의 목록은 사람마다 다양할 것이다. 아마도 다음과 같은 것이 공통적일 것이다(JW, 14).[3] 생각하기, 기억하기, 느끼기, 원하기, 결정하기, 두려워하기, 추론하기, 사물을 보기, 듣기, 상상하기, 지능, 동기 등이 공통적이다. 이를 가리켜 심적인 것, 혹은 심적 현상(활동, 속성 …)이라고 한다.

여기서 중요한 질문이 떠오른다. 이런 항목에 모두 '심적'이라는 형용사를 붙이는데, 거기에 어떤 공통점이 있어서 그렇게 하는가? 그런 공통점으로 우리는 합리적 사고, 의식, 심적 대상 이 세 가지를 들 수 있다. 과연 이것이 심적 활동의 공통된 특성에 속하는가? 이를 차례대로 살펴보고, 또 그 교육적 의미도 알아보자.

1) 합리적 사고

합리적 사고 혹은 지력(intellect)[4]은 마음의 공통된 특성인가? 예를 들어, i) 사물을 보기, ii) 원하기(욕구), iii) 고통 등은 심적 활동에 속한다. 이런 심적 활동에서 과연 합리적 사고가 공통으로 나타나는가? 이를 다음에서 살펴보자.

–사물을 보기–

아이가 방 안을 휘둘러본다. 아이는 에어컨, 창문, 책장, 벽을 본다. 이것을 보고 아이는 무엇을 생각해야 하는가? 꼭 그렇지는 않을 것이다. 만일 방 안이 깜깜하거나 어둑하다면 아이는 이게 벽인지, 저게 창문인지를 생각해야 한다. 이런 경우에 생각해야 하는 것은 분명하다. 그러나 방 안이 훤히 밝아서 고개만 돌리면 사물이 보일 경우, 구태여 짐작하거나 추론할 것도 없고 그냥 보면 된다. 여기서 알 수 있듯이, 사물을 보는 것에는 합리적 사고가 들어 있지 않다.

–원하기–

목마른 아이는 물을 찾고, 학교 수업이 끝난 아이는 집에 가기를 원한다. 그런데 이런 욕구는 추론으로 생긴 것이 아니다. 물론 추론이 끼어들 경우도 있다. 예컨대, 배가 고프면 아이는 뭔가 먹기를 원한다. 냉장고에 남은 밥을 먹을까? 밖에 나가서 짜장면을 사 먹을까? 전화로 배달해 달라고 주문할까? 그러다가 갑자기 피자가 떠올라 그것으로 정한다. 이런 욕구는 추론으로 생겨난 것이다. 그렇지만 모든 욕구가 그런 것은 아니다. 욕구는 아이에게 그냥 생길 수 있다. 어떤 욕구가 아이를 갑자기 사로잡는다. 모욕을 당하게 되면 곧바로 되받아치고 싶어진다. 성적 자극이 생기면 다른 것으로라도 충족시킨다. 피곤하면 잠을 자고 싶다. 이처럼 어떤 욕구는 생각이나 추론과 무관하게 생길 수 있다.

–고통–

고통 중에서도 고약한 것이 치통이다. 치통이 생기면 정신이 없어진다. 어찌해야 할까? 치과에 가야 하나? 아스피린을 먹어야 할까? 이런 생각은 치통이 아니다. 치통이 생겨서 이에 대해 생각한 것이다. 물론 치통이 있을지라도 아무 생각 없이 참고 버틸 수 있다. 지독한 치통을 그저 느끼고만 있을 수 있다. 이런 느낌은 생각이 아니다. 그것은 합리적 사고와 관계가 없다. 이처럼 치통은 (합리적) 사고가 없이 나타나는 심적 현상이다.

이들 사례에서 우리는 한 가지를 확인할 수 있다. 세 가지 심적 현상에서 합리적 사고가 반드시 나타나는 것은 아니다. 그렇다면 심적 현상과 사고 간에는 긴밀한 연관성이 없다. 바꾸어 말하면 심적 현상, 혹은 마음은 합리적 사고보다 더 포괄적이다. 합리적 사고가 마음의 핵심은 아니다.

이 이야기는 교육적으로 무슨 의미가 있는가? 심적 현상이 합리적 사고, 혹은 지(적 능)력에 한정되는 것이 아니라고 본다면 교육적으로 어떻다는 말인가? 여기서 교육적 의미는 두 가지로 찾아볼 수 있다.

첫째, 교육과 합리적 사고 간의 전통적 연관성을 변함없이 고수할 수 있다. 이렇게 한다면 오직 일부 유형의 심적 현상, 즉 진리 추구, 추론, 성찰과 관련된 것을 교육의 주된 관심사로 인정할 것이다. 둘째, 그런 전통적 연결고리를 끊어 버릴 수 있다. 이렇게 한다면 그저 지적인 것에 치중하는 교육보다는 마음의 다양한 측면을 발달시키는 교육을 옹호할 것이다. 이 책에서는 두 번째 길을 따른다는 점이 서서히 밝혀질 것이다.

2) 의식

앞에서 합리적 사고는 마음의 공통된 요인이 못 된다고 했다. 그렇다면 심적 현상의 핵심 특성을 합리적 사고가 아닌 다른 것에서 찾을 수 있는가? 의식이 그런 것인가? 의식은 마음의 공통된 특성인가?

예를 들어 보자. 아이가 창가에서 이름 모를 붉은색 꽃을 보고 있다. 이때 그의 의식은 그 꽃을 향한다. 어떤 것을 보는 것은 그것을 의식하는 일이다. 또 아이가 상처 난 무릎에서 통증을 느낀다. 이는 불쾌한 종류이지만, 의식되는 경험이다. 그런데 아이의 의식은 그보다 훨씬 더 복잡한 형태로 나타날 수 있다. 예컨대, 아이는 자판을 누르자마자 컴퓨터 화면에 떠오르는 글자를 보고, 또 집 건너편 도로를 달리는 자동차 소리를 들으면서 그의 의식의 중심에서는 현재 쓰고 있는 글의 논리에 그의 생각을 집중시키고, 그의 의식의 주변에서는 왼쪽 다리에 약간의 통증을 느끼면서 아픈 다리가 심해지는 것은 아닐까 하는 걱정도 조금은 할 수 있다. 아이의 의식이 다양하게 나타나는 것을 알 수 있다.

여기서 교육적으로 흥미로운 점이 나타난다. 아이의 의식은 집중된(focal) 것과 분산된(peripheral) 것으로 구분된다. 가르침이란 아이가 어떤 주제에 골몰하거나 관심을 쏟게 하고, 그 주제가 그의 집중된 의식의 대상이 되도록 만드는 일이다. 가르침이 힘든 것은 아이가 그것에 집중하기를 바랄지라도 그에게는 그저 주변적 관심사에 그치고 말기 때문이다. 아이가 다른 것에 끌리면 산만하고 해찰하게 된다. 이와 달리 가르침이 즐거울 때가 있다. 아이가 집중해야 할 학습이, 예컨대 피아노를 칠 때 페달을 밟는 것이 거의 자동적으로 (아이가 별로 의식하지 않을지라도) 자연스럽게 이루어지는 경우다.

그렇다면 의식은 심적 현상의 공통된 특성인가? 여러 가지 심적 현상이 모두 심적인 것은 모두가 의식의 형태에 속하기 때문인가? 그렇지는 않은 것 같다. 왜냐하면 무의식적인 심적 현상이 있기 때문이다.

심적 현상 중에는 무의식적인 것이 많다. 뜻밖의 이야기처럼 들리겠지만 '무의식적인 심적 현상'은 부모나 교사에게 교육적으로 매우 중요한 것이다. 왜 그런가? 믿음의 사례를 가지고 그런 점을 살펴보자.

> –믿음–
>
> 아이는 자신의 삶에 대해, 그리고 자신이 살아갈 세계에 대해 수많은 일상적인 (별로 언급되지 않는) 믿음을 갖고 살아간다. 아이가 믿는 것에는 다음과 같은 것들이 있다. ① 나는 남한에 산다. ② 내 체중은 조금 가벼운 편이다. ③ 요즈음 거리에 자동차가 너무 많다. 아이는 이런 믿음을 말로 또는 글로 표현할 수 있다. 이럴 때 그의 마음은 이런 믿음들에 집중된다. 다시 말해서 이런 믿음은 그에게 의식적 관심의 대상이 된다. 그렇지만 보통의 경우, 아이는 그런 식으로 자신의 믿음에 관심을 집중하지 않는다. 관심을 쏟지 않을지라도 그런 믿

음은 그에게 들어 있다. 다시 말해서 그런 믿음은 삶과 세계에 대해서 아이가 이해하는 것의 일부로 남아 있다. 심지어 아이가 잠들 때에도 그런 믿음은 그에게 들어 있다.

이처럼 아이가 무엇을 믿는 상태는 무의식적인 심적 현상이다. 믿음은 의식에 떠오르지 않을지라도 계속해서 존재한다. 이런 식으로 존재하는 심적 특성은 믿음 외에도 많이 있다. 이와 같은 지속적인 심적 상태를 가리켜 간단히 지속상태(continuants)라고 부를 수 있다(JW, 17).

지속상태[5]에는 믿음만 있는 것이 아니다. 지속상태에는 욕구와 정서도 있다. 인간에게는 가끔 의식하지만 오래 지속되는 욕구가 있다. 예컨대, 평화로운 세상에 대한 소망, 자기 가족의 평안에 대한 소망이 그런 것이다. 또 오래 지속되는 정서가 있다. 예컨대, 수개월 동안 직업을 못 구하면 자칫 비정규직으로 전락할지 모른다는 두려움, 사귀는 이성 친구가 언젠가 자신을 떠날지 모른다는 불안이 그런 것이다.

지속상태, 즉 지속적인 심적 상태에 속하는 것으로는 믿음, 욕구, 정서뿐만 아니라 기능과 인성도 있다.

-기능-

아이는 자전거 타기, 목공 기술, 십자말풀이, 대수 방정식 풀기 등을 습득하게 된다. 아이는 이런 기능[6]을 소유하게 될지라도 발휘하지 않을 수도 있다. 아이가 자전거 타기를 배워서 탈 줄은 알지라도 실제로 자전거를 타지 않을 수 있다. 아이가 잠자고 있어도 탈 줄 아는 기능은 그에게 남아 있다. 이 점은 믿음에서도 이미 지적했다.

-인성-

인성적 자질 혹은 성격 특성 중에는 좋은 것도 있고, 나쁜 것도 있다. 여하튼 그런 것은 모두 '지속상태'에 속한다. 예를 들어, 친절성, 독립심, 부패, 타락이 그런 것이다. 만일 아이가 친절한 행동을 자주 보인다면 친절한 사람이 될 것이다. 물론 친절한 행동이나 의식이 늘 나타나는 것은 아니다. 친절한 행동과 의식은 현재 시점에서 발현되지 않을지라도 친절한 사람의 자질이나 특성으로서 그에게 지속적으로 남아 있다.

이제까지 지속적인 심적 상태에 속하는 것을 다양하게 살펴보았다. 그런데 지속상태와 대조되는 것이 있다. 그것은 발현상태다. 발현상태의 예를 살펴보자. ① 아이는 사진 속에서 아빠 얼굴을 찾아낸다. ② 아이는 지나가는 시내버스 앞면에 적힌 번호를 읽어 낸다. ③ 아이의 몸에서 열이 오른다. ④ 폭우로 무너진 섬진강 강둑이 갑자기 아이에게 떠오른다. 여기서 아이의 의식은 현재 시점에서 작동하고 있다. 이것은 아이에게 현재 발현되는 의식적인 상태다. 이것은 무의식적으로 잠재된 심적 상태가 아니라 '의식에 떠오른 심적 상태'다. 이를 가리켜 간단히 발현상태(occurrents)라고 할 수 있다 (JW, 17).[7)]

발현상태[8)]의 다른 사례는 욕구와 정서에서도 찾을 수 있다. ⑤ 아이는 배가 고파서 뭔가를 먹기를 원한다. ⑥ 아이는 팔에 달라붙은 벌레에 질겁한다. 또 기능에도 발현상태가 있다. ⑦ 실제로 아이가 자전거를 탄다면 이는 발현상태다. 또 인성에도 발현상태가 있다. ⑧ 아이가 친절하거나, 독립적인 행동을 보이거나, 불친절하거나, 의존적인 행동을 보이거나 하면 이는 발현상태에 속한다.

이제까지 우리는 '인간의 마음이 모두 의식적 상태인가?'에 대해 살펴보았다. 이를 위해 심적 현상을 지속상태와 발현상태로 나누어 살펴보았다.[9)] 여기서 발현되는 심적 현상은 모두 의식적 상태에 놓여 있는 것이다. 예컨대,

전화가 울리는 소리를 듣기, 뜨거움을 느끼기, 휴일을 회상하기 등은 발현되는 심적 현상이고, 의식되는 상태에 속한다. 이와 달리 지속되는 심적 현상은 의식되지 않는 상태를 가리킨다. 예컨대, 얼음은 차다는 점을 믿기, 자신의 조국을 자랑스럽게 여기기, 온라인 게임을 할 줄 알기 등은 지속되는 심적 현상이고, 의식되지 않는 상태에 속한다. 이렇게 볼 때, 의식이 심적 현상의 공통된 특성이라고 말하기는 어렵다. 심적 현상이라고 해서 모두가 의식 상태인 것은 아니다. 따라서 마음과 의식은 같은 것으로 보기가 어렵다.

3) 심적 대상

그렇다면 심적 대상은 마음의 공통된 특성인가? 다시 말해서 '대상이 있다'라는 점이 심적 현상의 공통된 특성인가? 이를 자세히 살펴보자.

(1) 의식과 대상

앞에서 부모와 교사의 역할은 아이의 의식이 어떤 대상을 향하도록 하는 것이라고 말했다. 의식의 대상이란 무엇인가? 다음 사례에서 밑줄 친 글씨가 그 대상을 가리킨다.

—사례 A—

- 아이는 물방울을 현미경으로 관찰한다.
- …… 기하 문제에 관해서 사고한다.
- …… 어떤 이야기를 듣는다.
- …… 'begin'의 과거형을 외우려고 노력한다.

여기서 '관찰하다', '사고하다', '듣다', '노력하다' 등은 의식의 여러 형태를 가리킨다. 여러 형태의 의식에는 제각기 대상이 있다. 물방울, 기하 문제, 어떤 이야기, 'begin'의 과거형이 그 대상이다. 아이의 마음은 이런 대상을 의식적으로 지향하고 있다. 사례 A에서 보듯, 의식의 대상에는 물질적인 것(물방울)과 비-물질적인 것으로 나뉜다.

-사례 B-

- 아이는 어두움을 두려워한다.
- …… 전쟁 이야기를 들으면서 온갖 심상이 떠오른다.
- …… 공학자가 되기를 원한다.

여기서 '두려워하다', '심상이 떠오르다', '원하다'(와 같은 정서와 욕구)는 아이의 의식의 형태다. 그리고 어두움, 전쟁 이야기, 공학자가 되기는 아이의 의식이 (지)향하는 대상이다.

앞서 언급했듯이, 심적 현상에는 발현상태와 지속상태가 있다. 사례 A와 사례 B에 들어 있는 것은 발현상태다. 그러나 사례 C는 지속상태에 속하는 심적 현상이다.

-사례 C-

- 아이는 거짓말이 옳지 않다고 믿는다.
- …… 열을 가하면 가스는 팽창한다고 믿는다.
- …… 항일운동에 몸을 바친 조상을 자랑스럽게 여긴다.
- …… 운동화 끈을 묶을 줄을 안다.
- …… 인터넷에 접속할 줄을 안다.

여기서 알 수 있는 것처럼, 심적 현상은 대체로 어떤 대상을 지향한다. 아이는 그냥 관찰하는 것이 아니라 무엇을 관찰한다. 그냥 무서워하는 것이 아니라 무엇을 무서워한다. 그냥 믿는 것이 아니라 무엇을 믿는다. 따라서 아이가 생각하고, 사랑하고, 상상하고, 기억하고, 믿고, 원할 때 그의 마음은 늘 어떤 대상을 지향한다.

여기서 잠깐, 두 가지 사항을 더 살펴보자. 첫째, 아이의 마음은 여러 가지 대상을 지향한다. 이를 지향적 대상, 혹은 지향 대상이라고 하자. 지향 대상은 교육에서 매우 중요한 것이다. 이는 곧 밝혀질 것이다. 둘째, 마음이 지향하는 대상은 '실재하는 것'과 '실재하지 않는 것'으로 구분된다. 실재와 부합되는 대상은 많이 있다. 아이가 듣는 소리는 정말 들리는 것이지 상상의 산물이 아니다. 아이가 믿는 것은 대체로 참이지 거짓이 아니다. 이와 달리 실재와 부합되지 않는 대상이 있다. 소설가는 허구적 상황을 지어낸다. 아이는 나무가 이야기한다고 믿는다.

이렇게 볼 때, 아이의 마음이 지향하는 대상이 꼭 실재와 부합될 필요는 없다. 이는 사례 D를 보면 그냥 알 수 있다.

–사례 D–

- 아이는 참을('달이 지구를 돈다'라고) 믿거나, 거짓을('달나라에 토끼가 산다'라고) 믿을 수 있다.
- …… 선생님을 두려워하듯, 창고의 귀신을 두려워할 수 있다.
- …… 체중이 늘기를 원할 수 있고, 또 영생하기를 바랄 수 있다.

여기서 알 수 있듯이, '실재하는 것'과 '실재하지 않는 것'은 모두 마음의 지향 대상이 될 수 있다. 앞서 '지향하는 대상'이 교육적으로 중요하다고 언급했다. 그렇게 말하는 데에는 이유가 있다. 교육자의 역할은 아이의 마음이 실재하지 않는 것보다는 실재하는 대상을 지향하도록 도와주는 일이기 때문이다. ① 부모는 아이가 토끼를 고양이라고 믿으면 이를 바로잡아 줄 것이다. 교사는 아이가 물질의 구조에 대해 혹은 한국전쟁의 기원에 대해 거짓된, 틀린 믿음을 갖지 않고 참된 믿음을 갖기를 바랄 것이다. ② 부모는 아이가 어둠이나 귀신을 두려워하지 않기를 바랄 것이다. 물론 두려움이 전혀 없어도 안 된다. 아이는 두려워할 줄 알아야 한다. 특히 낯선 사람, 목줄이 풀린 개는 위험할 수 있다.

이제까지 아이의 마음은 여러 가지 대상을 지향하며, 또 실재하는 대상을 지향하거나 실재하지 않는 대상을 지향할 수 있다는 점을 살펴보았다. 그렇다면 '대상 지향성'은 모든 심적 현상의 공통된 특성이라고 볼 수 있는가? 그렇지는 않은 것 같다. 예를 들어, 고통의 경험, 가려움, 간지럼 타기 등과 같은 감각을 살펴본다면 여기에는 지향하는 대상이 없다는 것을 알 수 있다.

(2) 의식의 대상: 있음과 없음

고통을 자세히 살펴보자. 아이가 치통을 앓고 있다. 이때 아이의 마음은 어떤 것을 지향하는가? 아이의 치통은 무엇을 향하는 것인가? 아이가 탁자 위에 기어가는 벌레를 두려워할 때, 아이의 두려움이 벌레를 향하는 것처럼 치통도 그런 것인가?

분명히 치통은 의식 상태에 속한다. 그런데 그것은 무엇을 향하고 있는 의식일까? 그렇지는 않은 것 같다. 아이가 어떤 것에 대해서 치통을 느끼는 것은 아닌 것 같다. 아이는 그저 치통을 느낄 뿐이다. 치통은 대상이 없는 의식 상태다. 대상이 없는 의식으로서의 치통이 있다. 그렇다면 이것은 '모든 의식은 어떤 것에 대한 의식이다'라는 명제에 반대되는 사례일 것이다. 물론 이런 주장을 두고 다양한 논란이 벌어질 수 있다.

반론(1): 고통은 무엇을 향하는 것이다. 안 그런가? 왜냐하면 아이는 '심적 고통'을 갖는다고 말할 수 있기 때문이다. 예컨대, 모욕적인 말을 듣는다면 아이는 고통스러울 것이다. 이 고통에는 대상이 있다. 그것은 모욕적 발언이다.

응답(1): 아니다. 우리가 말하는 것은 심적 고통이 아니라 치통과 같은 신체적 고통이다. 심적 고통은 고뇌, 불안, 비참, 슬픔처럼 정서의 상태에 속하는 것이다. 그런 심적 고통은 신체적 고통과 다르다. 신체적 고통에는 지향하는 대상이 없다.

반론(2): 우리는 고통을, 즉 치통을 느낀다고 말하지 않는가? 이런 표현을 보면 심적 상태(느낌)와 그 심적 상태의 대상(치통)이 서로 구별되어 있다. 심적 상태와 그 대상이 따로 있다. 그렇지 않은가?

응답(2): 아니다. 치통과 느낌이 마치 서로 동떨어진 현상인 것처럼 말하고 있는데 그렇게 말할 수는 없다. 있는 것은 한 가지뿐이다. '이가 아픈 것' 뿐이다.

반론(3): 아이가 치통을 느낄 때 경험하는 대상이 있다. 썩은 이가 있지 않은가? 치통의 대상은 썩은 이가 아닌가? 아이가 탁자 위로 날아든 벌을 두려워할 때, 그의 두려움의 대상이 벌인 것처럼 말이다. 그렇다면 치통에도 대상이 있지 않은가?

응답(3): 아니다. 썩은 이는 치통을 일으키는 원인이다. 썩은 이는 치통의 대상이 아니고 원인이다. 대상과 원인은 논리적으로 서로 다른 것이다. 대상의 예를 들어 보자. 아이가 다음 선거에서 녹색당의 승리를 희망한다고 하자. 여기서 녹색당의 승리는 아이에게 희망의 대상이다. 그러나 녹색당의 승리가 아이의 희망을 일으킬 수 없다. 녹색당의 승리는 희망의 원인이 될 수 없다. 녹색당의 승리는 희망의 대상인 반면, 썩은 이는 치통의 원인이다. 이처럼 대상과 원인은 다르다.

여기서 내릴 결론은 다음과 같다. 모든 마음에 대상이 있는 것은 아니다. 대상이 없는 의식 상태가 있다. 다시 말해서 '대상에 대한 의식'이 아닌 심적 현상이 있다. 치통이 그런 경우다. 그 밖에도 많은 사례가 있다. 따스하게 느끼는 경험, 혹은 가려움도 있다. 일반적으로 말해서 감각(sensation)에는 지향하는 대상이 없다. 따라서 감각은 심적 현상 중에서도 특이한 것이다. 그 밖의 심적 현상은 모두 대상을 지향한다. 그렇다면 아이의 마음은 두 가지 현상으로 구분된다.

- 지향하는 대상이 있는 것: 생각하기, 회상하기, 보기, 두려움이나 다른 정서를 느끼기, 원하기, 의도하기
- 지향하는 대상이 없는 것: 고통, (따스함, 어지러움, 가려움과 같은) 감각

이 차이가 교육적으로 무슨 의미가 있는가? 교육은 아이의 마음을 발달시키는 일과 깊은 관계가 있다. 그러나 고통, 어지러움, 가려움과 같은 감각의 발달은 교육과 별로 관계가 없다. 고통의 발달, 가려움의 발달이란 말 자체가 듣기에 어색하다. 과연 치통이 발달한다고 말할 수 있는가?

부모와 교사는 아이의 믿음, 기능, 욕구, 판단, 정서가 발달하도록 힘쓴다. 교육자는 그런 것을 전수하고, 확대하고, 심화시키고, 세련되게 만든다. 그러나 두통, 어지러움과 같은 감각에 대해서는 할 일이 없다. 아이의 두통을 방치한다는 말이 아니다. 무엇인가를 해야 한다. 타이레놀을 줄 수 있고, 이것이 아이의 심적 상태를 변화시킬 수 있다. 그러나 그런 변화에는 학습이 들어 있지 않다. 따라서 타이레놀을 주는 것은 교육이 아니라 의료에 속하는 행위다.

의료전문가와 교육전문가 사이에는 공통점과 차이점이 있다. 공통점은 심적 변화를 일으키는 것이다. 차이점은 지향적 대상이 있는 심적 현상을 다루는가 혹은 그렇지 않은 감각을 다루는가에 있다. 신체 건강에 관여하는 의사와 간호사는 고통스러운 감각의 완화와 제거에 힘을 쏟는다. 이와 달리 부모와 교사는 지향적 대상이 있는 심적 현상을 발달시키는 데 힘을 쏟는다.

감각 그 자체를 일으키거나 변화시키는 일은 교육자의 전문적 관심사가 아니다. 이런 목적을 가진 전문직이 따로 있다. 의료인은 통증을 줄이고, 고문 기술자는 고통을 배가시키고, 성매매자는 쾌락적 감각을 유도하고, 점성

가나 '감각주의적인' 광고 제작자는 미묘한 느낌을 불러일으킨다. 가학적인 교장이나 어린이집 원장이 아이를 구타하는 것을 즐긴다면 이들은 교육자보다는 고문기술자에 가깝다. 교육자의 임무는 마음의 비-감각적 부분과 더 깊은 관련이 있다.

왜 그런가? 왜 감각은 교육자의 임무에서 벗어나는가? 이 질문을 통해서 우리는 교육의 핵심으로 들어갈 수 있다.

3. 교육, 마음, 개념

교육은 아이의 마음 중에서 대상과 관련된 부분을 다룬다. 앞서 언급한 사례를 다시 살펴보자. 다음에서 _____을(를) '어찌한다'는 아이의 심적 활동을 가리키고, '_____'은(는) 심적 활동이 지향하는 대상을 가리킨다.

-아이의 심적 활동과 그 대상-

- 아이는 물방울을 현미경으로 관찰한다.
- …… 기하 문제를 생각한다.
- …… 어떤 이야기를 듣는다.
- …… begin의 과거형을 찾는다.
- …… 어둠을 무서워한다.
- …… 바다뱀의 심상을 떠올린다.
- …… 공학자가 되기를 원한다.
- …… 타인을 괴롭힘은 그릇된 행동이라는 점을 믿는다.
- …… 가스에 열을 가하면 팽창한다는 점을 믿는다.

이렇듯 아이의 마음에는 지향하는 대상이 있다. 그 대상을 가리킬 때는 여러 가지 개념을 사용할 수밖에 없다. 물방울, 기하 문제, 어떤 이야기, begin의 과거형, 어둠, 바다뱀, 공학자, 괴롭힘, 그릇된, 팽창 등이 반드시 사용된다.

물론 이 개념 중에는 아이가 (자기 스스로 그런 경험을 말할 때) 사용하지 못하는 것도 있다. 아이가 그런 개념을 사용하는 것은 물론 중요하다. 그렇지만 그보다 먼저 중요한 것은 아이의 관점이다. 예컨대, 그는 현미경을 들여다보면서 막연하게나마 '뭔가 꿈틀거리는 게 보여'라고 생각할 것이다. 아이는 스스로 뭔가를 보고, 뭔가를 생각한다.

아이가 보거나 생각할 때, 그는 어떤 방식으로 그것을 개념화한다. 아이의 마음이 지향하는 대상에는 그런 개념화가 빠질 수 없다. 그 대상에는 아이가 적용하는 어떤 개념이 입혀지거나 씌워진다. 이런 점을 두 가지 사례를 통해서 다시 확인해 보자. 첫째는 무엇을 보는 사례, 둘째는 무엇을 믿는 사례다.

–보는 사례–

아이는 구름을 보고 구름 풍경 속에서 어떤 얼굴을 본다. 여기서 아이의 시각적 인식이 향하는 대상이 있다. 그런데 이 대상에 관해서 어떤 이야기를 해야 할 경우가 생길 것이다. 만일 이야기를 하게 된다면 아이는 그 대상을 어떤 식으론가 개념화하면서 이야기할 수밖에 없을 것이다. 이런 경우에 아이가 바라보는 대상은 산으로 보이거나, 얼굴로 보일 수 있다. 이는 아이에게 산이나 얼굴이라는 개념이 생긴다는 뜻이다. 아이가 너무 어려서 산이나 얼굴이라는 개념이 없다면 구름을 그런 식으로 볼 수는 없을 것이다. 더 크면 아이는 구름 속에서 기괴한 얼굴도 볼 수 있다. 그렇지만 아이가 기괴한이라는 개념을 갖고 있지 않다면 구름을 그런 식으로 볼 수 없다.

–믿는 사례–

아이는 햇빛 아래에서 얼음이 녹는다는 점을, 혹은 생일잔치는 즐겁다는 점을 믿는다. 만일 아이가 너무나 어려서 햇빛, 얼음, 녹다, 생일, 잔치, 즐겁다와 같은 개념이 전혀 없다고 하자. 그렇다면 아이는 그런 사항을 믿을 수 없다. 아이가 어떤 믿음을 가질 때, 그는 그 대상을 어떤 식으로 개념화하지 않을 수 없다.

다시 요약해 보자. 앞에서 우리는 지향적인 (대상이 있는) 심적 현상을 감각으로부터 구분했다. 지향적인 심적 현상에서 아이의 마음은 대상을 향한다. 여기서 아이는—지각하는 사람, 믿는 사람, 상상하는 사람으로서—대상을 어떤 식으로 개념화한다. 이와 달리 감각에는 지향하는 대상이 없으며, 따라서 아이는 개념을 사용할 필요가 없다.[10]

교육은 고통이나 여타의 감각과는 아무런 관련성이 없다. 치통은 알약이나 다른 수단을 통해 사라질 수 있으나 발달시킬 수 있는 것이 아니다. 아이는 현재 느끼는 치통을 더 복합적이고, 더 세련된 버전으로 습득할 수 없다. 치통은 배움이나 가르침의 범위에서 벗어난다. 이와 달리 '개념을 포함하는' 심적 현상은 새로운 형태로 발달시킬 수 있다. 왜냐하면 거기에는 개념이 들어 있기 때문이다. 아이는 현재 그가 가지고 있는 정서, 욕구, 사고, 기능, 인성을 기반으로 삼아 이런 심적 현상을 더 복합적이고, 더 세련된 버전으로 바꿀 수 있다. 교육이 그렇게 심적 현상을 발달시킬 수 있는 이유는 심적 현상에는 지향하는 대상이 있고, 또 이 대상에는 개념이 들어가기 때문이다.

심적 현상에는 개념이 포함된다. 따라서 아이가 사물을 개념화하는 방식을 변화시키는 일이야말로 부모와 교사의 중요한 임무다. 교육은 적절하지 못한 개념화에서 적절한 개념화로 나아가게 만드는 일이다.[11]

아이가 사물을 개념화하는 방식은 교육을 통해 바뀔 수 있다. 어떻게 바뀔 수 있는가? 믿음을 예로 들어 두 가지 사항을 통해서 그것을 살펴보자.

첫째, 교육은 틀린 믿음을 참인 믿음으로 바꾼다. 아이는 주변 세계에 관해서, 자기 자신에 관해서, 그리고 다른 사람에 관해서 온갖 믿음을 갖는다. 아이는 어떤 이유에선가 틀린 믿음을 가질 수 있다. 예컨대, 아이는 자기가 잘 생기지 못했다고 믿지만, 다른 사람은 그가 매력적으로 생겼다고 본다. 또 아이는 창고에 귀신이 있다거나, 공부를 잘하는 사람이 우월하다고 믿는다. 여기서 교육은 필요에 따라서[12] 아이의 믿음이 실재와 부합되게 만드는 것이다.

부모와 교사는 아이에게 참된 믿음을 가르칠 책임이 있다. 실재가 중요하기 때문이다. 아이가 가지고 있는 틀린 믿음을 그대로 둘 수 없다. 방 안에 귀신이 있다는 믿음은 그런 것이 없다는 믿음으로 바뀌어야 한다. 그것을 바꾸려면 어떻게 해야 하는가? 다음과 같이 아이의 '발현적 경험'을 거쳐야 한다.[13] 부모는 아이에게 '귀신이 어디 있어? 왜 그렇게 생각해?'라고 묻거나, 아이에게 귀신이 방에 있다는 말에 관해서 그리고 그 말에 근거가 있는가에 관해서 더 생각해 보라고 요구할 것이다. 이런 경험은 모두 개념을 사용해서 일어난다.

둘째, 교육은 아이가 가지고 있는 참된 믿음의 위에 새로운 참된 믿음을 쌓아 가는 일이다. 가령 아이가 꽃이 무엇인지를 안다고 하자. 그런 다음에 아이는 개나리와 진달래, 장미와 수선화를 구별할 수 있게 된다. 이것을 학습하면 아이의 '믿음의 구조'는 더 명확하고 세밀한 것으로 바뀔 것이다.

아이는 '틀린 믿음의 교체', 그리고 '참된 믿음의 확대'를 통해서 지식의 습득으로 나아간다. 아이는 믿음을 가질 뿐만 아니라, 그것을 적절한 근거 위에서 갖게 된다는 뜻이다.[14]

이제까지 인간의 심적 현상에서 '지향 대상'과 '개념 적용'이 서로 어떻게 연결되는지,[15] 개념이 믿음의 발달에 어떻게 개입되는지를 살펴보았다. 앞서 믿음의 획득을 예로 들어서 그런 점을 살펴보았다. 그런데 기능의 학습, 바람직한 인성의 함양에 대해서도 똑같은 이야기를 할 수 있다.

4. 요약

이 장에서 논의한 사항을 다음과 같이 정리할 수 있다.

마음을 이해하는 데에는 종교적 관점과 과학적 관점이 있다. 오래된 종교적 관점은 학교 교육과정과 학교 유형에 큰 영향을 미쳤다. 새로운 과학적 관점은 인간과 동물에게서 나타나는 심적 활동을 중시한다.

인간의 심적 활동에 어떤 공통된 특성이 있는가를 검토했다. 그런데 모든 심적 활동에 합리적 사고, 의식, 심적 대상이라는 요소가 공통으로 들어 있는 것은 아니다. 그렇지만 이 세 가지 요소는 교육을 이해하는 데 매우 중요하다. i) 합리적 사고는 마음의 교육에서 중요한 요소 중 하나다. ii) 심적 현상은 무의식적인(지속적인) 것과 의식적인(발현적인) 것으로 구분되는데, 지속상태와 발현상태의 구분은 교육을 이해하는 데 중요하다. iii) 지향적 대상이 있는 심적 현상은 교육을 통해 변화, 개선, 향상될 수 있으며, 이런 교육은 그 대상에 적용되는 개념을 통해서 이루어진다.

교육은 마음을 통해 적절하게 이해될 수 있다. 교육은 마음의 확충이며, 마음의 확충은 개념의 확충이다. 개념이 없는 사람이나 개념이 세련되지 못한 사람은 교육을 제대로 받지 못한 사람이다.

〈발현상태와 지속상태의 교육적 중요성〉

마음은 발현상태와 지속상태로 구분된다. 이는 교육을 이해할 때 매우 중요하다(JW, 20). 이 중에서 더 중요한 것은 지속상태다. 지속적 믿음, 지속적 기능, 지속적 인성 등은 마음의 지속상태에 속한다. 지속상태의 교육적 의의를 다음에서 살펴보자.

- 지속적 믿음: 부모와 교사는 아이에게 온갖 것에 대한-자기 자신, 사회적 세계, 자연적 세계, 도덕적 행동, 예술, 정치 등에 관한-믿음이 제대로 갖추어지고, 또 그런 믿음들이 서로 연결되도록 도와준다.
- 지속적 기능: 부모와 교사는 아이가 게임하기, 물건 만들기 등과 같은 신체적 기능, 그리고 '시간표를 작성할 줄 알기', '역사적 주장을 증거에 비추어 검토하기' 등과 같은 정신적 기능을 제대로 갖추도록 도와준다.
- 지속적 인성: 부모와 교사는 아이에게 우정, 신뢰와 같은 바람직한 인성적 자질이 형성되도록 도와준다. 나쁜 성질이나 악의와 같은 것은 억누른다.

이런 점은 지속적 욕구, 지속적 정서에서도 마찬가지다. 부모와 교사는 아이에게, 예를 들어 (음악에 대한 사랑, 고통을 겪는 타인을 돕고 싶은 욕구처럼) 바람직한 형태의 정서와 욕구가 생기도록 도와준다. 이와 반대로 (애완동물에 대한 두려움 혹은 타인의 불운을 오히려 기뻐함과 같은) 좋지 않은 정서나 욕구는 줄어들게 만든다.

이상과 같은 다양한 지속상태는 모든 아이에게 중요한 교육내용이다. 교사와 부모는 아이가 부적절한 것보다는 적절한 믿음, 기능, 욕구, 정서, 인성 등을 갖추기를 원한다. 이는 아이가 소유하면 좋을 지속적인 심적 장치 혹은 심적 장비(enduring mental equipment, JW, 19)라고 말할 수 있다.

이제까지 살펴보았던 지속상태의 유형은 교육언어에서도 그대로 나타난다. 예컨대, 명제적 학습(learn that), 방법적 학습(learn how to), 인성적 학습(learn to be)이라는 용어가 있다. 이 세 가지 유형의 학습을 가리켜서 그냥 지식, 기능, 태도라고 말하기도 한다.

- 명제적 학습: 아이는 무엇이 어떠하다는 것(명제)을 배운다. 아이는 봄에 개나리가 핀다, 화성은 행성이다라는 것을 배운다. 이런 믿음은 지식의 항목이 된다. 지식이란 참인 근거가 있는 믿음이다. 아이는 참이 아닌, 따라서 지식에 속하지 못하는 믿음을 습득할 수 있다. 아이는 '지구가 우주의 중심이다', '서양인은 선천적으로 동양인보다 우수하다'라고 잘못 믿을 수 있다.
- 방법적 학습: 아이는 어떤 것을 하는 법을 배운다. 아이는 말하고, 헤엄치고, 피리를 불고, 암산하는 방법을 배운다.
- 인성적 학습: 아이는 어떤 사람이 되기를 배운다. 도덕교육에서 아이는 참을성 있고, 진실하고, 타인을 존중하기를 배운다. 예술교육에서 아이는 음악과 시를 사랑하기

를, 또 그것을 사랑하는 사람이 되기를 배운다.

여기서 '배운다'를 '가르친다'로 바꾸어도 좋다. 부모와 교사는 아이에게 자동차가 다니는 길에서 놀면 안 된다는 점을, 젓가락을 잡는 법을, 침착한 사람이 되기를 가르친다. 이처럼 지속상태의 여러 유형은 배움과 가르침의 언어에서 나타난다.

여러 가지 유형의 심적 상태는 앞서 언급했듯이 '심적 장치 혹은 심적 장비'에 속한다. 이는 부모와 교사의 가르침이 추구하는 최종 성과다. 또한 그것은 새로운 가르침을 시도할 수 있는 발판 혹은 기반이다. 이렇게 보면 가르침은 아이에게 이미 갖추어져 있는 어떤 믿음, 기능, (욕구와 정서를 포함한) 자질이 더욱더 적절한 믿음, 기능, 자질로 향상되게 하는 일이다.

이런 가르침은 어떻게 이루어지는가? 가르침은 앞서 언급했듯이 발현상태와 지속상태라는 개념 구분을 통해서 적절하게 설명될 수 있다. 특히 가르침은 아이가 발현상태의 마음에 몰두하게 함으로써 이루어진다. 양육이나 가르침은 아이의 의식이 어떤 대상을 (지)향하고, 또 집중하도록 지도하는 일이다. 다시 말해서 아이가 어떤 것을 보고, 듣고, 상상하고, 생각하고, 기억하고, (도덕적, 미적 정서를) 느끼고, (새로운 신체적 활동을) 행하도록 장려하는 일이다.

이렇게 볼 때, 교육은 심적 발현상태와 심적 지속상태의 구분을 통해서 이해할 수 있다. 그러면 부모와 교사는 무엇을 교육의 중심에 두어야 할 것인가? 그것은 우리의 아이가 보고, 듣고, 느끼고, 생각하는 경험이다. 이런 심적 경험은 현재 시점에서 발생하는 것이다. 이 발현적, 현재적 경험에 과거와 미래의 사항이 덧붙여진다면 그것은 심적 지속상태로 바뀔 수 있다. 이를 좀 더 자세하게 설명해 보자.

교육이란 ① 아이에게 들어 있는 기존의 지속적인 심적 상태(심적 장치)를 기반으로 삼아 ② 현재 시점의 심적 경험을 통해서 ③ 미래의 지속적 심적 상태가 형성되도록 도와주는 일이다. 이 교육적 흐름을 다음과 같이 그려 볼 수 있다.

①　　　　②　　　　③

지속상태(과거) → 발현상태(현재) → 지속상태(미래)

여기서 부모와 교사는 ① 아이에게 이미 들어 있는 마음의 장치(장비), 즉 아이의 지식, 기능, 욕구, 감정, 인성을 끌어들여서 ② 아이가 생각하고, 느끼고, 상상하고, (신체적) 활동을 하도록 자극을 줌으로써 ③ 부모와 교사는 미래 지향적으로 아이의 마음 장치(장비)가 새롭게 확충되기를 희망한다. 예컨대, 과학 교사는 원자 구조에 대한 아이의 이해가 더욱 깊어지기를 원할 것이고, 체육 교사는 테니스를 치는 아이의 기능이 더욱 향상되기를 바랄 것이다.

다음과 같이 바꾸어 말할 수 있다. 교육적 변화는 시간에 따른 심적 상태의 변화다. 시간과 심적 상태에서 나타나는 교육적 변화는 다음과 같이 정리할 수 있다.

〈표〉 교육적 변화

시간	과거 → 현재 → 미래
심적 상태	지속상태 → 발현상태 → 지속상태

수학교육에 이를 적용해 보자. 수학교육의 시간 흐름은 다음과 같다.

- 제1단계: 아이는 n수준에서 수학에 대한 지식, 기능, 태도의 장치(장비)를 갖추고 있다.
- 제2단계: 교사는 이 장치를 끌어들여서 아이가 새로운 영역을 경험하도록 이끌어 간다.
- 제3단계: 아이는 n+1수준에서 수학에 관한 더 나은 심적 장치를 갖추게 된다.

물론 실제로 가르침과 배움은 이보다 훨씬 더 복잡한 과정일 것이다. 예를 들어, 다음과 같은 경우도 많을 것이다. 첫째, 수학 교사는 수학의 외부에서, 가령 스포츠나 음악에서 아이가 느끼는 흥미를 끌어들일 수 있다. 둘째, 교사의 목표가 모두 제3단계에만 집중되는 것은 아니다. 아이가 공부할 때 즐거운 경험을 느끼게 하는 것을 목표로 삼을 수도 있다. 그렇게 하려면 제2단계에서 아이가 사고하고, 관찰하고, 상상하는 것에서 내재적 즐거움을 느끼도록 해야 하고, 또 이런 점이 지속상태로 남아 있어야 한다. 수학 교사는 수학적 사고에 대한 아이의 즐거움이 지속상태로 바뀌기를 바랄 수 있다. 시를 읽고, 듣는 일에서 아이가 느끼는 즐거움도 지속상태로 바뀔 수 있다. 모든 교사는 아이가 이윽고 자신이 가르치는 교과를 사랑하게 되기를 바랄 것이다. 이처럼 교사의 목적은 현재 지향적이면서 이와 동시에 미래 지향적이다.

제 2 장

개념

1. 개념이란 무엇인가?

아이의 마음을 확충시키는 일이란 무엇인가? 그것은 아이에게 이미 있는 개념을 작동시켜서 수정하는 일이다. 이런 일은 아이의 믿음, 사고, 지능, 상상, 동기, 욕구, 정서에서 일어난다. 그런데 마음의 이런 여러 측면에서 핵심이 되는 것은 개념이다.

개념은 무엇인가? 이에 대한 답은 흔히 두 가지 방향에서 찾는다. 하나는 '머릿속의 아이디어', 그리고 다른 하나는 '언어와의 연관성'이다.

1) 개념은 머릿속의 아이디어가 아니다.

먼저 개념의 사례를 찾아보자. 만유인력, 민주주의, 마음, 진화 등이 그것이다. 더 평범한 예도 있을 것이다. 자동차, 버스, 기차, 비행기 등이 그것이다. 여기서 알 수 있듯이 '개념'이라는 단어는 고차원적, 이론적 맥락에서 사용되는 것으로 보이나 이와 달리 평범한 일상적 맥락에서도 사용된다. 볼펜이나 붓이라는 개념이 있어도 이를 일부러 언급하는 경우는 별로 없다.

개념을 흔히 '머릿속의 아이디어' 혹은 '마음속의 아이디어'라고 말하기도 한다. 이것은 무슨 뜻인가? 개념은 사람의 내면의 어떤 심적 공간에 들어 있는 것이라는 뜻일 것이다. 그런 것일까? 그럴 수는 없을 것 같다. 왜냐하면 그런 공간이라는 것이 아예 없기 때문이다.

그렇다면 '머릿속의 아이디어'라는 말은 어떻게 생긴 것인가? 아마도 어떤 점에서는 로크 때문일 것이다. 로크에 따르면, 개념의 근원은 아이가 세계를 경험하는 데 있다. 아이가 파란 것들을 보면, 이로부터 파랑이라는 개념이 생긴다. 이는 나무에 대한 아이의 경험에서 나무라는 개념이 생기는 것과 마찬가지다. 아이가 파란 것을 반복해서 경험하면 그의 마음에 파랑이라는 아이디어가 어떤 식으로 형성된다. 이때 파란 것들은 다른 온갖 특성, 즉 (파란색 지갑에 붙어 있는) 플라스틱과 무늬, (파란색 자동차에 붙어 있는) 쇠붙이와 광채 등을 갖고 있지만 이런 것들은 걸러진다. 파란 것들 사이에서 공통된 것만 남게 된다. 이렇게 해서 추상화된 혹은 추상적인 아이디어가 파랑이라는 개념이다. 이것이 바로 로크의 생각이었다.

그렇다면 여기서 언어는 어디에 있는 것인가? 다시 말해서 '파랑'이라는 단어는 어디에 있는 것인가? 로크의 생각에 따르면, 개념은 순전히 마음속의 파편일 뿐이고, 언어로 입혀진 것이 아니다. 개념은 심적 이미지, 즉 마음의 눈으로 파랑을 경험한 것이다. 개념은 아이가 심적 작용에—사물을 생각하기, 주변 세계를 지각하기, 명상하기, 회상하기, 할 일을 정하기 등에—사적으로 몰입할 수 있게 해 주는 것이다. 그러다가 아이가 자기의 아이디어를 타인에게 전하고 싶을 때가 생기면 이때 단어나 언어가 나타난다. 이때 비로소 아이는 그것에 관한 자신의 사적 경험에 대해서 '파랑' 혹은 다른 명칭을 붙인다.

그러나 이런 식의 생각은 별로 설득력이 없을 것 같다. 만일 마음이 공간은 아니라고 본다면 개념은 그 안에 들어 있는—심적 원료로 만들어진—실체가 될 수 없다. 그렇다고 해서 개념이 아이의 마음에 없다는 말은 아니다. 다만 그런 식으로 마음에 있는 것은 아니라는 뜻이다. 그렇다면 개념은 마음에 어떤 식으로 있는 것인가? 이에 대해서 다음과 같이 말할 수 있다. 개념은 의식의 발현적 대상으로 있는 것이 아니다. 다시 말해서 아이가 이야기책을 읽을 때, 그의 마음 앞에 그 책이 있는 것처럼 개념이 그의 마음 앞에 있다는 뜻은 아니다.

그렇다면 '개념이 사람의 마음에 있다'라는 말의 진짜 의미는 무엇인가?

강력접착제를 예로 들어 살펴보자. 어른뿐만 아니라 아이도 강력접착제라는 개념을 갖고 있다. 이 물질에 대해 특별한 생각이 없을 때에도 아이에게는 그 개념이 있다. 만일 그것으로 깨진 그릇을 접착했던 적이 있다면 아이는 그 이후로 그 개념을 오래도록 지니고 있을 것이다. 다리가 부러진 장난감을 고칠 때 혹은 그것을 고친 후에도 아이는 그 개념을 갖고 있을 것이다. 깨어 있거나 잠들어 있거나 그 개념을 소유하고 있을 것이다.

강력접착제라는 개념이 아이의 마음에 들어 있다. 그것은—타이프를 치는 능력과 마찬가지로—발현상태가 아니라 지속상태로 들어 있는 것이다. 이처럼 개념을 소유하는 것은 대상물을 소유하는 것보다는 오히려 기능을 소유하는 것과 더 비슷하다.

개념을 갖는다는 것은 무엇인가? 이에 대해서 다음과 같이 답할 수 있다. 예컨대, 아이가 나비 개념을 갖고 있다면 이 개념이 없으면 할 수 없는 온갖 일을 할 것이다. 말하자면 아이는 나비를 인지할 수 있고; 책을 읽거나, 이야기할 때 나비를 가리키는 경우를 이해할 수 있고; 나비에 관해서 말할 수 있고; 나비에 관해서 더 알아볼 수 있고; 나비에 관해서 생각할 수 있고; 기억을 더듬어 가면서 나비 그림을 그릴 수 있다. 이런 점은 아이에게 생기는 새로운 능력일 것이다.

2) 개념은 언어 이전에도 가능하다.

앞에서 우리는 '개념을 소유한다'라는 것은 '어떤 능력이나 기능을 소유한다'를 의미한다고 말했다. 그렇다면 개념과 언어는 어떤 관계에 있는가?

개념과 단어는 다른 것이다. 나비 개념은 영어로 butterfly, 한글로 나비라고 표현한다. 개념은 그런 단어 뒤에 놓여 있는 것이다. 개념은 단어로 표현되는 아이디어다. 그렇다면 개념은 단어와 분리될 수 있는가?

여기서 잠깐, 다음과 같이 생각해 보자. 나비 개념을 갖는다는 것은 한글로 '나비'라는 단어를 사용할 줄 아는 것이다라고 생각해 보자.[1] 이 생각은 앞서 언급했던 지속상태 혹은 능력과 연결된다. 만일 아이가 '나비'라는 단어를 사용할 줄 안다면 그에게는 다음과 같은 능력이 있다. 즉, 나비를 인지하고; 사람들이 나비에 관해서 주고받는 이야기를 이해하고; 나비에 관해 이야기하는 능력이 생긴다. 그렇다면 개념은 언어와 분리될 수 없는 것인가?

우선, 개념이 언어와 분리될 수 없다고 가정해 보자. 만일 감각을 제외한 모든 심적 활동에서 개념이 사용된다면 거기서는 언어도 사용될 것이다. 그렇다면 마음의 발달은 언어능력의 발달이다.

개념은 이처럼 언어적으로 이해해야 하는가? 언어에 의존하지 않고 개념을 소유할 수는 없는가? 언어 없이 개념을 사용하는 존재는 없는가? 예를 들어, 고양이, 개, 새는 언어를 사용하지 않지만 이 중에 개념을 사용하는 것이 있는가? 만일 고양이나 개가 사물을 보고, 듣고, 두려워할 수 있다고 한다면 그들도 개념화를 할 수 있는 것이 아닌가? 그렇다면 언어가 없는 동물에게도 개념화가 가능한 것은 아닌가?[2)]

3) 쥐와 고양이에게는 신호 인지 능력이 있다.

고양이가 먹이를 본다. 또 고양이는 개를 싫어한다. 그러면 고양이는 개념 사용자(concept-user)인가? 고양이가 개념 사용자라는 말은 무슨 뜻인가? 앞서 지적했듯이, 만일 아이가 나비 개념을 소유하고 있다면 그는 (나비를 인지하고, 나비에 관해 말하는) 기능을 소유하거나 발휘할 줄 안다는 뜻이다. 만일 고양이가 먹이를 보는 데 어떤 개념적 능력이 들어 있다고 한다면 이런 개념적 능력도 아이의 경우처럼 기능을 소유하거나 발휘할 줄 안다는 뜻이 아닌가?

고양이에게는 언어로 할 수 있는 기능이 아예 없다. 고양이는 먹이에 관해서 이야기할 수도 없고, 사람들이 먹이에 관해 주고받는 이야기를 이해할 수도 없다.

그러나 고양이는 최소한 먹이를 인지(recognize)할 수 있다. 고양이는 매일 먹는다. 그릇에 먹이를 놓아두면 곧바로 와서 먹는다. 고양이는 후각과 시각을 통해 이미 익숙해진 그것을 인지하고 있는 것 같다. 그렇다면 이것은 언어에 의존하지 않는 유형의 인지라고 말할 수 있다.

개념은 어떻게 이 이야기에 끼어들 수 있는가?

예를 들어, 쥐는 훈련을 받은 후에는 삼각형과 다른 형태를 식별할 수 있다. 쥐가 삼각형의 발판에서 뛰어내리면 먹이가 나오고, 다른 형태의 발판에서 뛰어내리면 먹이가 안 나오도록 만들었기 때문이다. 삼각형이 크든 작든, 색상이 있든 없든, 왼쪽으로 구부러졌든 오른쪽으로 구부러졌든 관계없이 쥐는 늘 똑같은 반응을 보인다. 그런데 이것은 언어와 관계없이 삼각형을 인지하는 것이 아닌가? 그렇다면 여기서 개념은 어떻게 끼어드는가?

아주 분명한 점이 하나 있다. 쥐는 인간이 이해하는 삼각형이라는 개념을 습득하지 못한다. 쥐는 삼각형을 삼각형으로 인지하지 못한다. 삼각형에는 '삼각형'이라는 단어가 인간에게 갖는 논리적 의미가 들어 있다. 인간은 삼각형을 세 변과 세 각을 가진 기하 도형으로 이해하며, 여기에는 수와 수학이라는 개념이 들어 있다. 쥐에게는 갓난아이와 마찬가지로 이런 종류의 이해가 아예 없다. 이것은 수학이라는 학문에 입문되어야 생긴다.

마찬가지로 고양이는 인간이 이해하는 것처럼 먹이를 먹이로 보거나 냄새를 맡을 수 없다. 인간이 가지고 있는 먹이라는 개념 속에는 다음과 같은 것이 들어 있다. 즉, 고양이는 포유류이고, 애완동물이고, 그의 '생존을 위해 기본적으로 필요한 것'은 먹이라는 인식이 거기에 들어 있다. 그러나 이런 점을 고양이는 전혀 모른다.

삼각형, 먹이라는 개념은 인간이 소유하는 상징체계에 속하는 것이다. 인간의 상징체계 속에서 그 개념은 (그것과 논리적으로 연관되는) 다른 개념과 연결될 수 있다. 그러나 쥐와 고양이에게는 이런 상징체계가 없다. 따라서 삼각형을 삼각형으로, 먹이를 먹이로 인지할 수 없다. 그렇다고 해서 그것을 어떤 것으로 인지할 수 없다는 뜻은 아니다. 쥐가 삼각형에 대해서만 반응하는 데에는 어떤 까닭이 있을 것이다. 짐작하건대, 삼각형에 대한 그런 반응은 먹이라는 보상이 거기서 생기기 때문에 나오는 것이고, 삼각형이 아닌 것에 대한 반응은 그런 보상이 생기지 않기 때문에 나오는 것이다.

그렇다면 쥐가 삼각형을 삼각형으로 인지하지 않고, 먹이가 나오는 어떤 것으로 인지하는 것이다라고 말할 수 있는가? 물론 쥐에게는 인간과 다르게 먹이, 나오는 등의 개념이 없다. 왜냐하면 그런 개념은 언어에 의존하는 것이기 때문이다. 그러나 쥐가 다양한 형태에 대해서 차별적인 반응을 보이는데, 이것은 '쥐가 삼각형을 어떤 식으로 먹이의 신호로 지각한다'라는 점을 강력하게 암시해 준다. 고양이와 먹이에 대해서도 이와 비슷한 말을 할 수 있다.

여기에는 개념과의 관계가 어떻게, 어떤 식으로 들어 있는가? 예를 들어, 아이가 빨래집개라는 개념을 갖고 있다고 하자. 이는 아이가 온갖 종류의 빨래집개를 어떤 점에서 동일한 것으로, 여기서는 빨래집개로 인지할 수 있다는 뜻이다. 그 색상이 어떻든, 그 크기가 어떻든, 녹이 슬었든 혹은 안 슬었든 간에 아이는 그렇게 할 수 있다. 이 점은 쥐나 고양이도 마찬가지다. 쥐는 온갖 종류의 삼각형을 어떤 점에서 동일한 것으로, 즉 먹이와 만족으로 이끌어 주는 것으로 인지한다. 고양이도 온갖 종류의 다양한 먹이에 대해 똑같은 식으로 반응한다. 고양이는 그것을 만족을 주는 어떤 것으로 보고, 또 냄새를 맡는다.

그런 동물은 인간과 똑같이 여러 가지 현상을 동일한 것으로 분류할 수 있다. 그러나 그런 동물은 인간이 하는 것처럼 반성적 방식으로 분류할 수는 없다. 인간에게는 사물의 단어가 있으므로 온갖 종류의 다양한 찻잔(또는 식품, 또는 숟가락)을 동일한 것으로 묶어 주는 것이 무엇인지를 말로 표현할 수 있다. 그런 동물은 이렇게 말할 수는 없을지라도, 반성-이전의 혹은 언어-이전의 수준에서 a, b, c, d, e, …와 같은 항목을 모두 X로 보거나, 냄새 맡거나, 들을 수 있다. 이런 능력은 인간과 동물이 공유하는 것이다.[3)]

쥐와 고양이의 경우, 그런 인지적 능력(recognitional ability)은 지각뿐만 아니라 행동과도 연결된다. 쥐는 삼각형을 '먹이가 나타날 신호'로 인지할 뿐만 아니라 먹이를 얻는 데 적합한 반응을 보이기도 한다. 고양이와 고양이 먹이도 마찬가지다. 결국 우리는 어떤 것(나타날 먹이 혹은 만족)의 신호뿐만 아니라, 어떤 것(반응 행동)을 향한 신호에 관해서 말하게 된다.

이것은 '개념화가 반드시 언어를 요구하는 것은 아니다'라고 말할 수 있는 한 가지 근거다. 이런 논변을 암시해 주는 것이 있는데, 이는 다양한 현상을 어느 면에서 동일한 것으로 인지할 수 있는 능력이다. 이 능력은 언어가 없는 동물의 신호 인지에서도 나타나는 것이다. 이것은 교육적으로 볼 때 아주 중요한 결론이다.[4)]

4) 시각장애인은 언어적 이해가 가능하다.

선천적 시각장애인이 있다. 그는 빨강이라는 색상 개념을 가질 수 있을까? 빨강은 볼 수 있는 성질인데 그것이 그에게 가능할까? 예를 들어, 그가 '오늘 빨강 옷을 입으셨나요?' 혹은 '우리가 적십자사에 봉투를 보냈나요?'라고 말한다고 하자. 그가 '빨강', '적십자'라는 단어를 사용한다면 이를 우리는 어떻게 이해할 것인가? 색상을 볼 수 없음에도 불구하고 그가 그 개념을 파악할 수 있다는 것인가? 이것은 어떤 종류의 파악일까?

그는 '빨강'이라는 단어를 문법적으로 사용한다. 그는 그 단어를 가지고, '빨강하지 않습니까?'라고 말하지 않는다. 그것을 동사로 쓰지 않고 형용사로 쓴다. 그는 그 단어를 어떤 사물의 어떤 특성을 기술하는 것으로 이해하지 활동을 가리키는 것으로 이해하지는 않는다. 그는 '빨강'을 어떤 종류의 속성으로, 즉 옷이나 십자가의 표면에 입혀진 것으로 이해한다. 그는 그것을 다른 사람들은 볼 수 있으나 자기는 볼 수 없는 속성이라고 파악한다.

이런 점에서 볼 때, 이 시각장애인이 빨강 개념에 대해 상당한 이해가 있음을 알 수 있다. 이것은 정상 시력을 가진 사람의 개념과 굉장히 비슷하다.

그러나 시각장애인에게는 없는 것이 있다. 즉, 빨강에 대한 경험이 없다. 시각장애인의 개념과 정상 시력을 가진 사람의 개념은 똑같지는 않아도 여러 측면에서 비슷하다.

시각장애인이 그 개념으로 할 수 없는 일이 있다. 그것은 빨간 것을 인지하는 일이다. (쥐와 고양이에게서 보았던 것처럼) 사례를 인식하는 능력은 개념 소유의 한 가지 특징이다. 그러나 시각장애인에게는 다른 능력이 있다. 그는 타인이 '빨강'이라는 단어를 사용할 때 무슨 말을 하는지를 이해할 수 있으며, 그 단어를 적절하게 사용할 수도 있다.

5) 인간의 개념 소유는 신호 인지 능력과 언어적 이해에서 나타난다.

시각장애인, 그리고 (삼각형을 인지하는) 쥐는 각각 개념을 소유한다. 그렇지만 그 방식이 다르다. 먼저 언어 사용자를 보자. 언어 사용자가 개념을 소유한다는 것은 단어를 바르고 적절하게 사용할 줄 안다는 것이다. 이 능력은 다양하다. 즉, 그 단어에 해당하는 사례를 인지하고; 말하거나 글을 쓸 때 그 단어를 적절하게 사용하고; 다른 사람이 그 단어로 하는 말을 이해한다. 이 모든 능력에는 그 단어에 대한 다음과 같은 (늘 명시적인 것은 아닌) 이해가 깔려 있다. 그 단어의 (서술하는 단어, 이름을 가리키는 단어, 접속사 등과 같은) 문법적 특성, 그리고 그 단어와 관련된 개념과 또 다른 개념 간의 논리적 연결(빨강은 색상이다, 색상은 사물의 속성이다)에 대한 이해가 깔려 있다. 시각장애인은 이런 심층적 수준의 이해를 보여 준다. 그런데 (시각장애인에게 있는) 그 단어의 문법적, 논리적 특성에 대한 이해는 (시각장애인에게 없는) 그 단어의 사례를 인지하는 능력과 단절될 수 있다는 점을 보여 준다.

아이는 단어의 문법적, 논리적 기능을 이해하지 못할지라도, 그 단어의 사례를 인식할 수 있는가? 정상적으로는 두 가지 능력은 병행한다. 만일 다 큰 아이가 빨간 것들을 빨강으로 인지한다면 그에게는 당연히 빨강이라는 개념의 논리적 특성에 대한 어떤 (물론 늘 명시적일 필요는 없는) 이해가 있다. 그러나 '컵'이라는 단어를 초보적 수준에서 사용하고 있는 더 어린 아이의 경우는 어떤가? 이 아이는 컵을 들고 컵을 접시나 유리잔과 혼동하지 않고 '컵'이라는 단어를 바르게 사용할 수 있다. 그런데 이 단어를 올바르게 사용하는 데에는 그 단어가 언어 속에서 수행하는 문법적, 논리적 역할에 대한 이해가 수반되는 것일까? 아마도 이런 이해는 생후 18개월 정도의 아기에게는 너무 복잡한 일일 것이다.

그러나 이런 이해가 암시적인 것일 수 있다는 점에 유념하자. 이해는 정도의 문제다. 이해하거나 못하거나 하는 양단의 문제는 아니다. 만일 아이가 '컵'이라는 단어를 어떤 맥락에서 비교적 제대로 사용하고 있다면 그는 최소한 '컵이 (사물의 속성이 아니라 실질적인) 물건이다'라는 점을 어느 정도 이해할 것이고, 그리고 '컵이 어떤 종류의 물건이다'라는 점도 어느 정도 알 것이다. 즉, 아이는 컵이 먹거나 마실 때 사용하는 물건임을 알 것이다. 이미 말한 것처럼, 그런 점들은 명시적으로 파악되는 것이 아니고, 파악되는 정도조차도 어른의 경우에 비해서는 덜 확실하고, 덜 정교한 것이다. 그렇지만 아이에게는 컵 개념에 대한 어떤 초보적인 이해가 당연히 들어 있다.

그러므로 언어로 표현되는 개념을 많이 다루는 인간의 경우, '사례를 인지하는 능력'과 '개념이 언어 속에서 수행하는 역할에 대한 최소한의 어떤 암시적 이해'가 병행할 수가 있는 것 같다. 그러나 고양이나 쥐의 경우에는 다르다. 그들에게 언어는 없을지라도 원시적인 인지 능력은 있는 것 같다.

6) 인간의 개념화 능력에는 생물학적 기반이 있다.

이미 암시한 것처럼, 인간의 개념화(conceptualising)에는 어떤 생물학적 기반이 있을 것이다. 그러나 고대의 전통적 관점은 오직 인간만 개념을 소유하고, 다른 동물은 개념을 소유하지 못한다고 하면서 양자를 절대적으로 구분했다. 이런 구분은 인간과 동물이 서로 연결되는 공통된 특성을 무시한다. 인간의 여타 능력이나 반응과 마찬가지로, 개념화 능력은 인간의 '동물적' 본성에 뿌리를 둔다. 다시 말해서 그것은 신호 인지(sign-cognition)를 기반으로 삼아 그 위에서 더 복잡하고, 또 언어에 의존하는 형태의 개념화가 이루어진다.

신호 인지는 동물이 처한 지각적 상황에 묶여 있다. 인간에게는 언어를 통해 습득한 개념 장치가 있으므로 지각적 상황으로부터 독립된 '자율적' 사고가 가능하다. 예를 들어, 아이는 지각적 자극이 없는 경우에도 한국전쟁이나 혹은 거기서 사망한 장병에 대해 사고할 수 있다. 이와 달리 삼각형을 인지하는 쥐의 능력은 오직 삼각형이 있는 경우에만 나타난다. 또 쥐는 삼각형을 먹이의 신호로 보기 때문에 먹이를 찾는 수용적 상태, 즉 배고픈 상태에 놓여 있어야 한다.

지각적 상황에 묶인 신호 인지는 분명히 생물학적 이점을 갖는다. 신호 인지는 동물의 먹기, 짝짓기, 위험 피하기와 같은 생득적 목표에 유리한 환경 특성을 파악할 수 있도록 도와준다. 인간의 실천적 추론의 생물학적 뿌리는 인간으로 진화한 종의 신호 인지 능력에 뻗어 있을 것이다. 그렇다면 '인간의 삶에서 실천적 추론(practical reasoning)은 이론적 추론보다 우선한다'라는 철학자들의 주장이 옳을 것이다.

그러므로 신호 인지는 다른 동물에게만 한정된 것이고, 인간에게는 언어에 의존하는 개념화만 가능하다고 보는 것은 잘못이다. 신호 인지는 인간의 교육뿐만 아니라 인간의 삶 전반에서도 아주 중요한 역할을 한다.

만약 인간이 언어에 의존하는 개념만 가질 수 있다고 하면, 언어에 입문되기 이전의 아이는 개념학습을 시작할 수 없다. 물론 개념학습이 언제 시작하는지를 정확하게 말하기는 어렵다. 아기는 생후 일 년이 되기 전에는 단어를 발음하지 못하지만, 기저귀를 찰 때부터 타인의 언어에 노출된다. 아기는 단어를 발음하기 전부터 언어에 대한 이해가 조금씩 쌓여 간다. 생후 일 년 정도여서 말하지 못하는 아이여도, 예를 들어 플라스틱 쟁반의 색칠해진 빈칸에 똑같은 색상의 공을 집어넣으라고 하면 그렇게 할 것이다. 그러나 더 어린 나이로, 즉 몇 개월 몇 주 이전으로 갈수록 언어에 대한 이해가 나타날 가능성은 더 낮을 것이다.

그러나 몇 개월 정도의 아기라고 해서 마음이 없는(mind-less) 것은 아니다. 아기는 고통 및 다른 감각을 느낄 수 있고, 감각 경험을 갖고, 엄마 젖을 빠는 행동을 하고, 친숙하거나 낯선 사람 혹은 주변 환경에 대해서 반응을 보인다. 신호 인지는 아기가 엄마의 젖을 혹은 (더 일반적으로) 엄마를 '먹을 것을 줄 것'으로 보거나 냄새를 맡을 때부터 이미 나타난다. 신호 인지는 아이가 엄마 혹은 주변 사람을 '기쁨과 편안함을 줄 (불행한 경우엔 고통과 불행을 줄) 것'으로 지각하는 데에서 나타난다. 이 이야기가 맞는 것이라면 개념 습득은 기저귀를 찰 때부터 시작된다.[5)]

만일 아이의 삶에서 언어가 나타날 때 비로소 개념이 나타난다고 보면, 언어학습은 어떻게 시작될 수 있는가? 아이는 말하기를 시작하기 이전부터 타인이 말하는 언어를 듣는다. 아이는 진술, 질문, 명령, 그리고 그 밖의 단어를 듣는다. 아이는 이런 것을 무엇으로서 듣는 것인가?

어른은 성숙한 언어 사용자이기 때문에 그런 진술, 질문, 명령, 단어를 언어적 내용이 담긴 것으로 듣겠지만, 아이는 아직은 그런 것으로 듣지 못하고 그저 듣기만 할 뿐이다. 아이는 주변에서 지각할 수 있는—엄마 젖, 젖병, 소리가 나는 장난감, 엄마의 얼굴, 미소, 웃음과 같은—특성을 신호로 지각하는 것처럼, 그런 진술, 질문, 명령, 단어도 신호로 들을 것이라고 우리는 당연히 가정하게 된다. 아이는 지각할 수 있는 것들에 둘러싸이는 것처럼, 언어에 둘러싸인다. '이쁜 아가는 누~구?' 혹은 애정 있는 다른 표현은 편함과 기쁨의 신호로 들린다. 나중에 어른이 특정 단어에 주의를 집중하기 시작할 때, 이런 단어도 처음에는 당연히 신호로 들린다. 예를 들어, '그건 아빠!',

'곰 인형은 어디?' 등과 같은 말에 아이가 쏠리는 것은 그런 말이 아이에게 이미 있는 욕구 구조 속의 어떤 (음식, 편안함, 사회적 애착, 홍겨움, 놀이, 호기심 충족 등의) 욕구와 연결되기 때문이다.

인간의 삶에서 신호 인지는 유아기 때에만 나타나는 것이 아니다. 다시 말해서 인간은 신호 인지의 수준에서 반응하는 다른 종의 어린 동물과 비슷하게 삶을 시작하다가 나중에 언어가 생기면 다른 수준의 인지로 이동함으로써 원시적인 조작에서 탈피한다는 식으로 말할 수는 없을 것이다. 이와 달리 인간의 정교한 활동의 많은 부분은 변함없이 신호 인지에 의존한다. 다음의 사례를 살펴보자.

> —명포수—
>
> 도요새가 지그재그로 날아감에도 불구하고, 아니 바로 그것 때문에 명포수는 방아쇠를 당기고 나서 일 초 후에 도요새가 어디로 날아갈지를 아주 정확하게 추정할 수 있다. 이 추정은 일종의 신호 인지다. 0.5초 사이에 나타날 도요새의 비행 경로는 그다음 0.5초 사이에 그것이 어디로 날아갈 것인가를 알려 주는 신호다. 그리고 그런 신호에 따르는 움직임은 방향과 속도에서 지극히 구체적이다. 포수는 총을 그 방향으로 돌리는 순간, 방아쇠를 당기는 아주 탁월한 '판단'을 보여 준다. 그러나 이 탁월한 판단은 철학자가 말하는 '판단하는 행위'에 의해서, 다시 말하면—단어로, 심지어 사적, 이미지적 단어로 표현된 명제를 주장함으로써—생기는 것이 아니다. 그의 '판단 행위'는 구태여 말하면 전적으로 언어 이전의 것이다.[6)]

신호 인지에 의존하는 일반적인 사례는 아주 많다. 검은 구름을 보면 비를 생각한다. 타인의 얼굴에 어두운 표정이 스치면, 기분 나쁘게 만들었을까 하고 우려한다. 현관의 벨 소리가 들리면, 누가 왔나 생각한다. '몸짓 언어'에 대한 우리의 자동적 반응도 그런 사례다. 아이는 어릴 적부터 이런 식으로 환경을 보고 반응하는 것을 배운다. 이 신호 인지는 언어학습과 마찬가지로 아이의 교육에서 핵심이다.

이제까지 인간과 동물의 사례에서 주로 살펴본 것은 미래를 향하는, 다시 말해서 x를 보면 y가 나타날 것으로 기대하는 형태의 신호 인지다. 그러나 '어두운 표정'의 사례처럼, 신호는 과거에 발생한 일이나 혹은 발생할 수 있었던 일의 신호일 수 있다. 예컨대, 형사는 신발 자국을 정원에 침입한 도둑의 신호로 볼 수 있고, 고고학자는 발굴 지역의 땅에 남아 있는 특이한 색상의 표면을 초기 거주의 징표로 볼 수 있다. 그뿐 아니라 현재 일어나는 일의 신호도 있다. 예컨대, 경륜대회에서 선두를 달리는 선수가 고개를 좌우로 흔들면서 이를 악물고 페달을 밟는 것은 그가 느끼는 고통과 극복의 의지를 보여 준다. 또 엔진과 타이어가 돌아가는 소리가 멀리서 들려오면, 이는 건너편 도로에 자동차가 달리고 있음을 알려 준다.

7) 신호 인지를 통한 개념학습은 체육 및 다른 과목에서 나타난다.

신호 인지는 체육교육이나 스포츠 훈련에서도 중요하다. 아이는 축구, 테니스 경기를 배운다. 아이는 축구장, 테니스코트에서 생길 수 있는 사태에 대한 적절한 반응을 배운다. 아이는 그런 사태를 어떤 일이 곧 일어날 것을 알려 주는 신호로 본다. 상대방 스트라이커의 다리 동작은 백 패스를 할 것을 알려 주는 신호로, 또 네트를 넘어오는 테니스공은 어디에 어떤 각도로 떨어질 것이라는 신호로 본다. 노련한 축구 선수, 테니스 선수는 상대방이 그렇게 기대할 것을 미리 간파하고 예측하지 못한 방향으로 상대방을 속일 것이다. 이 신호 인지를 통한 개념학습은 수학 수업에서처럼, 체육 수업에서도 일정 부분을 차지한다.[7)]

신호 인지는 요리에서도 나타난다. 특별한 요리와 일상적 요리에 모두 적용되는 요리 기술이 있다. 이는 채소, 고기, 국물 등의 상태가 그다음 단계의 요리를 하기에 적절한지를 파악하는 것이다. 계란찜을 만들 때, 찜 그릇에서 익고 있는 달걀은 '몇 분 후면 곧 타 버릴 수 있다'라는, 따라서 '바로 불을 줄여야 한다'라는 신호로 볼 것이다.

신호를 지각하고, 그리고 적절하게 반응하는 것은 교실 수업에서, 특히 기술, 체육, 가정, 과학의 실습에서 자주 등장한다. 이런 활동을 잘하려면 섬세한 지능이 요구된다.[8)]

그런데 교육과정에 들어 있는 과목들의 서열이라는 것을 살펴보면, 앞과 같은 과목은 낮은 편에 속한다. 신호 인지에 크게 의존하지 않는 지적 활동이 오히려 우위를 차지한다. 이런 현상은 인간 특유의 능력만을 중시하고 심적 영역에서 나타나는 인간과 동물의 공통점을 무시하는 오래된 편견의 산물이 아닌가? 이런 일이 어째서 자꾸 생기고 있는가?

8) 언어로 표현되는 개념은 깊고 다양하다.

신호 인지는 인간의 생활에서, 그리고 일부 특수한 활동에서 핵심 역할을 한다. 특히 신호 인지가 개념학습에서 차지하는 역할을 무시하면 안 된다. 그렇지만 신호 인지의 역할은 대체로 더 제한된 의미의 개념, 단어(혹은 다른 상징)의 이해, 그리고 단어의 조작 능력에 한정된다. 그런데 앞서 말했듯이 개념의 소유는 일종의 기능이다. 만일 아이가 산악자전거라는 개념을 소유한다면 그는 '산악자전거'라는 단어를 적절하게 사용할 줄을 알고; 말하거나 글을 쓸 때, 적절한 맥락에서 그 단어를 사용할 줄을 알고; 그 단어를 사용하는 타인을 이해할 수 있고; 산악자전거를 보면 곧바로 인지할 수 있다.

이런 능력의 바탕에는 산악자전거 개념과 (바퀴, 기어 등과 같은) 관련 개념 간의 논리적 연관성에 대한 더 깊은 암묵적 이해가 깔려 있다. 이런 이해 속에는 산악자전거 개념이 인간의 개념 체제에서 수행하는 일반적 역할(즉, 산악자전거는 부사가 아니라 명사로 사용되는 것)에 관한 문법적 이해가 들어 있다.

이와 같은 능력과 이해 속에는 무엇이 들어 있는가? 거기에는 '산악자전거라는 개념 아래 다양한 현상이 포괄된다'라는 원리의 파악이 들어 있다. 다시 말해서 산악자전거는 다양한 소재, 색상, 크기로 만들지만, 공통적으로 그것을 타는 사람의 힘으로 움직이고, 도로가 아닌 곳에서 탈 수 있고, 바퀴가 달린 이동수단이다는 원리가 그 속에서 파악된다.

어떤 개념을 다른 개념으로 엄밀하게 정의할 수 없을 때도 있다. 물론 엄밀함의 정도는 개념에 따라 다를 것이다. 앞서 제시한 산악자전거에 대한 설명은 엄밀한 정의로 제시한 것이 아니며, 엄밀한 정의는 아무튼 불가능하다. 그것은 수학이나 과학의 개념에 속하는 육모꼴이나 전자에 대해 내리는 엄밀한 정의와 다를 것이다.

언어로 표현될 수 있는 개념에는 (산악자전거처럼 만질 수 있는) 사물 이외에 다른 특성을 가진 것도 많다. 예컨대, 사물의 색상 및 다른 속성, 인격, 행동 및 행동 방식, 사물 간의 관계 및 논리적 연관성('x면 y다', 'a가 아니면 b다')에 관한 많은 개념이 언어로 표현된다.[9)]

이처럼 개념은 구어와 문어로 표현될 수 있으나, 신호 언어로 표현될 수도 있다. 이는 다음 사례에서 알 수 있다. 예컨대, 귀가 안 들리는 엄마의 딸은 생후 5개월부터 신호 언어를 배우고 엄마와 의사소통하기 시작한다. 그 딸은 말을 배우기도 전에 정서를 표현하는 신호를 먼저 배운다. 또 전화벨이 울리거나, 문을 두드리는 소리가 나면 딸은 엄마에게 알려 줄 수 있다(JW, 44). 이처럼 개념은 신호를 통해서 표현될 수 있다.

끝으로 덧붙일 사항이 두 가지 더 있다. 첫째, 모든 아이는 객관적 의미에서 동일한 개념을 가지며, 또 가질 수 있다. 물론 사람들은 가끔 다음과 같이 말한다. 아이는 각자의 경험에 따라 고양이 개념을 다르게 가질 수 있다. 어떤 아이는 고양이를 질색하고, 다른 아이는 귀엽게 볼 수 있다는 뜻이다. 그러나 이와 같은 연결은 주관적인 것이기 때문에 그 단어의 의미에 들어 있는 객관적, 논리적 연결과는 구별될 필요가 있다. 고양이는 필연적으로 동물, 혹은 포유류이지만, 필연적으로 깜찍하거나 귀여운 것은 아니다. 둘째, 아이는 지금은 개념을 부분적으로 이해하고 있을지라도, 나중에는 이를 더 충실하게 파악하게 된다. 예를 들어, 결혼이라는 개념은 전통적으로 사랑과 신뢰를 공식적으로 약속한 남녀 간의 일부일처 결합이다. 그런데 다섯 살밖에 되지 않은 아이는 성적 관계를 포함해서 결혼의 온갖 요소를 이해할 수 없다. 그렇다고 해서 결혼이 무엇인지를 전혀 모르는 것은 아니다. 따라서 개념의 소유는 전부—아니면—전무의 문제가 아니고 정도의 문제다. 이것은 교육적으로 중요한 사항이다.

2. 개념은 어떻게 생기는가?

1) 신호 인지는 삶과 가르침을 통해서 발달한다.

인간의 삶에는 어디서나 신호 인지가 나타난다. 신호 인지는 양육이나 교육을 통해서 어떻게 발달할 수 있는가?

신호 인지에는 반드시 생득적 기반이 있다. 신호 인지는 나무와 바위에는 없고, 지각하고 행동하는 존재에게만 나타난다. 다시 말해서 신호 인지는 어느 것(A)을 다른 것(B)의 신호로서, 그리고 어떤 반응(B')을 위한 신호로서 지각하는 존재에게만 나타난다.

그렇다면 아이는 A와 B의 연결이 그의 마음에서 강화되도록 A와 B를 함께 경험하는 일을 반복해야 한다. 따라서 아이가 생후 몇 년 동안 잘 자라는 데 있어 핵심은 안정된 환경이다.

반복적 경험은 가르침으로 혹은 가르침이 없어도 생길 수 있다. 예컨대, 아이는 아빠 목소리의 어떤 특징을 '나 때문에 짜증이 났다'라는 신호로 들을 것이다. 또 부모와 교사는 아이가 자연적으로 나타나는 연관성에-번개는 천둥의 신호로, 눈물은 슬픔의 신호로-주목하도록 장려하거나, 혹은 연관성이 강화되도록 경험의 사태를 조성할 (테니스나 야구에서 상대방의 실수를 유도하려고 공에 회전을 주도록 할) 수 있다.

또 행동이나 반응이 신호와 자연적으로 연결될 수 있다. i) 이것은 가르침이 없어도 생길 수 있다. 예컨대, 아이는 낯선 사람을 어쩐지 위험할 것으로 보고 피하는 행동을 할 수 있다. ii) 가르침을 통해서 생길 수 있다. 예컨대, 부모나 교사는 아이가 고통에 빠진 사람들에게 동정심을 보이도록, 또 테니스를 칠 때 상대방의 어떤 공을 어떤 식으로 받아넘기도록 가르칠 수 있다. iii) 실수가 생길 수 있다. 예컨대, 아이가 마땅히 주목해야 할 연관성을 놓쳐버리거나 적절한 반응을 보여 주지 못할 수 있다. 교육자는 이런 실수를 바로잡아 줌으로써 아이가 '…으로 보기' 그리고 '이에 대해 반응하기'의 습관을 갖게 할 것이다.

2) 개념학습은 언어와 경험을 통해서 일어난다.

더 친숙한 개념, 즉 언어로 표현된 개념을 살펴보자. 이에 관한 학습은 아이의 교육에서 큰 부분을 차지한다. 아이는 그것을 어떻게 배우는가?

때때로 언어적 정의를 통해서 배운다. 아이는 송아지가 어린 소이고, 광합성은 식물이 태양 에너지를 화학 에너지로 바꾸는 과정이라는 점을 배운다. 이런 학습은 형식적으로 혹은 비형식적으로 일어난다. 일주일은 연속되는 7일인데, 아이는 이 개념과 그 논리적 연관성을 정해진 수업이 아닌 일상과정에서 습득한다. 그러나 광합성은 정해진 수업에서 배울 것이다.

정의 학습은 이해하지도 못하면서 그저 용어만 암기하는 것이 아니다. 만일 아이가 A는 B, C, D에 의해 정의된다는 점을 배우려면 각각의 의미, 그리고 A와 다른 것이 어떻게 연결되는지를 당연히 이해해야 한다.

이해하든 못하든 간에 정의 학습에서 부적절한 경우가 나타난다. 찰스 디킨스의 『어려운 시절』에는 개념학습과 실물 수업에 관한 유명한 이야기가 들어 있다. 그래드그라인드 선생의 학생 중에 씨씨 주프가 있다. 씨씨 주프는 서커스단의 말을 조련하는 단원의 딸인데, 말을 정의하지 못한다. 이와 달리 모범 학생인 빗저는 말을 정의하라고 하면 말의 이와 털을 가지고 말에 관해 이야기한다. 그런데 씨씨 주프는 말의 개념을 이미 갖고 있다. 말의 조련 과정을 날마다 보고 경험하는 씨씨 주프는 말이 무엇인지를 잘 안다. 씨씨 주프는 말을 인지하는 것은 말할 것도 없고, 또 말에 대해 설명해 보라고 하면 어떻게든 설명할 수 있다. 그러나 이것은 빗저가 내놓은 과학적 정의에 비해서 미흡한 편이다.

아이는 많은 용어를 사용하지만 그 정의를 배운 경우는 드물다. '테이블', '우유'가 무슨 뜻인지는 생활을 통해서 배운다. 테이블은 거기에 앉아서 먹거나, 그림을 그리는 곳이다. 우유는 그냥 마시거나, 콘플레이크를 섞어 먹는 것이다. 다른 개념, 즉 앉다, 먹다, 그리다, 마시다와 연결되는 것도 분명하다. 그러나 이런 연결은 정의의 경우에 비해 썩 느슨한 편이다. 그래도 그런 연결은 거기에 들어 있다. 아이는 이미 친숙한 개념에 이어서 새로운 개념에 대한 이해를 쌓아 간다.

3) 개념학습은 타인의 도움으로 가능하다.

여기서 다음과 같은 물음이 생긴다. 아이가 가장 먼저 배우는 개념이 있을 것이다. 이 최초의 개념은 어떻게 생기는 것인가? 만일 개념을 학습하는 과정이 일정한 궤도에 오르면 이는 더 쌓아 가는 발판이 된다. 그러나 그 과정의 맨 처음은 도대체 어떻게 시작되는 것인가?

아이가 다른 개념의 도움 없이 배우는 기초 수준의 개념이 분명히 있을 것이다. 예를 들면, 단순한 색상 개념인 빨강이 아마 그것일 것이다. 빨강과 파랑 혹은 푸른색의 차이를 다른 용어를 사용함으로써 설명하려고 한다면 빛의 파장에 따라 색상의 차이를 과학적으로 설명해야 할 것이다. 다르게 할 수는 없을 것이다. 그런데 아주 어린 아기는 이런 식으로 '빨강'의 의미를 배우지 않는다.

그렇다면 아이는 어떤 방식으로 '빨강'의 의미를 배울까? 다음에서 두 가지 설명을 살펴보자.

–첫째 설명: 자기 혼자서–

아이가 '빨강'의 의미를 다른 용어를 통해 배우지 않는다면 당연히 직접적인 경험을 통해 배울 것이다. 아주 어린 아기는 주변에서 온갖 색상의 사물을 본다. 그중에는 빨간 것, 즉 플라스틱 칼, 공, 의자, 사탕, 꽃이 많다. 아이가 해야 할 일은 다른 색상을 가진 여러 가지 것 중에서 어떤 식으로든 빨간 것을 추려내는 것이다. 아이의 주의는 어떤 식으로든 온갖 빨간 것들이 공통으로 소유하는 속성으로 쏠린다. 아이는 이런 식으로, 즉 자기 경험에서 공통된 특성을 추려냄(추상함)으로써 빨강이라는 개념을 습득한다.[10] 이 아이는 타인의 지도가 없이 자신만의 경험으로 혼자서 배운다.

–둘째 설명: 도움을 받아서–

앞과 달리 엄마나 아빠는 어떤 역할을 할 수 있다. 예컨대, 칼, 꽃, 사탕에 공통으로 들어 있는 특성에 아이가 주목하도록 끌어 주는 역할이다. 엄마는 아이에게 장미를 가리키면서 '이건 빨갛다'라고 말한다. 백합을 가리키면서 '저건 빨갛지 않아'라고 말한다. 이렇게 아이는 엄마나 아빠의 도움을 받아서 주위에서 보이는 온갖 것들로부터 공통된 속성을 추려낸다.

이 두 가지는 기초 수준의 개념학습에 대한 추상론적 설명이다. 특히 첫째는 아동 중심주의 교육관에서 강조했던 것으로, 흔히 '발견학습'의 뿌리라고 말한다. 첫째 설명은 우리가 놀이 환경을 신중하게 구조화하고, 지각적 자극이 생기게 하고, 여기서 아주 어린아이들이 함께 지내도록 하는 것을 옹호하는 쪽을 이론적으로 정당화해 준다. 이에 따르면, 아이는 다양한 것을 더 많이 경험함으로써 거기에 어떤 특성이 공통으로 들어 있는지를 조금씩 추상한다. 예컨대, 아이의 주변에 사물을 하나씩, 둘씩, 셋씩 여러 곳에 그렇게 놓아두면 거기서 아이는 최초의 수 개념을 추상화하는 데 도움을 얻는다. 만일 거기서 교사나 부모가 '여기 두 개가 있다'라고 말하면서 끼어들 수 있는데, 그것은 아이가 이미 자발적으로 몰두하고 있는 과정을 촉진하는 역할을 하는 것에 그친다.

추상론적 설명은 얼핏 보기에 그럴듯한 것 같다. 그러나 공통되는 속성을 추려내는 일은 도대체 어떻게 이루어지는가? 예컨대, 아이가 주변에서 보는 것이 모두 빨간 것들이지만, 거기에는 빨갛다는 점 이외에 '다른 공통 특성'이 있다고 하자. 그렇다면 아이는 어떻게 해서 '다른 공통 특성'이 아닌 빨간 것이라는 공통 특성을 추상화하는가?

어떤 사람은 다음과 같이 대답할 것이다. 아이가 색상이 있는 것을 고르는 경험을 충분히 쌓는다고 하면 그가 본 모든 빨간 것들이 네모꼴, 혹은 나무로 만든 것, 혹은 길이가 30센티 이상인 것이 될 가능성은 아주 낮을 것이다. 이렇게 말하는 것이 참일 수 있다. 그러나 '공간에 펼쳐짐'이라는 특성은 어떤가? 빨강 스페이드에도, 빨강 장미에도, 빨강 옷에도 이 속성이 들어 있다. 빨간 것들은 모두 그렇다. 그렇다면 어떻게 해서 아이는 '공간에 펼쳐짐'이 아니라, '빨강'에 초점을 두게 되는가?

이는 아이가 빨간 것들의 공간적 특성보다는 그 색상에 쏠린다는 말이 아닌가? 만일 그렇다면 아이는 당연히 색상 개념을 이미 갖고 있다는 말이 아닌가?

그러나 어떻게 이럴 수가 있는가? 우리는 이제까지 아이가 그의 최초 개념, 즉 그의 기층 개념을 어떻게 배울 수 있는가를 빨강 개념을 가지고 탐색

했다. 그러나 색상은 빨강보다 더 일반적인 개념이다. 색상이 오히려 기층에 속하는 개념이다.

다시 생각해 보자. 우리는 이제까지 다음과 같이 가정했다. 개념학습은 최저 수준의 개념에서 시작되고, 이 개념이 자리를 잡은 후에는 그 위에 상위 개념이 생긴다. 그러나 지금 우리는 다음 문제에 직면하게 되었다. 그것은 색상 개념이 빨강보다 나중에 학습되는 것으로 보이지 않는다는 점이다. 왜냐하면 마음에 색상 개념이 자리를 잡고 있어야 그다음에 비로소 빨강을 배울 것이기 때문이다.

둘째 설명을 보자. 거기서 아이는 부모가 빨간 것과 빨갛지 않은 것을 가리키면서 '빨강', '빨갛지 않은'이라고 말하는 것에 상당히 의존한다.

아이의 아빠가 빨간 대상과 빨갛지 않은 대상을 가리키면서 '빨강' '빨갛지 않은'이라고 말할 때, 아이가 이 말을 들으면서 이해하는 것은 무엇인가? 아빠의 말은 아이를 빨간 것들의 빨강에 주의를 집중시키려고 한다는 것인가? 그러나 어떻게 해서 이것이 가능한가? 빨강은 거기서 지적할 수 있는 유일한 속성이 아니다. 왜냐하면 빨강을 가리킬 때마다 이와 동시에 '공간에 펼쳐짐'을 가리키기 때문이다. 아이는 거기서 색상이 중요한 것임을 알아야 한다. 그렇다면 아이는 당연히 색상 개념을 이미 갖고 있을 것이다. 이와 마찬가지로, 만일 아이가 색상이 무엇인지를 안다면 그는 당연히 속성 개념도 갖고 있을 것이다. 왜냐하면 색상은 사물의 속성이기 때문이다.

결국, 우리는 첫째 설명으로 되돌아가고 만다. 우리가 추상론에 속하는 두 가지 설명을 두루 살펴볼 때, 빨강은 기초적 개념이 될 수 없는 것으로 보인다. 빨강 개념을 소유한다면 아이는 이미 색상, 속성과 같은 개념을—어쩌면 언어라는 개념도— 소유하는 것으로 보인다. 그렇다면 아이는 이런 개념을 어떻게 얻게 되었는가?

4) 개념학습에 대한 생득설은 틀린 설명이다.

솔깃한 답이 있을지 모른다. 즉, 아이에게 그런 개념이 없는 때가 없다는 것이 답이다. 그런 개념은 타고난다는 말이다. 이를 가리켜 생득설(innatism)[11)] 이라고 한다. 이것은 플라톤, 데카르트, 그리고 현대의 촘스키와 더불어 유명한 견해다. 이에 따르면, 개념학습은—감각적 인상이 아이의 마음에 들어가서 어떤 식으로든 아이디어가 형성되는 것처럼—수동적일 수 없다. 이와 달리 아이에게는 개념구조가 이미 있어서 그가 경험하는 것들은 이 개념구조에 맞추어진다. 이런 개념구조는 아이에게 생득적으로 갖추어져 있다.

이런 개념구조는 얼마나 포괄적인가? 만일 개념구조가 더 포괄적이면 그만큼 설득력은 더 적어진다. 예를 들어, 아이가 피자, 스마트폰, 지하철 등과 같은 개념을 태어날 때부터 갖고 있을까? 이것이 어떻게 가능한가? 그런 개념은 문화적 산물임이 분명할 것이다. 어떤 문화에는 있고 다른 문화에는 없다. 그런 개념을 아이가 어떻게 타고날 수 있는가?

그런데 앞서 문제가 되었던 개념은 무엇인가? 그것은 피자, 스마트폰, 지하철이 아니라 색상, 속성이었다. 아이는 그런 개념을 태어날 때부터 갖고 있는가?

그런 개념은 특정 문화에 속하는 것이 아니라 인간의 언어에 속한다고 말할지 모른다. 그러나 이런 뜻으로 말할지라도, 그런 개념은 여전히 문화적 산물이다. 그런 개념은 바위와 당근이 속하는 (인간적인 것이 아닌) 자연적 실재의 일부가 아니다. 그것은 인간의 문화에 의존하는 것이다. 이런 것을 가리켜 어떻게 생물학적으로 타고난 것이라고 말할 수 있는가? 이것이 문제다.

인간은 어떻게 개념을 소유하게 되는가? 이에 대한 생득설(innatism)의 설명은 아무리 보아도 추상론처럼 문제가 많다. 그렇다면 탈출구는 없는가? 궁지에 빠지고 말았는가?

꼭 그렇게 생각할 필요는 없다. 여기서 생각을 다시 정리해 보자. 우리는

'아이가 빨강을 기초적, 기층적 개념으로 습득할 수 없다'라고 생각했고, 이 때문에 '생득적 관념이 반드시 있다'라는 결론으로 내몰렸던 것처럼 보인다. 다시 말해서 아이가 빨강 개념을 파악하려면 그는 색상이라는 개념을 이미 갖고 있어야 하고, 색상 개념을 파악하려면 속성이라는 개념을 이미 갖고 있어야 한다는 식으로 생각하도록 내몰렸던 것 같다.

그런데 우리가 생득설로 내몰렸던 것은 바로 그 '이미' 때문이다. '이미'는 최초의 개념으로 간주하는 것보다 먼저 자리를 잡고 있어야 할 어떤 것을 가리킨다. 이 '어떤 것'이 생전이 아니라면 언제 자리를 잡을 수 있겠는가?

그러나 '이미'를 끌어들일 필요가 있을까? 다음과 같이 생각해 보자. 만일 아이가 빨강이라는 개념을 파악한다면 '빨강이 색상임'을 어느 정도 이해하는 것은 당연하고, 또 색상이라는 개념도 어느 정도 이해하는 것은 당연하다. 이렇게 말하는 것이 맞지 않을까? 이 말에는 '이미'라는 암시가 없다. '색상을 이해하지 못하면 빨강을 이해할 수 없다'라고만 말하고 있다.

다시 말해서 '색상의 이해가 먼저 나타난다'라는 암시가 거기에는 없다. 왜냐하면 빨강과 색상이라는 두 개념을 동시에 습득할 수 있기 때문이다. 그것은 원칙적으로 가능한 일이다.

5) 개념학습은 여러 개념이 함께, 그리고 점진적으로 이루어진다.

아이의 학습은 그렇게 일어날 수 있다. 앞서 말한 것처럼, 개념을 이해한다는 것은 전부—아니면—전무가 아니다. 이해의 정도가 다르게 나타날 수 있다.

앞에서 든 사례를 다시 살펴보자. 생후 일 년이 지난 아이는 플라스틱 쟁반에 있는 여러 색상의 빈칸에 같은 색상의 공을 집어넣을 수 있다. 아이는 '빨강', '파랑'이라는 단어를 사용할 줄 모르지만, '빨강 공을 빨강 색상의 빈칸에 집어넣어라!'라고 말하면 뭘 해야 하는지를 이해한다. 그렇다면 아이는 빨강 개념을 어느 정도 이해하는 셈이다. 그런데 아이는 빨강 개념을 습득할 때, 그보다 더 일반적인 색상 개념까지도 습득한다. 아이는 빨강이 색상이고, 초록, 파랑, 노랑도 색상이라는 생각을 함께 갖는다.

이때쯤 부모가 '갈색', '핑크'라는 단어를 사용하면 아이는 그것이 무슨 뜻인지를 배우게 된다. 그 후에 아이는 자색, 황갈색과 같은 더 은은한 개념도 습득하게 된다. 빨강과 초록처럼 확연히 구분되는 것이 중심을 차지하고 있었던 아이의 원시적 색상 개념은 더 세밀해지고, 더 충실해진다. 그러면서 아이는 미세한 차이 혹은 중간색에도 더 주목하게 된다. 아이는 일차적 색상들이 동그란 원을 이룬다는 점을, 그리고 검은색과 흰색도 때때로 색상으로 간주한다는 점을 파악하게 된다. 이와 같은 이해는 거의 은연중에 이루어진다.

개념들 사이에 온갖 종류의 논리적 연결이 생기게 된다. 빨강은 색상이고; 색상은 속성이다. 멍멍이는 개이고; 개는 동물이고; 동물은 생물이다. 아이는 빨강, 개와 같은 일상적 개념을 습득하면서 더 큰 개념-망으로 들어간다. 아이가 개와 의자의 차이를 충분히 알면 개가 생물이라는 것도 알게 된다. 무엇이 생물이고, 무엇이 무생물인가에 대한 아이의 생각은 초보적일지라도, 나중에 가서 아이는 식물과 동물이 생물에 속한다는 것도 알게 된다.

사례를 계속해서 열거할 필요는 없겠다. 여러 사례에서 충분히 보았듯이, 추상론과 생득설이 실제로 범하는 실수는 똑같은 것이다. 즉, 아이가 개념을 배울 때 서로 분리된 별개의 것들을 혼자서 독립적으로 배운다고 가정하는 것이 실수다.

따라서 '빨강이 기본 개념이고, 이를 통해서 비로소 더 큰 개념체계가 구축된다'라고 말할 수 없다. 똑같이, '아이는 속성과 같은 더 일반적 개념의 틀을 갖추고 태어나며, 여기에 (경험에 기반을 둔) 빨강 개념을 맞춘다'라고 말할 수 없다. 개념들은 서로 연결되어 있으며, 망을 이루고 있으며, 서로 떨어질 수 없다. 그러므로 '개념들의 관계망은 총체적으로 이해되고 또 학습된다'라고 말하는 것이 더 적절하다.

이제까지의 논의는 교육적으로 어떤 의미가 있는가? 앞과 같은 주장을 받아들인다고 하자. 그렇다면 부모와 교사는 가끔 저지르는 실수에서 벗어날 수 있다. 예를 들어, 어떤 사람은 '민주주의와 같은 개념은 5, 6세의 보통 아이가 접근할 수 없는 것'이라고 생각한다. 그것은 중학생이 되어야 비로소 입문될 수 있는 개념이고, 아직 여러 해가 남아 있으므로 초등교육에서는 서두를 필요가 없다고 생각한다.

그러나 '개념은 부분적으로 그리고 다양한 수준에서 이해될 수 있다'라는 점을 떠올린다면, 5세가 되는 아이에게 민주주의라는 아이디어를 소개하는 것도 전혀 이해하지 못할 바는 아니다. 아이는 '결정'이라는 아이디어를 상당히 이해할 수 있다. 아이는 집단 전체에 영향을 미치는 결정을 내릴 때, 집단에 따라서 어떻게 하는지를 상당히 파악할 수 있다. 어떤 때는 교사나 부모처럼 한 사람이 결정하고, 또 어떤 때는 같이 움직이는 아빠와 엄마처럼 혹은 놀이터의 아이들처럼 함께 결정한다는 점을 아이는 상당히 파악할 수 있다. 이런저런 점을 토대로 삼아서 아이는 '민주적 의사결정'이라는 아이디어에 상당히 접근할 수 있다.

예컨대, 태어나서 8년이 지난 아이가 처음 학교에 다녀와서 다음과 같이 말한다. '엄마, 나 대의원이 됐어!' 이것은 자기 학급을 대표하는 대의원에 뽑혔다는 말이다. 엄마는 묻는다. '대의원이 뭘 하는 거여?' 아이는 당당하게 대답한다. '규칙을 만들지요.' 이 말은 '짐은 국가다'의 아동용 버전이다. 그렇다면 아이는 민주주의의 첫 단계에 진입한 셈이나 다름없다.

6) 개념학습은 사회적 성격을 갖는 현상이다.

아이는 혼자서 독립적으로 개념을 배울 수 없다. 물론 다른 동물처럼 아이는 신호 인지라는 능력을 타고나며, 이 능력으로써 그가 만들어 내는 연결중에는 다른 동물처럼 도움을 받지 않은 것도 있을 것이다. 그러나 부모는 아이의 세계가 형성되는 것을 계속해서 도와주고, 또 무엇과 무엇이 연결되는지를 아이가 알아보도록 도와줄 것이다. 그러면서 아이의 기대는 끊임없이 축적되고 강화된다. 만일 이런 사회화가 없다면 세계에 대한 아이의 이해는 크게 위축되고, 즐거운 활동의 기회도 크게 줄어들고, 제대로 자랄 수도 없을 것이다.

부모나 타인은 아이가 어릴 때—자연 속에서, 또 몸짓과 신체 언어의 해석에서, 그리고 일상생활의 시간 배열에서—무엇과 무엇이 서로 연결되는지를 알려 주는 일을 하느라 많은 시간을 투입한다. 부모나 타인은 아이가 초인종 소리를 방문자의 신호로 듣고, 차량/도로/전기 등을 위험한 것으로 보고, 미소를 평안함의 신호로 보고, 구름과 천둥을 비의 조짐으로 보고, 그리고 찡그림을 부정의 신호로 보도록 길러 준다.

만일 어른이 그렇게 하지 못한다면 아이의 삶은 빈곤해지고 인간다운 삶이 힘들어질 것이다. 아이가 앞과 같은 연결을 자발적으로 이루어 낼 기회는 아주 드물다. 아이가 그런 연결에 주의를 쏟도록 어른은 신중히 가르치고, 아이의 실수를 잡아 주어야 한다.

앞서 보았듯이, 게임, 요리, 정원 가꾸기, 목공, 컴퓨터 작업 등과 같은 실천적, 신체적 활동은 아이의 삶에서 큰 부분을 차지한다. 이런 활동은 신호 인지에 의존한다. 여기서도 의도적인 안내와 교정이 필요할 것이다. 만일 아이에게 그저 맡겨만 둔다면 아이는 그런 활동에 들어 있는 복잡한 연관성을 알아챌 수 없을 것이다.

이렇게 해서 인과적 관계의 세계가 아이에게 구축되고, 이를 기반으로 아이는 언어로 입문되고, 또 언어로 가능해지는 새로운 개념학습으로 입문된다. 여기서도 신호 인지와 언어는 서로 떨어질 수 없다. 신호학습은 초기부터 늘 언어와 연결된다. 처음에는 부모가 그렇게 연결해 주고, 또 아이도 스스로 그것을 차츰차츰 상당히 이해하게 된다. 아이는 모어를 배우는 과정에서 습득한 개념을 이해하거나 능동적으로 사용하거나 하면서 복잡한 상호 연관성의 망으로 들어간다. 아이는 논리적 연결이라는 새로운 세계를 차츰 차츰 받아들인다.

아이는 이런 일을 혼자서 할 수 있을까? 그것을 가르쳐 줄 부모나 타인이 필요하지 않을까? 흔히 아이 주변에는 다른 사람들이 있다. 이들의 역할은 무엇일까? 이들은 아이가 흔히 할 수 있는 것을 더 쉽게 하도록 만들어 주기만 하는가? 그게 아니라면 이들의 투입은 꼭 필요한 것인가?

추상론이나 생득설과 같은 견해에서는 암암리에 '아이는 개념을 사용하는 것을 혼자서 배울 수 있다'라고 가정한다.[12] 이런 가정은 자기의 경험에서 빨강 개념을 직접 추려내는 아이의 사례에도 들어 있었고, 또 아이가 자신의 생득적 개념에 자기의 경험을 맞춘다는 생득설에도 들어 있었다. '아이는 자기의 개념을 주체적으로 학습한다'라는 아이디어는 일반적으로 아동-중심 교육자와 교육학자에게 오랫동안 호소력을 가졌다. 이들에게는 성인의 아이디어와 가치가 '아동의 자유에 대한 모욕'으로 보였고, 따라서 아이에게 그것을 부과하는 교육에 반대했다.

그러나 '아이가 혼자서 개념을 학습할 수 있다'라는 견해는 근거가 없는 것이다. (심리학적 사실로서) 이를 옹호해 줄 증거가 없다는 뜻에서만 그런 것이 아니라, 아예 생각조차 할 수 없는 것이라는 뜻에서도 의심스러운 것이다. 이런 의심의 근거를 다음과 같이 찾아볼 수 있겠다.

모든 용어를 철저하게 정의하기란 불가능한 일이다. i) 빨강이라는 색상과 다른 색상 간의 차이를 단어로 표현하기란 불가능한 일이다. 서로 다른 색상을 철저하게 정의할 수 있는 사람은 아무도 없다. 바로 여기서 인간의 경험이 등장한다. 누구나 색상의 차이를 경험을 통해서 배운다. ii) 말이 무엇인지를 완전하게 정의할 수 있는 사람은 아무도 없다. 누구나 경험을 통해서 말이 무엇인지, 말을 어떻게 인지하는지를 배우게 된다. 말 조련사의 딸인 씨씨 주프는 경험을 통해서 말이라는 개념을 제대로 파악하게 되며, 말이 동물의 일종임을 말할 수 있게 된다.

그러나 경험에는 기준이 있다. 빨간 사물 혹은 말을 인지하게 하는 경험의 기준은 무엇인가? 이런 기준은 능숙한 언어 사용자로부터 언어 학습자에게 전해진다. 부모는 들에서 풀을 뜯는 말, 혹은 그림책이나 텔레비전에 등장하는 말을 가리키면서 아이에게 보라고 이야기한다. 부모는 말이 어떻게 생기고, 무엇을 하고, 어디에 쓰이는지를 이야기해 준다. 아이는 흔들리는 말꼬리를 보거나, 말이 내는 소리를 듣는다. 이렇게 함으로써 아이는 부모나 타인의 개념을 공유하게 된다. 아이는 어떤 것이 말이고, 다른 것은 말이 아니라고 하는 사람들의 기준을 부지불식간에 습득한다. 아이가 당나귀를 말이라고 잘못 부르면 부모는 이를 교정해 준다. 아이는 말을 제대로 가리키는 것을 반복해서 배운다. 요컨대, 말이 무엇인지에 대해서는 합의된 공적 이해가 있으며, 이를 공유할 수 있도록 아이는 길러진다.

이것은 실제로 일어나는 일이다. 이와 다르게 일어날 수는 없다. 아이가 타인의 도움도 없이 그런 이해를 습득할 수 있는가? 어떻게 그럴 수 있는가? 이는 상상하기가 어렵다. 결국 아이는 말을 제대로 가리키는 것을 배워야 한다. '무엇이 말인가?'라는 점은 결코 아이에게 달린 문제가 아니다. 이에 대한 공적 이해가 있고, 이런 공적 이해에 따라서 아이는 맞거나 틀릴 수 있다. 비트겐슈타인이 그의 『철학탐구』에서 말했듯이 개념은 공적 현상이며, 공적으로 합의된 기준이 들어 있다. 개념은 아이가 혼자서 구축할 수 있는 사적 성취가 결코 아니다.

이를 부정하는 교육자나 교육학자는 '배울 만한 가치가 있는 것은 오직 아이의 경험과 활동의 산물일 뿐이다'라고 주장할지 모른다. 그렇다면 아이에게는 엄청난 손실이 따를 것이다. 아이는 개념 및 개념체계로 이루어진 공적 유산으로 입문될 필요가 있다. 만일 아이가 틀렸음에도 불구하고, '교정은 암묵적 부과'라는 이유를 내세우면서 그것을 교정해 주지 않는다면 과연 아이는 개념 사용자들이 형성하는 공동체의 충실한 구성원이 될 수 있겠는가?

이것은 진리다. 이것은 빨강이나 말처럼 단순한 개념뿐만 아니라—부모보다는 오히려 교사의 임무에 속하는—더 복잡한 개념에도 똑같이 적용된다. 단순하든 복잡하든 간에 개념은 사회적 제도임이 틀림없다. 거기에는 고유한 맞음(correctness)의 기준이 있고, 아이는 그런 기준으로 입문되어야 한다.

아이가 문명사회의 구성원으로 제대로 살아 가려면 수많은 개념이 필요하다. 이런 개념에 속하는 것에는 어떤 것들이 있는가? 이는 복잡한 문제로서 별도의 논의가 필요하다. 예를 들어, 교육적으로 필수적인 개념으로 분자, 제곱근, 민주주의 등이 있다고 하자. 여기서 교육자의 임무는 아이가 그런 개념을 제대로 사용하도록 도와줄 규칙을 파악하고, 그리고 아이가 제곱근과 제곱을, 혹은 분자와 원자를 혼동하지 않도록 이끌어 주는 일이다.

이 모든 논의가 암시하는 바는 무엇인가? 이는 교육자의 개입, 즉 설명, 사례 제시, (아이가 제대로 하는가의) 관리, (제대로 하지 못할 경우의) 교정이라는 형태의 개입이다. 이와 달리 아이가 혼자서 알아서 할 것이고, 그런 개념을 스스로 터득할 것이라고 상상할 수는 없다. 아이의 내면에서 이해가 자연적으로 발달할 수는 없다. 만일 아이가 아동 중심 이데올로기에 따라 길러진다면 복잡한 세계, 즉 학문적 탐구의 세계로 입문되기는 더욱 어려워진다.

이제까지 우리는 일반적 수준에서 개념과 개념학습을 살펴보았다. 이것이 중요한 이유는 제1장에서 보았듯이, 아이의 거의 모든 심적 활동에 개념의 역할이 들어 있기 때문이다. 그런데 개념의 유형별 차이에 대해서, 그리고 개념이 (여러 가지 주제에 관한) 아이의 믿음과 지식에 포함되는 방식에 대해서 덧붙일 수 있는 이야기가 많이 남아 있다. 이런 이야기는 다른 장에서 다른 이슈와 함께 다룰 것이다.[13]

3. 요약

이 장에서 논의한 사항을 다음과 같이 정리할 수 있다.

첫째, 개념이란 무엇인가? 개념이란 '마음속에 들어 있는 아이디어'가 아니다. 개념을 소유하는 것은 기능을 소유하는 것과 비슷하다. 개념이 없으면 할 수 없는 일이 있고, 개념이 있으면 할 수 있는 일이 있다.

개념을 갖는 것은 언어가 없어도 가능한 일이다. 따라서 동물도 개념을 소유하고 또 사용한다고 말할 수 있다. 다시 말해서 동물에게는 언어에 의존하지 않는 신호 인지 능력이 있다. 신호 인지 능력이란 여러 현상을 어떤 점에서 동일한 것으로 파악할 수 있는 능력이다. 이 신호 인지 능력을 동물과 인간이 공유한다. 그리고 선천적인 시각장애인은 눈으로 색상을 볼 수 없지만, 즉 인지 능력은 없지만 색상을 언어적으로 이해할 수 있다. 이와 달리 언어를 사용하는 정상적인 인간의 경우, 개념을 소유한다는 것은 신호 인지 능력과 언어적 이해를 갖고 있다는 뜻이다.

인간의 개념화 능력에는 생물학적 기반이 있다. 이는 신호 인지다. 신호 인지를 통해서 인간의 개념학습은 언어를 배우기 이전부터 시작된다. 언어를 배운 이후에 신호 인지는 아이의 삶과 교육에서 중요한 역할을 한다. 신호 인지를 통한 개념학습은 체육이나 다른 교과에서 중요한 역할을 한다. 그럼에도 실천적 교과를 경시하고 이론적 교과를 우위에 두는 경향이 있다. 이는 동물과 인간의 공통된 특성을 경시하고, 인간 특유의 능력만을 중시하기 때문에 생긴다. 물론 언어로 표현되는 개념은 훨씬 더 다양하고 풍부할 것이다.

둘째, 개념은 어디서 생기는가? 인간에게는 신호 인지 능력이 있고, 이를 통해 사물의 연결 관계를 인지하고, 이에 따라 행동이나 반응을 보여 준다. 인간은 생활이나 가르침을 통해서 신호 인지를 배우며, 그리고 경험이나 언어를 통해서 개념을 학습한다. 인간은 개념을 개별적으로 혼자서, 즉 타인의 도움이 없이 배울 수가 없다. 개념은 문화적 산물이며, 또 서로 연결되어 있어서 여러 개념을 동시에 그리고 점진적으로 학습할 수 있다. 개념학습은 사회적 성격을 지닌 현상이다.

제 3 장

믿음

1. 믿음과 믿지 않음
2. 믿음의 확충
3. 지식
4. 이해
5. 기능
6. 믿음: 지식, 이해, 기능의 핵심
7. 맹신과 불신
8. 믿음: 기억과 시험
9. 요약

1. 믿음과 믿지 않음

−신비한 가루약−

네 살 된 아이가 폭탄을 심각하게 걱정하고 있었다. 동네의 더 큰 아이들이 폭탄에 대해 전해 준 이야기 때문이다. 아이는 폭탄이 터진다면 자신과 온 가족이 죽을 것이라고 잔뜩 겁먹고 있다. 엄마는 아이의 두려움을 없애려고 애썼으나 소용이 없었다. 그러다가 엄마가 아이에게 말했다. 밤마다 잠자기 전에 신비한 가루약을 발에 바르고 자면 아무 일도 없을 것이다. 땀띠약 가루를 몇 군데 발라 주었더니 아이의 두려움은 말끔히 사라졌다.

여기서 짐작하듯이, 양육이나 교육은 대체로 믿음에 관한 일이다. 신의 존재, 부활, 자본주의의 승리에 대한 믿음은 거창한 것에 속한다. 폭탄이 터진다면 온 가족이 죽을 것이라는 아이의 믿음은 괴로운 것이나 거창한 것은 아니다. 온 가족이 모두 안전할 것이라는 믿음도 이와 마찬가지다.

사람들은 거대한 믿음의 망을 갖고 살아간다. 어떤 것은 일시적인 믿음이고, 다른 것은 지속적인 믿음이다. 지금 비가 온다는 믿음은 일시적이다. 이와 달리 대한민국 제19대 대통령은 문재인이다; 서울은 대도시다; 분자는 원자로 이루어져 있다; 2+2=4 등에 대한 믿음은 지속적이다.

아이는 거대한 믿음의 망으로 입문되어야 한다. 이는 아이의 교육에 관한한 명백한 사실이다. 그런데 믿음이란 무엇인가? 믿음은 앞 장의 마음에 관한 논의와 어떻게 연결되는가?

믿음은 앞 장의 표현에 따르면, 발현상태가 아니라 지속상태다. 믿음은 현재의 의식상태를 가리키는 것이 아니다. 발가락이 아픈 것, 마음이 평안한 느낌, 주말의 약속을 생각하는 것 등은 현재 시점의 어떤 의식상태를 가리킨다. 이와 달리 '서울은 대도시다'라는 내 믿음은 내 믿음의 망에 지속적인 것으로 남아 있다. 이 믿음을 가지려고 서울에 대해 새삼 생각할 필요는 없다.

이 이야기에는 교육적 의미가 들어 있다. 믿음은 심적 장치에 속한다. 교육은 그것을 끌어들이고, 또 아이가 그런 것을 새로 습득하게 만든다. 아이의 심적 장치, 즉 믿음을 확충하기 위해서 교육자는 아이가 활동 및 경험에 몰두하도록 장려한다. 그런데 믿음은 테이프를 열심히 듣거나 볼을 잡으러 달려가는 활동이나 경험이라기보다는 오히려 기능 및 성격 특성과 비슷한 것이다. 이를 곧 살펴볼 것이다.

믿음에는 두 요소가 있다. 믿음에는 '믿음이라는 심적 상태'와 '믿는 내용'이 들어 있다. 예를 들어, 아이는 크리스마스에 산타클로스가 선물을 가져온다고 믿다가도 나이가 들면 그것을 거짓이라고 믿는다. 아이는 '산타가 선물을 가져온다'라고 믿고, 나이가 든 아이는 '그것은 산타가 주는 선물이 아니다'라고 믿는다. 여기서 믿음이라는 심적 상태는 똑같지만 믿는 내용이 달라짐을 알 수 있다.

믿음은 내용에 대한 태도 중 하나다. 내용에 대한 태도 중에는 믿음 외에 또 다른 것이 있다. 예컨대, 가정하기(supposing)도[1] 태도에 속한다. 산타클로스를 믿지 않은 지 오래된 아이라고 할지라도 산타클로스가 실재한다고 가정하고 게임을 즐길 수 있다. 여기서 아이의 상상력은 한껏 발산된다. 아이는 산타가 우리에게 선물을 가져다준다고 가정(혹은 가상, 혹은 생각)하고 논다. 아이는 그걸 믿지 않지만, 믿지 않음을 잠깐 유보하면서 노는 것이다. 이처럼 믿음과 가정은 서로 다른 태도이지만 그 내용은 같다. '산타가 선물을 가져다준다'가 그 내용이다.

믿음은 내용에 대한 태도다. 믿음의 내용은 명제다. 명제는 다음과 같이 표현된다. 산타클로스는 우리에게 선물을 가져다준다; 내일은 비가 올 것이다; 2+2=4다. 이 세 가지 명제는 아이가 …라고(혹은 …라는 점을) 믿는다고 할 때 …에 들어가는 것이다.

믿음은 명제에 대한 태도다. 그런데 믿음은 명제에 대한 어떤 태도인가?

아이가 p를 믿는다고 할 때, 그는 p를 참이라고 간주한다.[2] 물론 아이의 믿음은 틀릴 수 있다. 아이가 참이라고 간주할지라도 그것(산타가 크리스마스에 찾아올 것이다)은 틀릴 수 있다.

믿음은 지향적 현상이다(이 책 38쪽). 믿음은 대상을 지향한다는 말이다. 믿음뿐만 아니라 두려워하기, 듣기, 원하기도 대상을 지향한다. 그런데 믿음이 지향하는 대상은 명제다. 만일 아이가 '여자아이는 남자아이보다 멍청하다'라고 믿는다면 이 명제는 그의 믿음이 지향하는 대상이다.

믿음이 지향하는 대상 중에는 '실재하는 것'과 '실재하지 않는 것'이 있다(38쪽). 아이는 귀신을 두려워할 수 있고; 화성에 사는 사람에 관해 생각할 수 있고; 발생하지도 않았던 사건을 기억할 수 있다. 이 세 가지 예에서 믿음이 지향하는 대상은 실재하지 않는 것이다. 또 '여자아이는 남자아이보다 멍청하다'라는 틀린 명제도 실재와는 다른 것, 실재하지 않는 것이다.

교육은, 특히 조기교육의 경우 아이의 마음이 '실재하지 않는 것'보다는 '실재하는 것'을 지향하도록 하는 일이다.[3] 교육의 과제는 믿음에 관한 한 아이가 틀린 믿음보다는 참된 믿음을 갖도록 도와주는 일이다.

제1장에서 지적했듯이(36쪽), 아이의 의식 혹은 심적 상태는 대상을 지향한다. 이때 아이는 그 대상을 어떤 식으로든 개념화한다. 아이가 무엇을 생각할 때, 그는 자기 엄마, 기차, 빵 등을 생각할 것이다. 만일 이런 개념이 없다면 그런 생각을 가질 수 없다. 믿음도 마찬가지다. 생후 3개월이 지난 아이는 '산타가 자기에게 선물을 가져온다'라고 믿을 수 없다. 왜냐하면 가져오다, 선물, 자기라는 개념이 없기 때문이다. 아이의 믿음은 참이든 거짓이든 간에 그가 습득한 개념 망의 정교함에 따라 제한될 수밖에 없다.

그렇다면 '아주 어린아이가 무엇을 믿는다'라고 말할 수 있을까? 다른 동물에 대해서도 비슷한 의문을 가질 수 있다. 고양이, 개, 비둘기는 무엇을 믿을 수 있을까?[4]

동물이나 아주 어린아이가 무엇을 믿을 수 있는가? 이는 그들의 개념 소유

여부에 달려 있다. 만일 개념은 언어로 표현될 수 있는 것이라고 한다면 앞과 같은 믿음은 그들에게 불가능할 것이다. 그러나 만일 개념화는 신호 인지와 함께 나타나는 것이라고 한다면 그들에게 그런 믿음은 가능할 것이다.

그렇다면 다음과 같이 말할 수 있겠다. 만약 아이가 무엇과 무엇이 병행하는 것을 얼마간 경험한다면 그는 '엄마의 가슴이 보이면 젖이 나온다', 혹은 '미소에는 편안함과 쾌감이 뒤따른다'라는 것을 믿을 수 있다. 여기서 아이의 믿음의 내용이 여러 단어로 표현되고 있을지라도, 그가 그 단어의 의미를 이해한다는 뜻은 아니다. 실제로 아이는 그 단어를 이해하지 못한다. 이 때문에 아이에게 믿음이 있을 수 없다고 주장한 철학자도 있을 것이다.

이와 달리, 만일 생후 몇 주 혹은 몇 개월 동안 여러 가지의 기대가 아이의 마음에 쌓인다면 그에게 모종의 믿음이 전혀 없다고 말하기가 어려울 것이다. (물론 언어와 연관된 믿음에는 아예 그런 논란이 생기지 않는다) 그런데 이런 믿음은 없다가 갑자기 생겨난 것이 아니다. 이런 믿음은 아이에게 언어보다 먼저 있는 (어쩌면 다른 동물과 공유하는) 더 기초적인 태도에서 생겨난 것이다.

이런 논의는 이 정도에서 멈추고 언어로 표현될 수 있는 믿음으로 넘어가 보자.

2. 믿음의 확충

아이는 자연 세계, 사회적 세계, 그리고 (자연과 사회 속에서) 자신의 위치 등에 관한 참된 믿음을 습득할 필요가 있다. 여기서 부모와 교사의 책임은 두 가지다. 첫째, 아이에게 새로운 개념이 생기도록, 그리고 더 폭넓고 더 복잡한 믿음의 망이 형성되도록 지도해야 한다. 둘째, 아이가 틀린 믿음에서 벗어나 참된 믿음을 향하도록 이끌어야 한다. 믿음의 교육에서 이 두 가지 측면을 조금 더 살펴보자.

첫째, 새로운 개념은 여러 영역에 걸쳐 있다. 새로운 개념에 속하는 것은 무엇인가? 이를 제대로 논의하자면, 교육 목적에 관한 윤리적 문제로 들어가야 한다.[5] 그러나 우선 아무나 동의할 만한 것을 찾아보자. 아이에게 필요한 개념으로는 주변 사물과 그 속성, 시간과 공간, 수, 자신과 타인, 윤리적 문제 등에 관한 일상적인 것이 있다. 예를 들어, 다음과 같은 믿음을 아이가 습득한다고 하자. 만일 네가 나의 친구가 되고 싶다면 나를 성가시게 하는 짓을 멈추어야 한다; 저것은 축구가 아니면 럭비다. 이런 믿음을 가지려면 '만일 …이라면 …야 한다', '만일 …이 아니면 …이다'로 표현되는 논리적 개념이 필요하다. 또 아이가 학교에서 교과 공부를 하면 교과 영역마다 특수한 전문적 개념을 배울 것이고, 개념의 레퍼토리가 확대되면서 아이가 갖게 되는 믿음의 망은 더 커질 것이다.

둘째, 믿음은 참이어야 한다. 만일 아이가 '어둠 속에 도깨비가 숨어 있다', '외국인은 열등한 인간이다'라고 믿는다면 이런 틀린 믿음에서 벗어나야 한다. 이는 거의 맞는 이야기다. 그런데 신비한 가루약의 경우는 약간 다르다. 아이가 처음에 믿었던 '그녀의 온 가족은 폭탄이 터지면 죽을 것이다'가 참이든 거짓이든 간에 아무튼 '신비한 가루가 가족을 안전하게 해 줄 것이다'라는 믿음은 틀린 것이다. 여기서는 참된 믿음을 틀린 믿음으로 바꾼 것이 오히려 교육적 효과를 낳은 셈이다. 그러나 잠깐만 그런 것이다. 아이가 '신비한 가루약' 이야기를 평생 믿기를 바라는 부모는 없다. 틀린 믿음은 언젠가 참된 믿음으로 바뀌어야 한다.

아이가 그저 무엇이든 무턱대고 믿기만을 바라는 부모는 없다. 부모가 아이에게 바라는 바는 앎(지식)이다. 앎이란 무엇인가? 아이가 무엇을 안다는 것은 무슨 뜻인가? 이는 아이가 무엇을 믿을 뿐만 아니라, 그 믿음이 참이라는 뜻이다. 만일 아이가 '자기 부모가 애국자였다'는 점을 안다(고 말할 수 있으려)면 아이는 그것을 믿고, 또 그 믿음이 참이어야 한다. 아이가 '친일을 일삼던 자기 조부모가 애국자였다'라고 믿는다면 이것은 틀린 믿음이지, 지식

이 아니다.[6)]

끝으로 믿음에 대해 강조할 점이 두 가지 더 있다. 첫째, 믿음에는 강약의 차이가 있다. 예컨대, 엄마는 아빠가 최근에 늦게 퇴근하는 이유를 반은 믿고 반은 안 믿을 수 있다. 대체로 신뢰하는 편이지만 의심의 여지가 약간 있을 수 있다. 또 고양이가 밤중에 정원에 드나드는 것 같은데 어두워서 확인하기가 어렵다. 그러나 이보다 더 확실한 것이 있다. 인간은 죽는다; 2+2=4다. 이를 안 믿을 이유가 없다.

둘째, 믿음은 서로 떨어져 따로따로 있는 것이 아니다. 이는 '개념의 틀'을 논할 때(이 책 75-77쪽) 이미 언급했다. 만일 아이가 '네로는 고양이다'라고 믿으면 '고양이는 동물이고, 생물이다'라는 것도 믿을 것이다. 이처럼 믿음과 믿음은 논리적으로 연결되어 있다. 이와 다른 식으로 연결되는 것도 있다. 아이는 '고양이가 늙었다'라고 믿고, 또 '고양이는 듣지 못한다'라고 믿는다. 이 두 가지는 같이 믿지만, 연역적 관계에 있는 것이 아니다. 더 넓게 본다면, 고양이에 관한 아이의 믿음은 가족, 집, 사회적 세계, 자연적 세계에 관한 다른 믿음과 연결될 수 있다. 아이의 전체적인 '믿음의 망'은 그가 믿는 것이라는 뜻에서 주관적이다. 아이의 '믿음의 망'은 그가 세상을 헤쳐가는 지도라는 뜻이다. 그렇다고 아이의 믿음이 객관적이지 않다는 뜻은 아니다. 대부분의 믿음은 참된, 좋은 근거를 갖는 것이다. 또 아이의 '믿음의 망'은 타인의 '믿음의 망'과 중첩될 수 있다. 아이가 믿는 것의 내용은 어느 정도 공유되는 것이고, 또 당연히 그래야 하는 것이다.

3. 지식

덩달아서 그저 믿기만 하는 사람들도 적지 않다. 내 아이가 그런 사람이 되기를 바라는 부모는 별로 없을 것이다. 다시 말해서 부모는 아이가 지식을

갖기를 바란다. 그런데 지식은 믿음을 넘어선다.[7)]

-믿음과 앎의 차이-

만일 아이가 p를 믿는다면 p는 틀릴 수 있다.

그러나 만일 아이가 p를 안다면 p는 참이어야 한다.

물론 어쩌다가 참인 믿음을 가질 수 있다. 우연히 아이는 다음과 같은 믿음을 가질 수 있다. '집에 가면 엄마가 시험 결과가 나왔는지를 물어볼지 몰라' 하는 생각이 그에게 갑자기 떠오를 수 있다. 그런데 집에 도착하자마자 실제로 엄마가 물었다. 아이의 예측이 맞았다. 아이는 그런 질문이 나올 것으로 믿었다. 그러나 믿는 것이 아는 것은 아니다.

지식으로 인정을 받으려면 p에 대한 참된 믿음 이외에 또 다른 조건이 추가되어야 한다. 대체로 p에 대한 좋은 근거가 필요하다. 아이의 직감은 맞았지만, 시험 결과를 엄마가 물을 것이라는 그의 믿음에는 별다른 근거가 없었다. 아이의 믿음을 지지해 줄 만한 좋은 근거가 없었다.

좋은 이유, 혹은 좋은 근거의 제시는 아이의 양육에서 핵심이다. 믿음의 유형에 따라 이유도 달라진다. '고양이는 아프다', '문재인은 대한민국의 대통령이다'와 같은 경험적 믿음에서 증거로 요구되는 것은 직접적 지각 또는 신뢰할 만한 증언이다. '245+389=634'와 같은 수학적 믿음에서 증거로 요구되는 것은 다른 명제로부터의 논리적인 연역이다. 그러나 '훔치는 것은 나쁘다'와 같은 윤리적 믿음, 혹은 '그의 춤은 참 우아하다'와 같은 미적 믿음을 뒷받침해 줄 수 있는 근거는 그와 다르다.

아이는 다양한 종류의 지식 주장(knowledge claims)을 지지해 줄 다양한 종류의 이유에 친숙해질 것이다. 지식에 관한 학습은 다른 것에 관한 학습에 비해서 얼마나 중요한 것일까? 이 문제는 '교육의 목적이 무엇이어야 하는가?'라는 더 큰 문제로 연결될 것이다.[8)]

4. 이해

국가 교육과정에는 성취목표가 들어 있다. 교육과정의 여러 가지 교과에서 아이가 습득해야 할 것으로 기대하는 '지식, 기능, 이해'가 있는데, 그것이 각 교과의 성취목표다. 기능은 나중에 논할 것이고, 여기서는 이해가 무엇인가, 이해는 지식과 어떻게 연결되는가를 잠깐 살펴보자.

이해는 무엇인가? 이는 정의하기가 어렵다. 이해는 아주 다양한 맥락에서 사용된다. 만일 '날씨가 선선해졌어'라고 하면 듣는 이는 그 단어의 의미가 무엇인지를 곧바로 이해한다. 이런 (단어 의미의) 이해는 모어를 배우는 아이에게 아주 중요한 성취과제다. 나중에 영어나 중국어를 배울 때, 외국어의 단어나 발화의 의미를 파악하는 것은 아주 중요하다.

단어의 의미를 이해하는 것은 그 단어가 표현하는 개념을 이해하는 것이다. 이런 경우가 많다.[9] 그러나 단어가 '순천', '김구'와 같은 이름일 경우, 그 단어의 의미를 이해하는 것은 그 단어의 개념을 이해하는 것과 다를 것이다. 왜냐하면 이런 이름은 특수한 것을 가리키지 전등이나 무거움처럼 일반적인 것을 가리키지 않기 때문이다.

단어의 의미를 이해하는 것과 크게 다른 이해가 따로 있다. 이는 과학, 역사, 수학 등의 교사가 아이에게 가르쳐 주려고 하는 것이다. 아이는 해당 교과 영역에 충실한 심층의 인식을 가질 것이다.

과학, 수학을 이해하는 것은 기초적 원리(법칙, 이론)에 친숙해지는 것이다. 기초적 원리는 다양한 현상을 설명하거나 정당화하는 데 도움을 준다.

역사는 그와 다르다. 특정 사건, 예컨대 한국전쟁을 이해하려면 이 사건이 이해될 수 있게 만들어 주는 어떤 서사 안에서 그것을 이야기할 수 있어야 한다. 역사적 이해란 사람들의 결정이 포함된 여러 가지 사건이 서로 어떻게 연결되어서 이야기로 엮어질 수 있는가를 파악하는 일이다. 역사적 이해는 하위 수준의 결론을 도출해 낼 수 있는 원리를 파악하는 것과 거리가 멀다.

역사적 이해처럼, 부분들이 서로 결합하여 어떤 전체를 이루는가를 파악하는 것은 '인간에 대한 이해'에도 들어 있다. 여기서도 사람들의 말과 행위는 더 큰 그림을 통해서, 즉 그의 삶의 여러 가지 부분에 대한 서사적 설명이 포함된 그림을 통해서 설명될 수 있다. '예술 작품에 대한 이해'에도 각 부분 간의, 그리고 부분과 전체 간의 상호 연관성에 대한 지각이 어느 정도 포함될 것이다. 물론 서사적 틀은 소설과 연극에서 주로 나타나고, 시에서는 부분적으로 나타나며, 음악이나 건축 혹은 추상화에는 별로 나타나지 않는 것 같다.

맥락에 따라서는 '이해한다'와 '안다'가 서로 뒤섞여 쓰이는 경우가 많다. 물리학이나 지리학을 안다는 것은 그것을 잘 이해한다는 뜻이다. 사람을 손바닥 들여다보듯 안다는 것은 사람을 철저하게 이해한다는 뜻이다. 베토벤의 합창 교향곡을—피상적이 아니라 심층적으로—아는 것에는 그 곡 전체가 어떤 부분으로 어떻게 구성되는가에 대한 이해가 포함된다.

이런 종류의 앎은 '무엇을 앎' 혹은 '누구를 앎'이다. 이런 앎은 '무엇이 어떠하다는 것을 앎(knowing that p)'과 다르다. 무엇을 앎 혹은 누구를 앎은 그 대상을 직접 접촉해 보고 친숙해지는 것을 가리킨다. 다시 말해서 사람이나 사물을 알려면 그 앎의 대상을 직접 대면해 보고 친숙해질 필요가 있다. 직접적으로 혹은 TV를 통해서 만나 보지도 못한 사람을 알 수는 없다. 특정인에 대해 그가 어디서 사는지, 몇 살인지, 아이가 몇인지 등 수많은 사실을 안다고 할지라도 직접 겪어 보고 친숙해지지 않는다면 '그를 앎'은 불가능한 일이다.

5. 기능

기능은 무엇인가? 이것도 지식의 일종이다. 그러나 이것은 '무엇이 어떠하다는 것을 앎'과 다르다. 기능(기술)을 갖는다는 것은 무엇을 할 줄 앎이다. 쓰기, 읽기, 헤엄치기, 이메일 보내기, 수학 문제 풀기 등이 그것이다. 수영에 관해서 수많은 사실을 알지라도 수영을 실제로 할 수 없다면 수영을 할 줄 모르는 것이다. 무엇을 할 줄 아는 것은 무엇이 어떠하다는 것을 아는 것과 다르다.

6. 믿음: 지식, 이해, 기능의 핵심

믿음을 다시 살펴보자. 앞에서 '무엇이 어떠하다는 것(p)을 앎', 이해, '인간 혹은 학문을 앎', 기능 등을 간단히 설명했다. 그런데 이와 같은 것들의 중심에는 믿음이 있다. 왜냐하면 'p를 믿음'은 'p를 앎'의 한 요소이며, 'p를 앎'은 '이해(학문이나 인간을 앎)', 그리고 기능의 한 요소이기 때문이다. 이를 자세히 살펴보자.

(i) 학문(교과)을 앎: 아이는 학문 혹은 교과로서의 '지리를 앎'에 도달할 수 있다. 이럴 경우, 아이는 온갖 종류의 지리적 사실을 당연히 알 수 있다. 또 아이는 '비사실적 교과'인 음악을 앎에 도달할 수 있다. 이럴 경우, '음악 작품에 구조가 있다'라는 점, '교향곡은 사중주나 재즈곡과 다르다'라는 점을 아는 것은 당연하다.

(ii) 인간을 앎: 아이는 어떤 '사람'을 앎에 이를 수 있다. 이럴 경우, 그 사람에 관해서 많은 것을, 가령 누구의 아들이고, 정직하고, 아이스크림을 좋아한

다는 것을 당연히 알게 된다.

(iii) 무엇을 할 줄 앎(기능): 아이가 밧줄을 타고 산에 오를 '줄 알게' 된다면 당연히 그와 관련된 사실, 예를 들면 밧줄이 어떤 것인지, 처음에 시작할 때 밧줄을 어떻게 잡아야 하는지 등을 상당히 알 것이다.

그러므로 *p*를 앎, 즉 명제적 지식(knowledge that)은 교육을 통해 갖추어야 할 다른 유형의 앎, 즉 '교과를 앎', '인간을 앎', 그리고 신체적으로 혹은 심적으로 '무엇을 할 줄 앎'에서 핵심 요소다. 그런데 '*p*를 믿음'은 '*p*를 앎'의 한 요소이며, 다른 유형의 앎에도 들어가기 마련이다.

믿음은 서로 연결되어 믿음의 망을 형성한다. 믿음의 망은 아이의 삶에서 중요하다. 다시 말해 믿음의 망은 아이가 세계에 대해 아는 것, 그리고 아이의 신체적, 정신적 능력에서 핵심을 차지한다. 믿음의 망은 나중에 말할 것이지만 아이의 사고, 상상, 정서에서도 핵심을 차지한다.

7. 맹신과 불신

요즘 세상에서 우리가 당연히 배워야 할 것이 하나 있다. 즉, 남들이 전해주는 온갖 믿음을 맹목적으로 수용하지 않는 것이다. 이를 아이는 배워야 한다. 필요할 경우, 그것이 과연 믿을 만한 것인지를 확인하는 법을 배워야 한다.[10) 이는 아이에게 자연적으로 생기는 것이 아니다. 어른이든 아이이든 믿음은 인간의 기본적인 심적 상태다. 그런데 믿음은 틀릴 수 있는 것이다. 따라서 인간은 믿음을 평가하고, 또 거짓인 혹은 근거가 없는 믿음이라면 이를 거부하는 법을 배워야 한다. 왜냐하면 단순한 믿음의 지도보다는 지식의 지도가 더 신뢰할 만한 것이기 때문이다.

이 이야기에는 인간관과 사회관이 담겨 있다. 즉, 아이는 스스로 생각하는 사람, 그리고 온갖 것에서 남을 따라 무턱대고 믿기만 하지 않는 사람이 되어야 한다는 인간관이 들어 있다. 이는 평등하고 자율적인 개인들이 모여 사는 사회 안에서 자기 세계를 만들어 갈 아이에게 적합한 자유로운 삶의 모습이다.

그러나 모든 교육체제가 이런 가치에 애착을 갖는 것은 아니다. 전통적인 사회의 교육체제는 새로운 세대를 기존의 사고방식 속에 가두어 넣으려고 하고, 또 비판적 평가가 나타나는 것을 막으려고 한다. 20세기 전반의 초등학교에서는 '몸으로 노동을 해야 비로소 살아남을 숙명을 타고났다'라는 생각을 아이에게 심어 주기도 했다. 또 히틀러, 스탈린, 마오쩌둥의 독재체제가 길러 낸 것은 불신자가 아니라 맹신자였다.

어떤 교육은 더 은밀한 방식으로 믿음을 찬양하고 지식과 비판을 억누르기도 한다. 종교를 가진 부모, 혹은 종교를 가르치는 사람은 신앙을 핵심 가치로 삼기도 한다. 신의 존재에 대한 믿음에는—신은 선하다, 신은 나의 기도를 들어 준다, 신은 자비롭다 등—무엇이 어찌하다는 믿음이 들어 있다. 그러나 거기에는 무엇이 어찌하다는 믿음 이외에 다른 것도 들어 있다. 신의 존재에 대한 믿음에는 신을, 혹은 목사를 자기 삶의 지배자로서 신뢰(믿고 의지)하는 것이 들어 있다.

신의 존재에 대한 믿음, 그리고 신을 자기 삶의 지배자로 신뢰함, 이 두 가지는 서로 연결되어 있다. 이와 같은 믿음은 종교적 믿음이 아닌 경우에서도 나타난다. '신비한 가루약이 위험으로부터 너를 보호해 줄 것이다'라는 엄마의 말을 아이는 믿었다. 또 아이는 고등학생이 되면 교사를 믿을 것이다. 나중에 대학에 가서 어떤 전공을 택해야 좋을지를 가장 잘 아는 사람으로서 교사를 신뢰하게 될 것이다. 물론 무작정 신뢰하다가 끔찍한 일을 겪기도 할 것이다. 그렇다면 어느 때에, 어떤 경우에, 타인에 대한 믿음이 의심이나 불신으로 바뀌어야 하는가? 이는 쉽지 않은 문제다.

종교를 되돌아보자. 아이의 신앙을 반석 위에 올려놓으려는 시도는 극히 전통적인 시대의 최종적인, 단절되어야 할 유물인가? 그런데 교화(indoctrination)는 아이의 마음속에 어떤 종교적 믿음을 고착시키거나 강화함으로써 그가 그 믿음에 대해 성찰하지 못하게 만들려는 시도를 가리킨다. 그렇다면 종교교육을 교화로 볼 수 있는가? 자유로운 생각의 발달을 가로막는 교화는 정당화될 수 있는가? 혹은 신앙의 주입은 시대의 붕괴 조짐에 대한 대처 방안으로서 환영을 받아야 하는가?

8. 믿음: 기억과 시험

> —기억 인간—
>
> K는 기억 인간이다. 청중에서 어떤 사람이 그에게 묻는다. 프로야구 원년대회에서 우승한 팀의 주전 포수는 누구였냐? 또 프로축구 원년대회에서 우승한 팀의 주전 공격수는 누구였냐? K는 모두 맞힌다. 방송국에서 사전에 짜고 진행한 프로그램이 결코 아니었다.

이것은 천부적 재능일까? 혹시 이런 능력의 발달을 도와준 교사가 있었을까? 이런 점은 알 수 없다. 아무튼 기억력의 강화가 교육의 목표로 강조되기도 했다. 서양에서 19세기 말엽에 유행하기 시작했고, 20세기로 이어졌다. 초등학교에서 시를 줄줄 외우고 역사적, 지리적 사실을 암기하도록 엄청난 연습을 시켰다. 이는 심적 근력을 축적하는 핵심으로 간주되었다.

기억은 이처럼 특수하게 훈련해야 할 능력(faculty)인가? 그렇게 보아야 하는가? 어떤 것을 기억한다는 것은 무엇을 가리키는가? 기억이란 무엇인가?

'야구 포수 L이 어느 해에 열린 경기에서 우승했다'라는 것을 K가 기억한다고 하자. 여기서 K는 사실을 기억한다. 그의 기억이 모두 맞고, 틀린 기억이 없다고 하자. p를 기억한다면 p는 당연히 참이어야 한다. p를 기억한다는 것은 p를 안다는 것이다. 과거에 p를 알았고, 지금도 그것을 알고 있다.

방금 사실에 대한 기억을 언급하였다. 그런데 방법에 대한 기억도 있다. 큰 아이는 자전거를 타는 법을 기억한다. 자전거 타는 법을 어릴 때 배웠고, 아직 잊지 않았기 때문이다. 또 체험에 대한 기억도 있다. 아이는 할아버지의 목소리, 어릴 때 가지고 놀던 장난감 기차 및 이층 버스를 기억할 수 있다. 이는 과거에 직접적 체험을 통해 알게 된 것이다.[11)]

아이는 이처럼 다양한 것을—사실, 방법, 체험 등을—기억한다. 그것이 현재의 마음에서 발현되지 않을지라도 그는 기억한다. 왜냐하면 '기억하다'는 '안다'의 일종이고, '안다'는 '믿다'를 포함하기 때문이다. 아이는 할아버지가 광주에 살았고, 자주 찾아갔고, 거기서 즐거운 시간을 함께 보냈다는 점을, 설령 잠자고 있을지라도 기억할 것이다.

기억하기는 지속적인 심적 상태(continuant)다. 그러나 기억은 회상(recall)이나 상기(recollection)의 형태로, 즉 발현적인 심적 상태(occurrent)로 나타날 수 있다. 아이는 광주 송정역에서 보았던 KTX, SRT 고속열차에 대한 기억을 떠올릴(회상, 상기할) 수 있다. 아이가 더 자라면 그 기억이 가물가물하다가 느닷없이 떠오를 수 있다.

기억은 아이의 교육에서 어떤 역할을 하는가? 가르쳐 준 것을 아이가 한 귀로 듣고 다른 귀로 흘려버린다면 좋아할 부모는 없을 것이다. 그것을 새겨듣기를 바란다. 따라서 기억은 사실이든 기능이든 교육에 들어가게 된다. 여기서 다음과 같은 의문이 떠오른다. 우리는 기억을 지식 습득과 분리시켜서 별도의 목표로 만들 필요가 있는가?

예컨대, 미술 교사는 아이에게 스케치하는 법을 가르친다. 반복해서 배운다면 아이는 상당한 기능을 가지고 스케치할 수 있다. 그런데 마지막 수업이 끝나고 아이가 스케치하는 법을 곧바로 잊어버린다고 하자. 이를 좋아할 교사는 없다. 교사는 아이가 그런 기능(적 지식)을 최소한 얼마 동안은 지니고 있기를 바란다. 즉, 아이가 스케치하는 법을 기억하기를 원한다.

다른 영역도 마찬가지다. 아이가 '이온은 전하를 띠는 원자다', '한국의 출산율은 언제부터 크게 줄어들기 시작했다'를 배운다면 이 지식을 최소한 얼마 동안 지니고 있을 것으로 부모는 기대한다. 교사는 아이가 수업에서 배운 것을 다음 수업에서 더 강화하거나 추가시켜야 하므로 꼭 기억할 것으로 기대한다.

교사는 아이가 습득한 지식을 적어도 얼마 동안은 지니고 있기를 원한다. 과연 얼마 동안일까? 평생일까? 학교 시험이 끝날 때까지일까?

여기서 우리는 교육의 목적, 특히 학교의 목적을 논의하는 자리에 들어서게 된다. 아이가 배우는 것들이 많은데, 그중에서 평생 지니고 있어야 할 것은 무엇인가? 읽거나 쓰는 법을 알기, 또 친절하고 신중하고 인내심을 갖기 등이 그런 것임은 분명하다. 이런 것은 역사, 미술, 과학의 영역에도 많을 것이다.

그러나 사라지고 마는 것도 없지 않다. 아이가 피아노를 배울 때, 그것을 노년까지 유지해야 한다고 부모는 기대하는가? 어느 정도 배운 후에 그것을 유지할 것인가의 여부는 아이에게 달린 문제가 아닌가? 여기서 '유지'는 '자율'에 따르는 목표다.

때때로 편협한 생각에 빠질 수 있다. 즉, 시험에 통과하고 합격하는 것에만 얽매일 수 있다. 어떤 교사는 아이가 다음 시험에 합격할 때까지 이차방정식 문제를 푸는 방법을 제대로 기억하는 데에만 관심을 쏟는다. 그리고 (i) 그 아이가 수학을 평생 활용할 것인가, (ii) 수학을 계속 공부할 것인지, 말 것인지를 아이가 스스로 결정할 것인가에 대해 거의 무관심할 수 있다. 그들에게는 방정식 문제를 푸는 방법에 대한 아이의 지식이 최소한 수개월 동안은 남아 있어야 하고, 또 그 지식을 특정한 시간에, 즉 시험을 볼 때 당연히 회상해야 한다는 두 가지가 교육목표로 강조될 뿐이다.[12]

이에 대해 윤리적 문제를 제기할 수 있다. 그러나 일부 부모, 교사, 학생, 정책결정자의 관심은 그런 데 있지 않다. 시험이 그들의 교육 세계에서는 가장 중요하다. 이런 믿음 때문에 그들은 그토록 암기를 신봉하게 된다. 그렇다면 교육에서 기억의 위상에 대해 성찰할 필요가 있다. 과연 기억은 얼마나 오랫동안 지속해야 좋은 것인가?

9. 요약

이 장에서 논의한 사항을 다음과 같이 정리할 수 있다.

믿음은 무엇을 믿는 것, 즉 무엇에 대한 믿음이다. 무엇은 믿음의 대상이다. 믿음에는 대상이 있다. 대상에 대한 믿음은 지속적인 심적 상태다. 따라서 믿음의 본성을 탐색하려면 믿음이라는 심적 상태, 그리고 믿음의 대상, 이 두 가지를 탐구해야 한다. 이 장의 앞부분에서 믿음이라는 심적 상태가 어떤 것인지, 그리고 믿음의 대상이 어떤 것인지를 논의했다. 그러면서 태도, 명제, 참, 개념, 신호 인지를 언급하였다.

믿음의 교육은 두 가지로 나뉜다. 하나는 아이에게 새로운 개념이 생겨나서 더 넓고 더 복잡한 믿음의 망이 형성되도록 돕는 일이다. 또 하나는 아이가 틀린 믿음에서 벗어나 참된 믿음으로 향하도록 이끄는 일이다.

믿음과 지식의 차이는 참(진리)과 근거(이유)에서 찾을 수 있었다. 또 믿음은 지식, 이해, 기능의 중심에 들어 있다. 믿음은 인간의 기본적인 심적 상태이며, 언제나 틀릴 가능성이 있다. 맹신의 위험성이 도사리는 곳에서는 합리적 의심과 비판이 필요하다. 또 지식과 믿음에 들어 있는 기억이 마치 별개의 목표인 양 중시하는 것은 시험의 가치에 관한 학교의 태도 때문이다. 여기서 교육의 목적에 관한 문제가 제기된다. 무엇을 얼마나 오래 기억해야 좋은 일인가?

제 4 장

발달

1. 발달이란 무엇인가?
2. 심적 발달: 신체적 발달과의 차이
3. 심적 성숙: 최종 상태가 없는 발달
4. 심적 발달: 예정되지 않은 길
5. 요약

1. 발달이란 무엇인가?

서양의 전통적 견해에 따르면, 마음은 영원히 존속하는 실체다. 그것은 사적인, 관찰 불가능한, 무형의 것이다. 그 내용은 오직 그 소유자만 안다. 그러나 탈종교적 시대가 될수록 과학적 견해를 선호하는 사람들이 많아진다. 이에 따르면, 마음은 영적 실체가 아니라 생물학적 실체다. 마음은 일종의 씨앗이다.

도토리와 마찬가지로, 태아의 마음은 더 복잡하고 성숙한 형태로 성장, 발달한다. 아이의 마음이 성장하는 과정과 그 법칙을 연구하면서 아동 발달이라는 교육이론이 생겼고, 발달론적 관점을 옹호한 교육자가 많았다. 18세기의 루소, 19세기의 페스탈로치와 프뢰벨, 20세기의 피아제, 그리고 하워드 가드너가 그들이다.

최근에 자주 언급되는 것이 학교의 사명 진술(mission statement)인데, 이 용어가 나오기 전에도 그 기본 아이디어는 이미 있었다. 즉, 아이의 잠재력을 최대한 발달시키는 것이 20세기의 많은 교사에게 핵심 목적이었다.

아이의 몸은 태아에서 몇 단계를 거치면서 성숙한 신체로 발달한다. 다 자란 참나무는 모판의 씨앗에서 단계적으로 발달한 것이다. 이런 발달은 생물학적 개념이다. 그런데 아이의 마음도 그처럼 발달한다고 주장하는 관점이 있다. 이를 가리켜 발달론(developmentalism)이라고 말할 수 있다.[1)]

발달론으로부터 다음과 같은 결론을 도출하는 사람들이 많다. 아이의 교육은 자연적 과정에 크게 맡기면 되는 것이며, 아이에게 외적 목표를 부과한다는 것은 그릇된 생각이다. 왜냐하면 아이의 내면에서 어떤 지시가 나오기 때문이다. 그렇다면 교사는 씨앗을 보존하여 이것이 건강한 식물로 자라도록 보살펴 주는 정원사와 비슷할 것이다. 아이에게 교사가 필요한 것은 확실하지만, 식물에 필요한 정원사 정도만 필요하다. 교사의 역할이란 학습을 위한 올바른 조건, 즉 흙, 물, 햇빛과 같은 것을 제공하는 것이다. 이에 따라 유치원, 유아원이라는 말도 생겼다.

그런데 거기엔 또 다른 가정이 깔려 있다. 아이의 신체가 발달하는 것처럼 그의 마음도 발달한다는 가정이다. 정말 아이의 마음이 그의 몸처럼 발달하는가?

발달이란 무엇인가? 발달은 타동사와 자동사로 쓰인다. 한편으로 교사가 아이에게 발달시켜 주려고 노력하는 것이 있다. 그것은 학습에 대한 사랑, 인종을 차별하지 않는 태도 등이다. 여기서 발달시킨다는 타동사다. 다른 한편으로 앞서 말한 발달론자에 따르면, 아이는 달걀이 닭으로 발달하고, 구근이 수선화로 발달하는 것처럼 그렇게 발달한다. 여기서 발달한다는 자동사다.

그런데 '발달시키다'는 말은 별로 문제가 없는 용어인데도, 마치 큰 문제가 있는 것처럼 생각하는 교육자가 있다. 일부 교육자는 '발달시키다'에서 '외부로부터 내용을 주입하다'라는 암시를 받는다. 이들이 문제로 삼는 것은 '발달시키다'다. 그들이 문제로 삼지 않는 것은 자동사로 쓰이는 발달, 즉 '발달하다'다.

생물학적 개념으로서의 발달은 i) 유기체의 펼쳐짐(unfolding)과 관련된다. 여기에 두 가지 아이디어가 들어 있다. ii) 씨앗, 즉 처음 상태가 있고, 이것으로부터 유기체는 펼쳐진다. iii) 성숙 상태가 있고, 유기체는 이것을 향하여 펼쳐진다. 이 세 요소는 식물의 성장 혹은 동물의 신체적 성장에서 나타난다. 작은 도토리와 다 큰 참나무가 있으며, 도토리는 참나무를 향하여 단계별로 펼쳐진다. 정자와 난자가 결합하여 성숙한 말이나 인간이 생기며, 전자는 후자를 향하여 펼쳐진다.

여기서 중요한 질문이 생긴다. 앞과 같은 특성은 마음의 세계, 즉 심적 세계에서도 나타나는가? 만약 마음이 순전히 물리적이고, 또 물리적 특성만 갖는 것이라면 답은 간단하다. 신체가 발달하는 것처럼 두뇌도 발달하며, 마음

이 두뇌라고 한다면 마음도 그처럼 발달한다는 것이다.[2)]

그러나 심적 현상은 물리적 현상과 똑같은 것일 수 없다.[3)] 만일 똑같은 것이라고 본다면 심적 발달이 제대로 이해될 것인가? 여기서 세 요소를 찾아볼 수 있는가? 다시 말해서 씨앗에 대비되는 처음 상태가 있으며, 성숙한 상태가 있으며, 그리고 처음 상태에서 성숙한 상태로 펼쳐지는가? 이런 점들을 다음에서 확인해 보자.

2. 심적 발달: 신체적 발달과의 차이

첫째, 처음 상태를 보자. 마음의 씨앗, 즉 심적 씨앗이란 무엇인가? 생득적(본유) 관념[4)]이 그런 것일까? 그런 것 같지는 않다. 왜냐하면 앞서 살펴본 것처럼, 생득적 관념이 존재하는지, 정말 존재할 수 있는지에 대해 심각한 의문이 있기 때문이다. 설령 생득적 관념이 있다고 할지라도, 그것은 '처음 상태'에 맞먹는 것인가? 그것은 씨앗과 같은 것인가?

둘째, 펼쳐짐도 문제가 된다. 예를 들면, 개념은 더 복잡한 형태로 펼쳐질 수 있는 것인가? 이 점을 이해하기가 쉽지 않다. 물론 '개념이 변할 수 있다'라는 아이디어는 받아들일 수 있다. 예컨대, 16세 아이와 2세 아이가 갖는 새의 개념은 다르다. 16세 아이에게는 새가 동물 세계에서 차지하는 위치에 대한 명확한 생각이 있다. 이는 아마 진화론의 영향일 것이다. 새에 대한 이 아이의 개념이 더 복잡한 것이라는 점은 명확하다. 그러나 이 점만으로는 그것이 펼쳐진 것이라고 말하기에는 불충분하다. 예를 들면, 죽은 몸은 변한다. 그런데 이는 펼쳐지는 것이 아니고 분해되는 것이다. 또 빈 땅에 집짓기를 시작하여 몇 달이 지나면 벽돌, 목재, 금속으로 만들어진 복잡한 구조물이 생긴다. 그런데 전자에서 후자가 펼쳐지는 것은 아니다.

셋째, 그 과정의 끝인 성숙 상태는 어떤가? 물리적 맥락에서, 예컨대 다 자란 접시꽃, 혹은 인체에서 성숙 상태를 파악하기는 어렵지 않다. 그런데 심적 영역에서 성숙 상태란 무엇인가? 이를 어떻게 이해할 수 있는가? 이를 이해하려면 마음을 어떤 실체로 간주해야 하는가?

또 다른 문제도 있다. 다 자란 인체는 더 이상 성장할 수 없는 발달상의 한계에 도달한다. 참나무도 마찬가지다. 물론 신체는 계속 변할 수 있다. 그러나 이는 신체 시스템의 유지 및 노쇠와 관련된 것이고, 그 이상의 성장과는 무관하다. 그런데도 이것을 마음에 적용함으로써 모든 인간에게는 그 이상 오를 수 없는 심적 천장(mental ceiling)이 있다고 말할 수 있는가?

이는 해묵은 교육관이 암시하는 점이다. 이에 따르면, 교육은 아이의 잠재력을 가능한 한도 안에서 최대한으로 발달시키는 일이다. 그러나 이런 의미의 심적 천장이라는 생각을 모든 사람이 받아들이는가? 아마 그렇지 않은 교사와 일반인도 많을 것이다. 이들의 생각에 따르면, 심적 활동은 온갖 방향으로 확충되고 심화할 수 있는 것이다. 그러나 지능과 IQ를 연구하는 심리학자들은 '심적 천장'이라는 아이디어를 지능 개념에 자주 집어넣었고, 이로 인해 신랄한 비판을 받았다.[5]

3. 심적 성숙: 최종 상태가 없는 발달

'최종 상태(end-state)가 없는 심적 발달'이라는 아이디어를 우리는 받아들일 수 있는가? 그럴 수 있으리라 생각된다. 이에 따르면, 심적 발달은 신체적 발달과 다르다. 심적 발달에는 최소한 뇌 손상이 없는 경우, 천장이라는 것이 없다. 다시 말해서 심적 발달의 궤적은 무한한 잠재력을 가진다. 끝이 없는 마음이라는 뜻이다.

이렇게 생각한 데에는 무슨 근거가 있는가? 생물학적 발달의 거의 모든 사례에는 한계가 있으나 심적 발달에서는 우리가 확대와 심화를 경험할 수 있다. 따라서 심적 발달에 있어서 발달론적 해석으로 비약할 필요는 없다. 심적 발달에 대해선 생물학적 설명이 아니라, 문화적 설명이 가능하다. 현대 문화의 한 가지 특징으로 우리는 새로운 높이와 새로운 영역을 개척하려는 충동을 들 수 있다. 여기서 심적 지평의 끝은 열려 있다. 따라서 최종 상태가 없는, 끝이 열려 있는 심적 발달이 가능하다. 이는 신체의 생물학적 발달과 다른 것이다.

물론 성숙이라는 아이디어가 거기에도 들어 있다. 내면으로부터 무한히 펼쳐질 수 있는 아이의 마음은 어떤 방향으로, 다시 말해서 덜 발달한 것에서 더 발달한 것으로 나아갈 것이다.

여기서 발달론을 어떤 식으로 받아들일지라도 여전히 문제가 남아 있다. 마음에서 성숙이라고 간주하는 것은 무엇인가? 참나무와 인체의 경우, 언제 성숙에 도달하는지를 우리는 감각적으로 안다. 우리 눈으로 아이의 신체가 다 자랐음을, 또 참나무의 성장이 한계에 다다랐음을 알 수 있다. 그런데 심적 영역에서 이에 상응하는 것을 찾아볼 수 있는가? 아이가 그의 심적 천장에 닿았다거나, 혹은 (천장이 없다는 견해에 따라) 그가 이전보다 심적으로 더 성숙했다는 것을 우리는 어떻게 알 수 있는가?

우리는 감각에만 의존할 수가 없다. 아이의 신체가 충분히 성장한 것은 눈으로 볼 수 있겠지만, 그의 심적 성숙은 그렇게 볼 수 없다. 그렇다면 심적으로 성숙했다고 말할 수 있는 근거는 무엇인가?

우리는 일상생활에서 아이의 지적 성숙에 대해, 혹은 도덕적 이해 수준에 대해 온갖 판단을 내린다. 이런 판단에는 늘 논란의 여지가 생긴다. 어떤 사람은 지적 성숙을 '엄청난 사실의 기억'에서 찾을 것이고, 다른 사람은 그것을 '이해의 깊이'에서 찾을 것이고, 또 다른 사람은 '영역 간의 연관성에 대한 총체적 파악'에서 찾을 것이다.

조금 더 구체적으로 이야기해 보자. 예컨대, 도덕적 이해에서 더 성숙했다는 것은 무엇을 의미하는가? 이것은 논란거리다. 사람에 따라서 도덕적 성숙을 '결코 거짓말을 하지 마라'와 같은 절대적 규칙의 필요성을 터득했는가에서 찾을 수 있고; 타인의 필요에 대해 얼마나 민감한가에서 찾을 수 있고; 도덕적 가치의 다양성 및 상호 조정의 필요성을 인식하는가에서 찾을 수 있다.

우리는 다 자란 소나무 혹은 다 자란 오소리에 대해 어떤 보편적 합의에 도달할 수 있다. 그러나 심적 성숙이 어떤 것인가에 대한 보편적 합의에 도달할 수 있는가? 그것은 불가능할 것이다. 왜냐하면 그것은 관찰 가능한 사실이 아니고 가치 판단의 영역에 속하는 문제이기 때문이다. 우리는 판단을 내릴 때 각자의 지적, 도덕적 가치를 끌어들이며, 이에 따라 심적 성숙에 관한 판단이 제각기 달라진다. 지적, 도덕적 영역에 적용되는 다양한 기준에 대해서 각자가 부여하는 비중도 제각기 달라질 것이다.

이제까지 신체적 성장에 맞먹는 심적 성장에 대해서 살펴보았다. 우리는 심적 영역에서 발달 과정의 시작과 종점, 즉 그 씨앗이나 만개 상태를 찾아보았으나 결국 뛰어넘을 수 없는 문제에 부딪히고 말았다.[6]

4. 심적 발달: 예정되지 않은 길

그런데 문제가 또 있다. 이는 결정론이나 예정설과 관련된 문제다. 식물, 그리고 동물의 신체는 적절한 환경 속에서 미리 정해진, 고정된 최종 상태를 향해 발달할 수밖에 없다. 그런데 우리는 이런 점을 심적 세계에서 어느 정도로 찾아볼 수 있는가? 이런 점은 자유의지에 관한 우리의 직관과 충돌한다. 특히 '개인이 따르고자 하는 지적 방향을 상당히 자율적으로 정할 수 있다'라는 우리의 믿음과 충돌한다. 이밖에 발달론에는 더 의심할 사항이 많다.

그런데 이처럼 생물학적 해석이 불가능하다면 심적 성장에 관한 이야기는 중단해야 하는가? 그런 뜻은 전혀 아니다. 예컨대, 교육을 잘 받은 16세 아이의 심적 능력 및 성취는 6세 아이의 그것과 아주 다르다. 그는 더 복잡한 개념 틀, 여러 문제에 대한 더 깊은 이해, 인문 세계와 자연 세계에 관한 더 많은 사실적 지식, 그리고 더 세련된 정서를 갖고 있을 것이다. 이를 가리켜 그의 마음이 더 발달했다, 혹은 그의 심적 역량이 정말 성장했다고 말할 수 있다. 그렇다고 해서 이런 이야기가 발달론(developmentalism)을 가리키는 것은 아니다. 바꾸어 말해서 이런 이야기는 부모나 교사의 신중한 지도에 대한 신뢰와 부합될 수 있는 것이다.

앞에서 발달론은 근거가 부족한 관점이고, 또 '아이의 마음은 식물이나 동물의 신체와 똑같이 성장한다'라는 명제가 근거 없는 것임을 밝혔지만, 마음이 전혀 생물학적이지 않다는 뜻은 결코 아니다. 분명히 심적 활동은 인간과 일부 동물의 특성이다. 심적 활동을 위해서는 뇌, 감각기관, 운동기관 등이 필요하다. 심적 활동은 유기체의 생존을 도와주는 생물학적 기능을 한다. 물론 심적 활동이 어떻게 해서 진화의 시간대를 거쳐오면서 마음이 없는 세계에서 생겨났는지에 대해 아무도 모른다. 아무튼 마음은 생물학적 기반을 갖는데, 이것은 발달론이 주장하는 방식과 상당히 다른 뜻을 갖는다.

인간의 심적 활동은 생물학적 뿌리가 있긴 하지만, 사회적 기대에 따라서 형성되는 것이다. 이제까지 이 점은 충분히 밝혀진 셈이다. 이와 별도로 발달론의 한 가지 약점이 있다. 그것은 개인주의다. 다시 말해서 발달론은 아이를 원자론적 유기체로 보고, 또 교육은 '외부에서 이끌어 감'이 아니라 '내부로부터 펼쳐짐'이라고 이해하는데, 이것은 그릇된 생각이다.

그런데 이런 발달론을 따르는 것이 아동-중심 교육과 진보주의 교육이다. 그러나 이런 교육이 학교와 교실에서 중심적인 역할을 한 적은 거의 없다. 발달론을 따르는 교육은 아동의 학습에 이익이 되기보다는 오히려 손해가 될 것이다. 왜냐하면 아이는 개념, 믿음, 감정, 행위 등의 측면에서 올바르고 적절한 방식으로 신중하게 입문시켜야 하기 때문이다. 이런 일에서 교육이 멀어진다면 그만큼 아이는 뒤떨어질 것이다.[7]

5. 요약

이 장에서 논의한 사항을 다음과 같이 정리할 수 있다.

인간의 마음은 어떻게 발달하는가? 식물의 발달이나 신체의 발달은 '처음 상태'에서 출발하여 '성숙 상태'에 도달하는 '펼쳐짐'의 과정이다. 그러나 심적 발달은 미리 정해진 발달 과정을 밟아가는 것도 아니고, 그러면서 발달의 정점이나 한계에 도달하는 것도 아니다. 심적 발달에는 미리 정해진 성장의 길도 없고, 미리 한정된 성장의 끝도 없다. 인간의 심적 발달은 생물학적 설명으로는 이해하기가 어려운 것이다.

물론 인간의 마음은 발달(성장, 성숙)한다. 즉, 마음은 확충되고 심화한다. 이런 심적 발달은 지적 활동, 정서적 성숙, 도덕적 성장, 믿음과 판단과 결정 등에서 다양하게 나타난다. 그런데 이런 심적 발달은 사회적 기대에 따라서 형성되는 것이다. 다시 말해서 심적 발달은 인간의 공동체가 공유하는 개념 세계 속으로 아이가 입문되는 과정이다. 이 과정에서 얼마나 입문되었는가를 파악할 수 있다면 아이의 심적 발달의 정도나 수준을 짐작할 수 있다. 따라서 인간의 심적 발달은 문화적으로 설명할 수 있는 것이다.

발달론이란 인간의 마음이 식물 혹은 신체와 똑같이 발달한다고 보는 견해를 가리킨다. 이에 따르면, 아이의 마음은 생물학적 발달법칙을 따른다. 루소, 페스탈로치, 프뢰벨, 피아제, 가드너 등이 그런 발달론을 옹호했다. 발달론에 따르면, 아이의 심적 발달은 미리 정해져 있는 과정을 거치고; 아이는 적절한 여건 속에서는 혼자서 발달할 수 있고; 심적 발달은 내부로부터 자연스럽게 펼쳐지는 과정이다. 그렇다면 발달론을 따르는 교육은 아이가 스스로 발달하도록 허용해야 하고(아동중심주의); 외부로부터의 적극적 지도는 불필요하고; 타인이 외부에서 개입하는 일은 자발적 발달을 해칠 것이고(개인주의); 아이의 심적 성장에는 어떤 개별적 상한선, 즉 한계가 있을 것이다. 이런 발달론을 따르는 교육관은 다른 것으로 바꿀 필요가 있다. 결론적으로 말해서 아이의 심적 발달은 그 변화의 방향과 도달 지점이 미리 정해져 있는 것이 아니며; 발달에는 개별적 한계가 없으며; 문화적으로 설명할 수 있으며; 외부의 세심한 지도와 안내가 필요한 것이다.[8)]

제 5 장

지능

1. 20세기의 관심: 지능
2. 철학자의 관심
3. 심리학자의 관심
4. 지능과 실천적 지혜: 교육적 가치
5. 요약

1. 20세기의 관심: 지능

지능(intelligence)이라는 주제는 어떤 학문 영역에 속하는 것인가? 아마 철학보다는 심리학에서 더 많이 다룰 것이다. 철학에서는 의식, 지각, 감각, 사고, 행동, 기억, 정서, 상상을 주로 논의하는 편이고, 최근에 인공지능은 예외이지만 지능은 별로 거론하지 않는다.[1] 그러나 심리학은 지능을 멀리할 수 없다. 지능은 심리학 교재의 핵심이다.

심리학부터 이야기해 보자. 20세기에 심리학자들은 IQ를 둘러싸고 논쟁을 벌였다. 이를 모르는 이는 별로 없다. 또 교육사상이나 교육정책에서도 지능 수준에 따라 학교를 구분하고, 학생을 따로 선발하는 것이 이론적으로 정당한가를 놓고 논쟁이 많았다. 수많은 심리학자가 지능은 IQ에 의해 측정되며, IQ는 지능 검사로 밝혀진다고 보았다.

'지능은 전적으로 타고난다'라고 생각한 사람들이 있었다. 시릴 버트(Cyril Burt)는 지능을 '생득적, 일반적, 인지적 능력'이라고 정의했다(Wiseman, 1967, 265 재인용). 버트에 따르면, 지능은 지적 능력, 즉 이론적 추론 능력과 깊은 관계가 있으므로 지능 검사의 핵심은 논리적, 언어적 문제다. 다른 한편으로, IQ를 결정하는 데에는 유전보다 환경이 더 큰 역할을 한다고 보는 심리학자도 있었다.

더욱 최근에 또 다른 주장을 내세우는 심리학자도 나타났다. 그에 따르면, 지능을 IQ와 연관된 능력이라고 보는 것은 너무 협소한 정의다. 다시 말해서 '다중 지능'이 있다는 뜻이다. 하워드 가드너(Howard Gardner)는 1983년까지 일곱 가지의 지능을 확인했고, 1990년대 중반에는 그의 말대로 1.5개를 더 발견했다. 그때까지 발견되지 못한 능력들이 새로 나타났고, 이에 대해 대중의 관심이 쏠렸다. 『정서 지능: 왜 그것이 IQ보다 더 중요한 것인가』(Goleman, 1996)는 1990년대 말에 아주 유명했다. 그러다가 IQ로 측정되는 생득적 지능을 옹호하는 사람들이 다시 등장했다. 『벨 커브: 미국인의 삶에서 지능과 계급 구조』(Herrnstein & Murray, 1994)의 판매량이 급증했다.

이와 같은 의견들이 한 세기에 걸친 논쟁 속에서 펴져 나갔다. 이 때문에 지능이 마음의 핵심 범주라고 믿는 사람들이 많아졌다. 그러나 이런 믿음은 철학자들, 특히 심리철학자, 혹은 마음의 철학자들에게는 안 통했다. 심리철학자들은 물론 예외가 있지만, 지능이라는 용어를 별로 사용하지 않는다.

그렇다면 지능은 마음의 중심 특성인가? 이를 어떻게 확인할 수 있는가? 먼저, 일상 언어에서 '지(능)적'이라는 단어가 어떻게 사용되고 있는지를 살펴볼 수 있다. 그런데 여기에도 문제가 생긴다. 왜냐하면 지난 백 년 동안 서양에서 사용된 그 단어는 심리학적 논쟁의 영향을 많이 받았기 때문이다. 높은 IQ, 선발을 위한 경쟁 교육, 직업적 '성공' 간의 연관성 때문에 지능은 사회적 대우가 상당히 높은 속성이 되었다. 어떤 사람을 가리켜 멍청한 사람이라고 하지 않고 지(능)적인 인간이라고 말한다면 이는 그의 심적 활동을 있는 그대로 표현하는 것에 그치지 않는다. 지능은 사회적 인정이라는 아우라로 에워싸인 말이 되었다.

2. 철학자의 관심

철학자들은 지능이라는 개념에 대해 말할 때, 그것을 '개인이 목표를 추구할 경우, 유연하게 수단을 조절하는 것'과 연관시킨다. 이에 따르면, 인간이 추구하는 목표의 유형이 많은 것처럼 지능의 유형도 많다. 지능은 셀 수 없이 다양한 방식으로 나타난다. 예컨대, 타자를 아웃시키기를 원하는 투수는 그에 맞추어 자신이 던지는 공을 조절한다. 안전하게 귀가하기를 원하는 운전자는 도로 상황에 따라 속도, 차선, 신호 등을 맞춘다.

이렇게 보면, 지능은 IQ 검사로 측정되는 논리적 사고와 별로 관계가 없는 것이다. 삶의 대부분을 차지하는 실제적인 과제 혹은 프로젝트에서 우리는 날마다 지능을 사용하면서 살아간다. 예컨대, 가족의 휴가 일정을 정할 때는 다들 멋진 계획을 짜고 싶어 한다. 파트너와 헤어져야겠다고 생각한다면 가능한 한 서로 고통을 주지 않고 헤어질 방안을 고민한다. 또 시민으로서 우리는 주택 정책에 환경 문제가 잘 반영되기를 원하면서 최선의 방안을 찾아 나선다.

IQ가 20세기의 문화에 끼친 막대한 영향 때문에 일반 대중에게 지능은 추론(reasoning) 기능과 연관되는 것으로 보였다. 그러나 추론이 지능의 중심을 차지하는 경우는 일부에 지나지 않는다. 예컨대, 가족의 휴가 일정을 계획할 때 생각해야 할 것은 여러 가지가 있다. '제주도는 트레킹을 위해서는 이상적이다. 그런데 비용은 적잖이 들 것이다. 장마 기간도 피해야 하겠고, 그런데 홍도와 흑산도로 가자는 의견도 있었지?' 이런 식으로 생각은 꼬리를 물고 이어진다. 이는 운전할 때에도 마찬가지다. '왜 정체가 심할까? 저 앞쪽부터 그러네. 사고가 났을까? 그래도 앞 차를 그대로 따라가는 것이 더 좋겠지.' 그러다가 목적지에 닿기 위해서 즉각적으로 반응해야 할 순간이 생긴다. 전방에 켜져 있는 빨강 신호등, 옆 차선에서 끼어드는 차, 공사 중임을 알리는 표지판 등을 보면서 거의 순간적으로 브레이크 페달과 가속 페달을 바꾸어 밟을 수밖에 없다.

이 같은 행동은 한 번 켜 놓으면 계속해서 작동하는 세탁기처럼 자동적이라는 말이 아니다. 운전자에게는 마음이 있으나, 자동 세탁기에는 그것이 없다. 운전자는 발생하는 사태를 보면서 그것에 반응할 수 있다. 즉, 그의 의식이 작동한다는 말이다. 이때의 의식은 무엇을 치밀하게 사유하는 형태가 아니라, 무엇을 보고서 그에 따라 행동을 보이는 형태다. 오랜 운전 경험을 통해서 온갖 요령과 습관적 대처 반응이 쌓인다면 추론할 필요가 아예 없어질 것이다.

'왜 여기서 속도를 줄이는 거지?' 이렇게 누가 물어보면 다음과 같이 대답할 것이다. '앞 차가 속도를 줄이는 게 보이잖아요!' 여기서 운전자는 행동의 이유를 분명히 밝히고 있다. 만일 이런 식으로 대답하지 못한다면 그가 과연 지적으로 행동하는지가 의심스러울 것이다. 그러나 그렇게 행동하는 (것에 대한) 이유가 그에게 있는 것은 사실이지만, 운전하는 순간에 그런 것을 추론할 필요는 없다. 이미 축적된 요령에 의존해도 충분하기 때문이다.

1) 지능: 관찰 가능한 행동

앞과 같이 생각한다면 지능은 인간의 행동에서 드러날 것이고, 따라서 관찰자가 관찰할 수 있을 것이다. 그렇다면 우리가 어떤 영역에서 아이의 지능을 측정하고자 한다면 그의 지능은 전적으로 외부에서 관찰할 수 있는가?

그렇다고 말할 사람은 길버트 라일(Gilbert Ryle)과 같은 행동주의 철학자다. 라일은 지능을 발휘하여 과녁을 명중시키는 군인의 예를 들어 말했다. "그것은 행운인가, 기능인가? 기능이 있다면 그는 바람이 더 세고, 거리가 더 멀고, 표적물이 움직일지라도 그것에 다시 명중하거나 근접시킬 수 있다."[2)] 라일에 따르면, 지능은 특수한 외적 행동을 뒷받침해 주는 역량이나 기능이다. 어떤 행동을 한 번 보고서 그것이 지(능)적인지 아닌지를 말할 수는 없고, 여러 상황에서 나타나는 여러 행동을 보아야 한다. 지능은 지속적인 심적 상태에 속하는 것이다. 라일에 따르면, 관찰 가능한 행동은 한 번이 아니라 여러 상황의 수많은 경우에서 판단할 필요가 있고, 또 그렇게 할 수 있다.

이런 라일의 견해가 비판하는 표적은 데카르트다. 데카르트의 견해, 즉 인간은 자신의 마음에 대해 특권적으로 접근한다는 견해를 라일은 비판한다. 지능과 같은 심적 속성을 어떤 이가 소유하고 있는지를 가장 잘 판단할 사람이 꼭 그 자신만은 아니다. 그의 행동을 관찰하는 사람이 오히려 그 자신보다 더 나은 위치에 있을 수 있다.

그러나 라일의 말처럼, 과연 지능은 전적으로 외부에서 관찰될 수 있는 것인가? 이것도 의문스럽기는 마찬가지다. 지능은 과학자가 지질의 구조 혹은 달의 성분을 관찰할 수 있는 것처럼 그렇게 관찰할 수 있는 것이 아닐 것이다.

예컨대, 장기를 두는 사람을 보자. 그가 자기 왕을 방어하지 못하고 큰 실수를 저지른다고 하자. 구경꾼들은 그것을 지적인 움직임으로 보지 않을 것이다. 그러나 만일 그가 몸이 아픈 아이와 장기를 두고 있다고 하자. 그 아이가 이기게 하려는 생각에서 그렇게 한다면 구경꾼의 판단은 달라질 것이다. 여기서 드러나듯이, 구경꾼이나 관찰자는 행위자가 마음에 두고 있는 점을 고려해야 한다. 이 점은 행위자가 달성하려고 애쓰는 목표, 그리고 그런 목표 달성의 수단으로서 자기의 행동을 바라보는 방식을 가리킨다. 따라서 지능은 행위 주체의 관점에서 살펴보아야 제대로 이해될 수 있다. 행동의 관찰만으로는 충분하지 않다는 뜻이다[3](MacIntyre, 1960).

2) 지능: 목표에 맞는 유연한 행동

지능은 목표에 맞추어 유연하게 수단을 조절하는 능력이다. 이렇게 본다면 다른 동물에게도 지능을 부여하기가 쉬울 수 있다. 가리비 혹은 붉은 개미는 지적 존재인가? 아마 아닐 것이다. 고양이나 원숭이는 지적 존재인가? 아마 그럴 것이다. 물론 이 동물에게는 없는 것이 있다. 즉, 자기의 행동이 자신의 목표와 어떻게 연결되는지에 대해서 언어사용자인 인간이 갖는 지식은 그들에게 없다. 다시 말해서 그들은 자기의 행동에 대한 이유를 갖지 못한다. 행동하기 이전과 이후에 그들은 '나는 Y를 위해 X를 한다'[4]와 같이 생각하거나 말하지 못한다. 그렇더라도 인간의 실천적 합리성의 뿌리는 인류의 조상인 다른 동물에게로 뻗어 있다. 인간에게는 자기의 행동을 목표에 맞추어 조절하는 능력이 있는데, 이것은 다른 동물도 공유한다. 여기서 신호인지가 차지하는 자리는 앞에서 밝혔다. 즉, 제2장에서 다른 동물의 행동에서, 그리고 인간의 정교한 수행에서 신호 인지가 차지하는 역할을 논의할 때 이미 밝혀졌다.[5] 신호 인지는 도로에서 운전 속도를 조절하는 운전자의 경우에서 일정한 역할을 한다.

지능에 대한 철학적 설명을 살펴보자. 여기에는 지능을 수단–목적과 관련된 실천적 합리성으로 간주하는 경향이 있다. 바로 여기서 왜 철학자가 지능에 대해 별로 관심이 없었는가에 대한 답을 찾을 수 있다. 전통적으로 철학자들이 '사고', '수단과 목적', '행위의 이유', 'X를 Y의 신호로 보기' 등과 같은 언어를 통해 다루었던 것이 곧 지능이기 때문이다.

지능을 '목표에 맞는 유연한 행동'이라고 했는데, 이것은 적절한 설명인가? 다음 예에서 그 점을 살펴보자.

> –현관문 열기–
>
> 학교 수업이 끝나서 아이가 집에 왔다. 집 문을 열려고 애를 썼다. 처음엔 엉뚱한 번호를 눌렀다. 실수인 것을 알아채고 다른 번호를 눌렀다. 그런데 기호를 누르지 않아서 열리지 않았다. 제대로 누르고 나니 그때야 문이 열렸다.

이 아이는 상황에 따라 행동을 조절하는 유연함을 보여 준다. 그런데 이 아이를 본 사람은 뭐라고 말할까? '잘했어, 정말 지(능)적이야'라고 말할까? 아마 아닐 것이다. 왜냐하면 지(능)적이라는 말은 다음과 같은 행동에 사용할 때가 많기 때문이다. 즉, 어떤 식으로 정상적인 기대를 뛰어넘는 수준의 행동을 보여 줄 경우, 예를 들어 아이가 자신의 이해를 적용함으로써 보통 수준을 뛰어넘는 신속한 혹은 정교한 판단을 내릴 경우에 지적이라고 말할 것이다.

또 다른 예를 살펴보자. 우리가 사람의 동기를 이야기하게 되는 것은 어떤 경우인가? 이는 그의 행동이 무엇인가 이상할 때다. 우리는 범죄를 저지른 사람의 동기를 묻는다. 그러나 식당에 들어간 사람의 동기는 묻지 않는다. 사람들이 아주 일상적인, 따라서 즉각 이해할 수 있는 행동을 할 경우에 동기 이야기는 별로 나오지 않는다. 그렇다고 해서 그렇게 행동하게 된 동기가 그에게 없다는 말은 아니다.[6] 식당에 들어간 사람의 동기는 허기를 때우려는 그의 식욕일 것이다. 이는 분명한 동기여서 구태여 꺼낼 필요가 없을 뿐이다.

그렇다면 우리는 정상적인 기대를 뛰어넘는 것을 지능의 의미에 잘못 집어넣지 않도록 유의해야 한다. 문의 비밀번호와 기호를 누르고 문을 여는 일을 가리켜서 '지(능)적'이라고 말하지는 않지만, 그렇다고 해서 그것이 지(능)적이지 않다는 뜻도 아니다. 그것도 지적인 행동임은 분명하다. 구태여 언급할 가치가 없을 뿐이다. 지(능)적인 수행은 동기에서 나온 행동과 마찬가지로 삶의 어디에서나 나타나는 특성이다. 그것이 무엇인지를 구태여 말하려고 하지 않는 경우도 많다.

이제까지 지능에 대해서 수단-목적 고리와 연관된 실천적 합리성의 발휘라는 견해를 중심으로 살펴보았다. 그런데 지능이 반드시 그런 것일까?

3) 지능의 여러 가지 의미

사람 혹은 사람의 행동에 대해 '지적(intelligent)'이라고 말할 때는 어떤 경우인가? 사람은 이론적 판단이나 실천적(수단-목적) 판단을 내릴 때 자기의 개념장치를 사용하는데, 이를 판에 박은 듯이 하지 않을 때 이를 가리켜 '지적'이라고 말한다. 그러나 우리는 '지적'이란 단어를 아주 느슨하게 사용할 수도 있다. 다시 말해서 사람이나 일부 동물을 가리켜 지(능)적 피조물이라고 말할 수 있다. 이때의 의미는 그들에게 심적 활동이 있다는 뜻이다. 여기서 지(능)적이라는 말은 단순히 '마음을 가짐' 혹은 '마음을 씀'을 가리킨다.

예를 들어, 어떤 동물은 고통만 느낄 뿐 그 밖의 심적 활동이 없다고 하자. 이것은 지(능)적 피조물일까? 아마 아닐 것이다. 다리에 통증을 느끼는 데에는 지적인 것이 없다. 지적임은 그보다 더 능동적인 것을 가리킨다. 어떤 점에서 더 능동적인가? 앞에서 심적 현상을 두 가지 종류로 엄밀히 구분했다.[7] 하나는 감각이고, 다른 하나는 '개념이 포함된 심적 현상'이다. 개념을 조작하는 능력이 곧 지능이다.

이제까지의 논의를 정리해 보자. '지능'은 비전문적 맥락에서는 아주 폭넓게 사용되는 용어다. 가장 넓은 의미로, i) '지능'은 일반적으로 심적 활동(심성)과 같은 것, 혹은 ii) 감각을 뛰어넘어 개념화가 포함되는 심적 활동과 같은 것이다. 이보다 더 제한된 의미로, iii) 지능은 개념을 사용하는 이론적, (특히 수단-목적에 관한) 실천적 활동을 가리킨다. 훨씬 더 제한된 의미로, iv) 지능은 어떤 식으론가 관련된 깊이, 속도, 폭 등에서 정상적인 기대 수준을 뛰어넘는 수행을 가리킨다.

이제야 분명해지는 것은 철학자들이 지능에 대해 무관심한 것처럼 보였던 까닭이다. 철학자들이 탐구하기를 거부했던 마음의 세계는 없다. 고대의 그리스 시대 이후로 서구 철학자들은 다음의 세 가지에 관심을 쏟았다. i) 마음으로서의 지능, ii) 개념 능력으로서의 지능, iii) 수단-목적 합리성으로서의 지능이 그것이다.

4) 지능: 세 가지 수준

지능은 세 가지 수준에서 나타난다. 그 기원은 아리스토텔레스다.

(1) 지능: 없음과 있음

어떤 것은 지능이 있고, 어떤 것은 지능이 없다. 토끼나 양과 같은 동물은 유연한 행동이라는 형태의 지능이 있다. 지능이 전혀 없는(non-intelligent) 것으로는 숟가락, 돌, 빵, 수선화, 백일홍, 나비, 조개 등이다.

먼저, 지능이 없는(intelligence-less) 빨래집게나 바위를 살펴보자. 빨래집게는 지능이 없다. 빨래집게를 가리켜 둔하다, 멍청하다, 지적이지 못하다고 말하지 못한다. 빨래집게에 대해 그런 표현은 할 수 없다. 빨래집게나 바위는 '지적이지 못한' 것이 아니라, 지적인 것이 전혀 없다. 그것은 개념화를 할 수 있는 도구가 없을 뿐만 아니라, 유연한 목표-지향적 행동도 없다. 생긴 것 자체가 그렇게 하도록 만들어지지 않았다.

인간과 일부 동물은 개념이나 유연한 행동을 습득할 능력을 타고난다. 지적 피조물이라는 점에서 그들은 캐비닛이나 소시지와 전혀 다르다. 인간을 가리켜 지(능)적이라고 말하는 것은 생겨난 것으로 볼 때, 즉 유전적으로 볼 때 말하기, 운동/경기, 자동차 몰기, 휴가 계획 짜기, 대수 문제 풀기와 같은 다양한 기능을 습득할 생득적 능력(innate capacity)이 있다는 뜻이다.

(2) 지능: 기르지 못함과 기름

아이가 크면 운전을 배우게 된다. 운전할 줄 모르는 사람에게는 없는 형태의 지능이 생길 것이다. 즉, 도로 사정에 따라 자신의 운전을 적절히 조절할 수 있을 것이다. 물론 운전자나 비운전자나 모두 지적 피조물이다. 누구나 운전 기능을 습득할 능력을 지니고 태어난다. 그런데 운전을 배운 사람만 운전하는 지능을 보여 줄 수 있다. 그렇다면 비-운전자를 가리켜 뭐라고 말하는가?

비-운전자는 어떤 면에서 지능이 결핍(lack of intelligence)되어 있다. 어떤 면에서인가? 빨래집게와 비슷한가? 그렇지는 않다. 비-운전자는 지능이 아예 없는 피조물이 아니다. 어떤 지능이 결핍된 것과 지능이 아예 없는 것은 다르다. 운전하는 법을 배우지 못했다고 해서 멍청하다거나, 어리석다고 말하지 않는다. 운전 기능을 갖추지 못했다는 의미에서 지능이 결핍되어 있을 뿐이다. 이런 의미에서 지능이 결핍된 경우는 수없이 많다.

불우한 환경에서 태어난 아이는 온갖 영역에서 지능이 결핍될 가능성이 크다. 행운이 따른 아이는 온갖 것에 능숙할 수 있다. 그렇다고 해서 불우한 아이들이 '어리석은' 것은 결코 아니다(JW, 85).

(3) 지능: 발휘되지 못함과 발휘됨

또 다른 의미에서 지능은 지적이지 못함(unintelligence) 혹은 어리석음과 구별될 수 있다. 지적이지 못함이나 어리석음을 인정해야 할 때가 생기면 무척 당황스럽고, 창피하기까지 할 것이다. 다음 사례를 보자.

-고장이 난 수도꼭지-

갑자기 수도꼭지에서 물이 샌다. 얼른 고쳐야 하는데 물이 자꾸만 부엌방으로 흘러내린다. 종이 티슈나 수건으로 급히 닦아도 소용이 없었다. 차분히 생각하고 수도 계량기를 곧바로 잠그면 되었을 것인데, 그만 정신이 없어서 그걸 깜박 잊었다. 정말 어리석었다.

이처럼 어리석을 때는 누구에게나 있다. 어리석음은 무엇에 미흡한 것, 무엇을 하지 못하는 것이다. 수도 계량기를 잠그는 법을 알고 있었고, 그와 관련된 개념적 능력도 있었지만 중요한 순간에 그것을 적용하지 못했다. 말하자면 (1)의 의미에서 지능이 있고, (2)의 의미에서 지능이 있어도 (3)의 의미에서 지능이 없을 수 있다.

어리석음은 인성의 지속적 특징이 아니다. 어리석음은 비열함 혹은 인내심 부족처럼 악덕에 속하는 것이 아니다. 어리석음은 피곤, 불안, 혹은 공황 상태로 인해서 자신의 노하우를 일시적으로, 어쩌다가 발휘하지 못한 것을 가리킨다.

아리스토텔레스 이후로 철학계에 널리 알려진 바, 인간의 지능에는 다음과 같이 세 가지 개념이 있다.

지능(1): 특수한 지적 능력이나 역량을 습득할 수 있는 생득적 능력(그 반대는 non-intelligence)

지능(2): 어느 특수한 영역에서 학습된 능력(그 반대는 lack of intelligence).

지능(3): 특별한 경우에 특정 능력을 발휘하거나 성공적으로 적용하는 것(그 반대는 unintelligence).

이 밖에도 지능에 관해서 지적해 둘 사항이 또 있다. 지능은 좋은 목적과 나쁜 목적에 두루 쓰인다. 예컨대, 정권을 강압적으로 탈취/유지하기 위해 온갖 방법을 동원하는 독재자는 유연한 사고를 발휘한다. 그는 지능이 낮은 사람이 결코 아니다. 그렇다면 교육자는 지능을 중시하기만 해서는 안 되고, 신중히 생각해야 한다. 왜냐하면 지능은 윤리적으로 중립적인 능력이기 때문이다. 아리스토텔레스에 따르면, 단순히 영리한 것, 지(능)적인 것은 미덕이 아니다. 지능은 실천적 지혜의 일부가 되어야 한다.

> 실천적으로 현명한 인간은 자기의 삶을 살아갈 때, 자기 자신의 잘-삶을 위해서, 그리고 공동체를 이루는 타인의 잘-삶을 위해서 실천적 이성을 발휘하는 사람이다. 그에게는 목적에 맞는 수단을 유연하게 조절하는 것만이 아니라 그 이상으로 필요한 것이 있다. 다시 말해 그는 목적 자체의 바람직함에 대해서도 생각해야 한다. 그의 출발점은 좋은 삶이다. 이런 삶에서 지능이 발휘된다. 실천적 지혜는 윤리적으로 좋은 목적을 먼저 세우고, 또 이를 실현하기 위해서 윤리적으로 바람직한 방식에 관심을 쏟을 것이다(JW, 87).

오늘날 지능은 그 자체로서 무조건 바람직한 자질인 것처럼 대우받고 있다. 지능은 그보다 더 넓은 개념, 즉 실천적 지혜로부터 단절되었다. 그러나 전통적으로 지능이 자리를 잡을 곳은 실천적 지혜다. 그렇기 때문에 지능에는 '바람직한 무엇을 위한 것'이라는 흔적이 아직 남아 있다.

3. 심리학자의 관심

1) 지능의 개념: 버트와 가드너

지난 백 년 동안 심리학에서 사용되었던 지능의 개념을 살펴보자. 온갖 종류의 이론이 우후죽순처럼 나타났는데, 이는 두 가지 개념으로 정리할 수 있다. 한편으로 시릴 버트(1883~1971)가 대표하는 견해가 있다. 여기서 지능은 '생득적, 일반적, 인지적 능력'이다. 지능은 지능 검사로 측정하는 논리적 추론과 연관된다. 다른 한편으로 더 종합적인 견해가 있다. 여기서 지능은 하워드 가드너의 '다중지능' 이론에서처럼 다양한 형태를 띨 수 있다. 이처럼 심리학적 논의에서 지능 개념은 탄력성을 보여 준다.

그런데 버트의 견해는 데카르트주의와 아주 유사하다. 버트의 지능관은 생득적 능력이라고 하는 엄밀한 추론(ratiocination)에 가깝다. 데카르트주의에서 마음의 유일한 속성은 엄밀한 추론이고, 이것이 인간을 독특한 존재로 만든다. 이 엄밀한 추론이 IQ에 관한 심리학적 연구에 포함되면서 지능 검사는 마치 인간다움의 핵심 역량을 진단하는 것처럼 받아들여졌다. 초창기의 지능 검사는 인류의 개선이나 향상에 대한 우생학적 관점과 연루되기도 했다. 버트 외에도 그런 사람들이 있었다. 독일 나치 시대가 끝나면서 우생학적 프로젝트가 끝났지만, '아주 낮은 지능을 가진 아이는 인간으로서 어딘가 부족한 존재다'라는 생각은 대중의 마음에 깊이 새겨지고 말았다.

20세기 말엽에 시릴 버트의 지능관에 대한 반발이 나타났고, 이는 다중지능에 대한 호감으로 변했다. 이는 '인간다움이란 무엇인가'에 대한 설명이 달라진 것이라고 볼 수 있다. 데카르트를 거부했던 길버트 라일(Gilbert Ryle)과 마찬가지로 다중지능관은 인간을 실천적 존재로 보았다. 실천적 인간의 경우, 무엇을 행하려는 관심은 다양한 형태로 나타난다. 여기서 20세기 후반의 전형적인 인간관, 즉 다중적이고 역동적인 인간관이 등장한다. 이에 따르면, 스포츠맨, 예술가, 교사, 기업가 등 누구나 인간다운 삶을 충실하게 누릴 수 있다. 오늘날 인간의 전형은 생각하는 사람, 즉 이론적 사고를 하는 사람이 아니다. 이론적 사고는 인간이 참여하는 사회적 실천 중 하나에 불과하다.

그런데 창의성에 대해서도 비슷한 이야기를 할 수 있다. 20세기 후반에 IQ의 접근방식에 실망한 심리학자들이 있었고, 이들을 사로잡은 것은 창의성이었다. 이들의 연구는 20세기의 다른 심리학자들과 마찬가지로 인간의 심적 활동에 관해서 그때까지 몰랐던 새로운 사실을 밝혀낸 것이 아니라, 인간성의 본질이 무엇인가에 대한 새로운 도전이었다.[8)]

20세기 초반, IQ 연구의 전통 안에서도 지능이 생득적인가 아니면 습득된 것인가를 놓고 끊임없는 논쟁이 벌어졌다. 그러면서 '인간을 정의할 때 지능은 형이상학적으로 중요한 것이다'라는 점이 마치 당연한 것처럼 받아들여졌다. 추상적 추론이 인간다움의 중심이라는 점에 대해서 아무런 의심이 생기지 못했다. 추상적 추론 능력이 얼마나 생득적인가, 혹은 습득될 필요가 있는 것인가만을 문제로 삼았다.

만일 지능에 대한 아리스토텔레스의 3차원적 설명을 받아들인다면 천성(nature) 대 육성(nurture)이라는 쟁점은 아주 쉽게 해결될 것이다.

아이의 지능은 생득적 능력인가? 이는 지능의 의미를 어떻게 보는가에 따라 달라질 것이다. '여러 가지 능력을 습득할 수 있는 능력'으로서의 지능(1)은 분명히 생득적인 것이다. 그러나 다른 두 가지 의미의 지능(2)(3)은 습득되는 것이다.

천성 대 육성이라는 쟁점이 이처럼 곧바로 해결될 수 있다는 것은 만족스러운 일이다. 그러나 이 오래된 쟁점이 결국 '지능의 애매함'에서 파생된 문제임이 밝혀졌다면 참 어이없는 일일 것이다.

2) 골턴의 지능관: 지적 한계론의 근거와 이데올로기적 성격

이 문제에는 실제로 깊은 측면이 있다. 지능이 모종의 생득적 능력이라는 주장은 19세기에 프랜시스 골턴(Francis Galton)으로부터 생겼고, 20세기 초에 시릴 버트의 저술에서 강조되었으며, 그리고 20세기 말에는 『벨 곡선』의 논쟁의 기반이 되었다(Herrstein & Murray, 1994). 특히 버트에 따르면, 지능은 '생득적, 일반적, 인지적 능력'이다.

이렇게 지능을 정의해 버리면 그것은 겉보기와는 다르게 아리스토텔레스가 말하는 지능(1), 즉 '여러 가지 능력을 습득할 수 있는 (생득적) 능력'으로서의 지능을 가리키지 못한다. 골턴이 말하는 지능의 개념 속에는 개인마다 지능이 다를 수 있다는 점이 포함되어 있다. 이 사람이 저 사람에 비해 더 지(능)적일 수 있다는 뜻이다. 이와 달리 '여러 가지 능력을 습득할 수 있는 (생득적) 능력'이라는 지능의 개념 속에는 지능의 정도가 다르다는 생각이 들어 있지 않다. 인간을 포함한 동물에게는 '여러 가지 능력을 습득할 수 있는 능력'이 있거나, 아니면 없거나 할 뿐이다. 인간에게는 (거의 모든 경우에) 이런 능력이 있다.

골턴과 버트가 생각했던 것과는 달리 정상적 인간이라면 그런 생득적 능력에서 서로 다르지 않다(JW, 89). 그러나 '능력(capacity)'은 애매한 의미를 가진 단어다. 첫째, 능력은 단순히 힘(power)을 의미한다. 인간은 여러 가지 능력을 습득할 힘을 갖고 태어난다. 이런 힘은 식물과 바위에게 없다. 둘째, 능력은 또 다른 것을 의미한다. 예를 들어, 어떤 우유병의 역량, 즉 용량은 일 리터다. 그 병에는 일 리터만 담을 수 있고, 그 이상은 담을 수 없다(lack)는 뜻이다. 거기에 담을 수 있는 용량에는 상한선, 즉 한계가 있다.

골턴의 지능 개념은 바로 이런 둘째 의미의 생득적 능력을 가리킨다. 인간은 개념 능력을 지니고 태어날 뿐만 아니라 제각기 다른, 더 이상 발달할 수 없는 어떤 상한선의 한계를 갖고 태어난다는 뜻이다. 다시 말해서 우리는 제각기 일정한 정도의 지적 실체만을 담을 수 있다는 뜻이다. 어떤 이의 용량은 대형, 어떤 이의 용량은 중형, 어떤 이의 용량은 소형이라는 뜻이다. 시릴 버트는 지능을 '생득적, 일반적, 인지적 능력'이라고 정의했다. 그에 따르면, "특정 아이가 갖고 태어나는 지능의 정도는 평생에 걸쳐 그의 일반적 효율성을 결정하는 가장 중요한 요인 중 하나다. 특히 그것은 어떤 아이가 교육적, 직업적, 지적 영역에서 성공(적으로 수행)할 수 있는 상한선을 정해 준다."[9)]

골턴이 말하는 이런 의미의 지능과 아리스토텔레스가 말하는 첫째 의미의 지능은 전혀 다르다. 이는 아주 중대한 차이점이다. '학습 능력을 습득할 수 있는 생득적 능력이 있다'라는 아리스토텔레스의 말은 '성취할 수 있는 능력에 어떤 상한선이 개인별로 특별하게 있다'라는 뜻이 아니다. 다시 말해서 아리스토텔레스의 말은 우유병의 '용량'과 같은 의미의 생득적 능력을 가리키지 않는다.

그렇다면 골턴이 말하는 지능은 과연 존재하는가? 만일 증거가 없다면 그런 존재를 인정하지 못할 것이다. 그의 주장을 확증하거나 논박하는 데 필요한 증거는 어떤 것일까? '어떤 사람에게 지적 상한선이라는 한계가 있다'라는 점을 밝히려면 어떤 증거가 제시되어야 할까?

낮은 성취, 그 자체로는 그런 증거가 될 수 없을 것이다. 예컨대, 아이가 기하학에서 피타고라스의 정리를 이해하지 못한다고 하자. 그렇지만 그가 그런 이해에 결코 도달할 수 없다고 가정할 수 있는가? 교사가 그것을 다른 방식으로 아이에게 설명해 주려고 애쓰거나, 혹은 어떤 다른 이유로 그다음 날 아이가 그것을 파악할 수 있을 것이다.

그러나 온갖 종류의 교수법을 동원해도 소용이 없다고 하자. 이는 그 아이가 한계점에 도달했음을 확실하게 보여 주는 충분한 증거일까? 앞으로 효과적인 방법이 새로 나타날 가능성은 여전히 남아 있지 않을까? 그럴 가능성은 늘 있을 것이다. 그렇다면 한계점이 있다는 생각은 쓸모없는 것임이 밝혀질 수 있다. 예를 들어, 학습 장애가 심각한 일부 아이들은 초보적인 언어도 파악할 수 없다는 의미에서 지적 상한선이 있다고 말할지 모른다. 왜냐하면 그런 장애를 극복하려고 했던 온갖 방법이 실패했다고 보기 때문이다. 그러나 앞서 암시했듯이, 이런 증거도 결코 결정적인 것이 아닐 수 있다. 이렇게 생각하는 사람은 다음과 같이 결론을 내릴 것이다. '최소한 어떤 사람에게 지적 상한선이 있다'라는 주장은 검증 불가능한 것이다. 이렇게까지 말할 수가 있다는 점만 지적하고 넘어가자.

그런데 골턴의 주장은 너무 강하다. 일부 사람이 아니라 모든 사람이 그런 한계를 갖고 있다는 것이다. 이는 과연 검증 가능한 명제인가? 심각한 학습장애인뿐만 아니라 정상인에게도 적용될 이 주장은 검증하기가 쉽지 않다. 정상인의 경우, 그렇게 주장할 수 있는 기준이 언제 충족되는지를 밝혀내기가 훨씬 더 어렵다. 왜냐하면 교사는 정상인이 가지고 있는 개념 장치를 활용함으로써 그의 지적 난관의 극복을 도와줄 방법을 아주 다각적으로 고안할 수 있기 때문이다. 그렇다면 '정상인이 그의 상한선의 한계에 도달했고, 가르치려는 온갖 노력이 모두 쓸모없게 되었다'라는 결론을 내릴 수 있는가? 이런 결론은 언제 정당화될 수 있는가? 이에 대해 분명한 답을 찾기가 어려울 것이다.

따라서 골턴의 주장은 원칙적으로 검증 불가능한 것으로 보인다. 그렇다고 해서 '그것이 원칙적으로 반증 가능한 것으로 보인다'라는 말도 아니다. 과연 '우리는 누구나 지적 한계가 있다'라는 명제를 반박할 증거를 내놓을 수 있는가? 아마 없을 것이다. 설령 우리가 세상에서 제아무리 똑똑한 사람을, 다시 말해서 새로운 아이디어가 무궁무진한 사람을 찾을지라도 그런 명제를 반증하기에는 부족할지 모른다. 왜냐하면 그에게도 우리가 알지 못하는 무슨 치명적 결함이 있을 수 있기 때문이다.

만일 이상과 같은 논변을 받아들인다면 '모든 사람에게 제각기 능력의 상한선이 있다'라는 믿음은 원칙적으로 검증이 불가능하고, 또 반증도 불가능한 것이다. 그렇다면 '누구에게나 태생적으로 정해진 상한선의 한계가 있다'

라는 믿음도, 다시 말해서 '골턴이 말하는 그런 지능이 있다'라는 믿음도 검증이든 반증이든 아예 불가능한 것이다. 그렇다면 더 구체적으로 '누구에게나 정상곡선으로 나타나는 상한선의 한계가 있다'라는 주장도 마찬가지다. '이 명제는 원칙적으로 검증이든 반증이든 불가능한 것이다'라고 하는 말은 '그런 것은 경험적 가설이 될 수 없고, 따라서 과학적 탐구의 주제가 될 수 없다'라는 점을 뒷받침해 준다.

따라서 그런 명제는 형이상학적 사변에 속한다. 이는 칸트가 말하는 뜻에서 인간이 경험할 수 있는 한계를 벗어난다. 그런 명제는 검증 불가능성과 반증 불가능성이라는 점에서 다음과 같은 주장과 비슷하다. 즉, '우리의 행위에는 늘 어떤 무의식적 동기가 있다'라는 주장과 비슷하고, '모든 역사적 사건은 경제적 힘의 산물이다'라는 주장과 비슷하며, '신은 존재한다'라는 믿음과도 비슷하다. 이런 주장이나 믿음은 참일지 모르나, '그런 명제가 맞다 혹은 틀리다'라는 점을 입증해 줄 증거가 도대체 없다.

이런 주장은 정신분석 이론, 마르크스주의, 기독교와 같은 이데올로기의 중심에 많이 들어 있다. 이는 놀라운 일이 아니다. '신이 존재한다는 진술은 반증 불가능하다'라는 말은 '그 진술이 참이 아니라고 주장할 만한 타당한 이유를 아무도 제시할 수 없다', 혹은 '그 진술이 참임을 합리적으로 부정하기가 불가능하다'라는 뜻이다. 그러나 만일 그 명제가 진리라는 점이 합리적으로 부정될 수 없다면 그것이 부정될 수 없다는 점은 확실하고, 따라서 '그것이 진리임은 확실하다'라는 결론을 내려 버리는 경향이 생기고 말 것이다.

이제야 비로소 우리는 다음과 같은 점을 제대로 이해할 수 있다. 온갖 이데올로기의 추종자들이 왜 그토록 끈질기게 자신의 믿음을 수호하는지를 마침내 설명할 수 있다. 그런 믿음은 검증 불가능한 명제에 의존하는 것임에도 불구하고 사람들은 그것에 집착한다. 그러나 그것은 분명한 오류다. 왜냐하면 '부정될 수 없다'라는 말은 '반증 불가능하다'를 의미하는 것이지 '확실히 참이다'를 의미하는 것이 아니기 때문이다.[10)]

앞서 언급한 종교적, 정치적 주장이 그랬던 것처럼, '인간은 누구에게나 생득적으로 정해진 지적 능력의 상한선이 있다'라는 명제는 20세기를 거치면서 새로운 이데올로기의 핵심이 되어 버렸다. 이를 둘러싸고 온갖 종류의 기술적(descriptive) 명제와 처방적(prescriptive) 명제가 생겨났다. 기술적 명제로는 IQ의 불변성, 정상분포 곡선에 관한 것이 있으며, 처방적 명제로는 '타고난 능력'이 제각기 다른 아이들을 차별하는 교육제도에 관한 것이 있다. 이처럼 이데올로기의 시스템이 더 복잡해지고, 그 지지자들이 더 세부적인 사항으로 논쟁을 벌이게 되자 주변적인 믿음의 전제가 되는 그 기본 신념이 마치 당연한 것처럼 받아들일 가능성이 매우 커지고 말았다. 이렇게 되면 그런 것을 의문시하거나 근절하기가 더욱 어렵다. 예컨대, '신은 하나의 인격체인가, 세 개의 인격체인가?'를 두고 두 사람이 논쟁을 벌인다면 '신이 존재한다'라는 믿음은 당연히 신봉하게 된다. 만일 두 사람이 '각자의 IQ는 각자의 지적 한계를 가리키는 것으로서 과연 타당한가'를 두고 논쟁을 벌인다면 그들은 '인간에게는 그런 한계가 있다'라는 믿음을 신봉하게 된다.

3) 가드너의 지능관: 다중지능 이론의 가치와 한계

오늘 여러분은 자기의 여러 가지 지능 중에서 몇 가지를 사용했는가?

이는 낯선 질문인가? 호주의 어느 학교에 다니는 학생들에게는 그렇지 않다. 그들은 교문 옆 건물에 내걸린 그런 광고판을 보면서 매일 등하교를 반복한다. 이런 학교가 미국과 영국에 널리 퍼졌다. 거기에는 하버드 대학의 심리학자 하워드 가드너의 다중지능(multiple intelligence: MI) 이론이 깔려 있다.

하워드 가드너의 『마음의 틀』은 1983년에 출간되었다. 이 책에서 그는 다음과 같이 주장했다. 식별 가능한 몇 가지 지능이 인간에게 있다. 이 지능들이 다양하게 결합하여 한 인간의 지적 레퍼토리를 형성한다. 그중 논리-수학적 지능과 언어적 지능은 IQ 검사의 초점이다. 그러나 지능은 그보다 더 다양하다. 다른 지능으로는 음악적, 공간적, 신체–운동적, 내면적, 대인적 지능이 있다. 가드너의 최근 연구는 원래 주장했던 일곱 가지 지능에다 새로운 기능을—동식물학자의 분류 지능, 그리고 본인도 의문스럽게 여기는 영성 지능을—추가했다. 그는 말했다. 소크라테스는 인간을 합리적 동물로 보았지만, 나는 인간을 7.5가지의 지능을 가진 동물로 본다.

가드너의 다중지능(MI) 이론은 여러 해를 거치면서 영향력이 커졌다. 그는 미국뿐 아니라 세계적으로 가장 유명한 지능 전문가가 되었다. 게다가 최근에 이르기까지 미국, 캐나다, 오스트레일리아 등지에서 수천 개의 'MI 학교'가 나타났다. 모두 그의 이론이 기반이다. 가드너의 제자 중에는 '교육과정은 이 모든 지능의 발달을 기반으로 삼아야 한다'라고 믿는 사람도 있다. 가드너는 교육적으로 한발 더 나아간 발언도 했다. "아이들은 제각기 다른 마음을 갖고 있다 … 교육은 이런 차이에 반응하는 형태가 되어야 한다"[11] (Gardner, 1993, 71).

가드너는 영국에도 영향을 미쳤다. 1990년대 중서부의 샌드웰과 버밍엄에서, 그리고 스코틀랜드의 고반에서 가드너의 MI 이론은 학교 혁신 프로젝트의 추동력이었다. 그의 이론은 낙후되고 소외된 지역에서 낮은 학업 성취로 고민하는 교사들과 교육정책 결정자들에게 호소력을 가졌다. 그 까닭을 이해하기는 어렵지 않다. 그 지역의 수많은 아이가 낮은 자아개념으로 위축되어 있었고, 자신을 가리켜 둔하다, 멍청하다고 보았다. 이는 전통적인 지능 이론의 틀에 갇힌 생각이다. 즉, 그들은 IQ 검사가 측정하는 추상적, 논리적 사고에서 형편없다는 뜻이다. 만일 조금만 더 넓게 생각한다면 그들의 생각은 달라질 것이다. 버밍엄의 어느 프로젝트 리더가 말했듯이, '아이들은 영리하게 태어난다'. 그들의 능력은 신체적 활동, 음악, 시각예술, 타인과의 상호작용 등에 있을지 모른다. 웨스트미들랜드, 글래스고 등지의 학교에서 혁신적 학습 활동이 나타났고, 이윽고 여러 지역으로 퍼졌다. 일단의 아이들이 이런저런 영역에서 자신이 얼마나 지(능)적인가를 알게 되면서 그들의 자긍심도 놀라울 정도로 높아졌다.

그런 프로젝트는 가드너의 이론에만 의존한 것이 아니었다. 사람들이 가드너의 이론을 아이와 부모의 마음을 일깨울 촉매제로만 사용했던 경우가 더 많다. 이는 오히려 잘된 일이다. 왜냐하면 가드너의 이론 자체에 결정적 허점이 있기 때문이다.

학교 현장에는 가드너를 지지하는 사람들이 많다. 그런데 바쁘게 살아가느라 그의 이론을 찬찬히 훑어볼 기회가 거의 없을 것이다. 그렇지만 '지능은 IQ 검사에서 측정되는 능력에 한정되지 않고 온갖 영역에서 나타난다'라는 아이디어는 교육계에서 폭넓은 호응을 얻었다. 이런 생각은 자신이 별로 지(능)적이지 못하다(unintelligent)고 스스로 지각하는 아이가 그것을 극복하도록 도와주려고 애쓰던 교사들에게 큰 힘이 되었다.

그러나 이런 상황은 실제로 가드너의 MI 이론과 특별한 관계가 없는 것이다. 여기서 우리는 일반적 주장과 특수한 주장을 구별할 필요가 있다. 일반적 주장이란 '지능은 IQ 검사가 측정하는 종류의 지능에만 한정되지 않고 다양한 형태로 많이 나타난다'는 것이다. 이 주장의 특수한 버전이 곧 가드너의 MI 이론이다. 일반적 주장은 결코 새로운 것이 아니다. 일찍이 길버트 라일이 강조했듯이, "권투 선수, 외과 의사, 시인, 외판원에게는" 제각기 고유한 종류의 지적 작동이 있으며, "각자가 특수한 과제를 수행할 때는 자신의 특수한 기준을 적용한다."[12] 인간의 목표가 많은 것처럼 지능의 유형도 그렇게 많다.

이미 2천 년 전, 아리스토텔레스는 그저 영리한 사람과 실천적 지혜를 가진 사람을 구별했다. 그저 영리한 사람이란 바람직한 목표인가의 여부와 관계없이 무슨 목표이든 간에 거기에 수단을 잘 조절하는 사람이다. 이와 달리 실천적으로 지혜로운 사람은 그것이 과연 좋은 목표인가를 먼저 확인한다.

앞서 보았듯이, 지(능)적 행동은 자신이 추구하는 목표에 맞추어 수단을 유연하게 조절하는 것과 관련된다. 인간이 추구하는 목표에 수많은 유형이 있는 것처럼, 지능의 유형도 그처럼 수없이 많다. 따라서 우리는 'IQ에 먼저 사로잡히지 말아야 한다'라는 점을 깨우쳐야 할 것이다. 가드너도 늘 인정했듯이, 지능이 나타나는 방식은 아주 많고 또 다양하다. 그런데 가드너는 이런 다양한 지능을 몇 가지로 편성하려고 했다. 이런 지능을 몇 개의 범주, 즉 그가 말하는 "지능의 배타적 부류"[13]에 집어넣으려고 했다. 그의 일곱 가지 (나중에는 여덟 혹은 아홉 가지) 지능은 그 밖의 모든 지능의 기초가 되는 비교적 자율적인 (빌딩 블록과 같은) 요소다. 그중 일부는 권투 선수의 기능에서 나타나고, 다른 일부는 외과 의사의 기술에서 나타난다.

그렇다면 가드너의 MI 이론에는 어떤 문제가 있는가? 여기서 우리는 세 가지 문제를 지적할 수 있다. 첫째, 지능을 구분하는 기준에 관한 문제다. 둘째, 그 기준을 사용하여 지능을 선정하는 작업에 관한 문제다. 셋째, 지능을 선정하는 기준이 과연 정당한 것인가에 관한 문제다. 첫째와 둘째는 자세히, 셋째는 간단히 살펴볼 것이다.

첫째, 지능의 영역을 구분할 때 가드너는 어떤 기준을 따랐는가? 그것은 다음의 여덟 가지 기준이다.[14]

- 뇌 손상으로 나타날 수 있는 별도의 영역
- 거기서 나타나는 백치, 과학자, 예외적 인간
- 확인 가능한 핵심 작동(들의 집합)
- 독특한 발달론적 역사 및 전문적 수행의 '최종 상태'
- 진화의 역사와 그 개연성
- 실험심리학적 과제에서 생기는 지지
- 심리측정이 발견한 사실에서 나오는 지지
- 상징 시스템으로 부호화할 가능성

이런 기준은 여러 가지 점에서 비판할 수 있다(White, 1998). 먼저, 보통 사람들의 눈에는 아마 다음과 같이 보일 것이다. 즉, 여덟 가지의 기준에 관해서 밝혀진 과학적 사실은 '인간의 마음은 일곱 가지 (등의) 지능을 중심으로 구조화된다'라는 결론으로 수렴된다. 그러나 이것은 결코 사실이 아니다.

왜냐하면 그 기준 중에서 두 가지(앞에서 네 번째와 여덟 번째)는 경험적 증거에 의존한 것이 아니라, (신빙성의 기반이 취약한) 심리학적 혹은 철학적 이론에 의존하는 것이기 때문이다.[15] 그중 하나는 (네 번째 기준이 전제하는) 생물학적 발달론이다. 이는 앞서 제4장에서 철저하게 비판했다. 다른 하나는 여덟 번째 기준에 깔려 있다. 이는 철학자인 넬슨 굿먼(Nelson Goodman)의 (예술 및 다른 영역에서의) 상징 시스템(symbol system) 이론인데, 여기에도 논란이 아주 많아서 그것을 거부하는 철학자와 미학자가 많다.[16]

둘째, 그런 기준은 지능을 선정할 때 어떻게 사용되었는가? 여덟 가지 기준은 (가드너의 책에서) 모두 필요조건인가? 아니면, 더 약한 요건이 적용되는가? 이런 점이 분명하지 않다. 가드너는 그런 기준이 모두 충족되어야 한다고 암시하기도 하고, 이와 달리 그중에서 대다수가 (아무거나 다섯 가지?) 충족되면 만족하는 것 같기도 하다. 또 그는 "후보가 될 지능이 적절한 기준을 제대로 충족하는지를 훈련된 연구자가 판정하도록 도와줄 지능 선정의 알고리즘은 없다"(Gardner, 1983, 63)라고 말한다. 심지어 그는 "후보 지능의 선정은 (혹은 배제는) 과학적 측정보다는 예술적 판단을 오히려 연상시킨다는 점을 인정해야 한다"(ibid)라고 말한다. 그렇다면 가드너의 지능 식별 작업은—다양한 기준에 대해 연구자가 부여하는 특수한 비중에 의존한다는 뜻에서—주관적인 일이라고 간주할 수 있다(JW, 95).

셋째, 가드너의 가장 근본적인 문제점은 따로 있다. 지능의 선정을 위해서 그가 제시한 여러 가지 특수한 기준은 어떻게 정당화되는가? 이에 대한 해답을 가드너는 어디서도 제시하지 못한다.[17]

여기까지의 논의를 정리해 보자. 가드너는 IQ 검사에서 측정하는 것을 지능과 같은 것으로 간주하는 관행에 도전하였다. IQ 검사가 요구하는 언어적, 논리–수학적 능력보다 더 다양한 형태의 지능이 있다고 주장했다. 이 두 가지는 옳았다. 그러나 가드너가 지능의 굉장한 다양성을 그의 일곱, 여덟 가지 상자에 집어넣으려고 했던 것은 실패였다. 그렇지만 가드너는 교사와 프로젝트 추진자가 새로운 가능성에 눈을 뜨도록 만드는 데에는 성공했다. 이는 고마운 일이다. 자기의 아이디어를 새롭게, 또 이해하기 쉽게 제시하는 가드너의 능력에 감사해야 할 일이다. 그렇지만 가드너의 MI 이론을 무심코 받아들이는 것은 위험하다. 일곱 혹은 여덟 가지의 범주는 사람들에게 친숙한 교육과정의 영역과 너무 비슷한 것이라서 더 편안하게 받아들였을지 모른다. 이 때문에 IQ 지능의 굴레에서 벗어나려다가 오히려 모호한 이론에 다시 갇혀 버리고 만 셈이었다.

4. 지능과 실천적 지혜: 교육적 가치

그렇다면 교사와 부모에게 지능은 과연 필요한 개념인가? 아이의 마음에 관해서 생각할 때 지능은 도움을 주는가, 혼란을 주는가?

그동안 심리학자들이 한 세기를 주도하였다. 심리학자는 지능의 특성과 측정에 관해 연구했고, 이것이 인간의 본성에 접근하는, 때로는 인류를 향상시킬 열쇠로 보았다. 생득설 대 환경설, 그리고 일원론 대 다원론을 둘러싸고 심리학자들 간의 논쟁이 오랫동안 벌어졌다. 거기에 굉장히 중요한 문제가 걸려 있고, 언젠가 과학이 모든 난점을 해소해 주리라고 생각하는 사람이 많아졌다.

그러나 현실은 달랐다. 지능에 관한 심리학 연구가 한 세기를 지났음에도 불구하고, 옛날에 아리스토텔레스가 파악한 것을 뛰어넘어 인류의 지식을 진보시켰는지는 의문이다. 오히려 그것은 이데올로기, 정당화되지 못한 주장, 심지어 혼란을 우리에게 잔뜩 일으켰고, 명확함과 계몽을 원하는 학부모와 교사에게 아무 위안이 되지 못했던 것이 확실하다.[18)]

그렇다면 우리에게 꼭 있어야 할 것은 무엇인가? 이는 '목적에 맞게 수단을 유연하게 조절하는 지적 행동'이라는 개념이다. 이는 의심의 여지가 없다. 정말 지금처럼 단절되고 또 축소된 의미의 지능이 과연 우리에게 필요한 것인가? 이것이 문제다. 지적 행동은 실천적 지혜(라는 더 넓은 개념)의 일부로서 윤리적 틀을 형성하던 것이었는데, 요즈음에는 이런 틀이 무너졌다. 이런저런 영역으로 한정되고 또 단절된 영리함은 요즈음 정치나 기업의 지도자들이 일부 학생들에게 권장하는 사항이 되고 말았다. 그리하여 목적에 대한 윤리적 성찰로부터 차단된 청년은 유용한 도구로 쉽게 전락하고 만다.

그러나 실천적 지혜라는 더 포괄적 개념이 남아 있다. 실천적 지혜가 있음에도 불구하고 지능이라는 헐벗은 개념을 그토록 강조할 필요는 없을 것이다.[19)]

5. 요약

이 장에서 논의한 사항을 다음과 같이 정리할 수 있다.

20세기, 심리학의 IQ 논쟁을 통해서 지능은 많은 사람의 이목을 끌었고, 사회적으로 인정을 받았다. 지능은 지적 능력, 즉 이론적 추론 능력과 깊은 관계가 있는 것으로 이해되었고, 마음의 중심 특성이라는 생각도 널리 퍼졌다. 그러나 철학자들의 생각은 이와 달랐다.

철학자는 지능을 실천적 능력으로 이해했다. 지능을 '개인이 목표를 추구할 때 유연하게 수단을 조절하는 능력'으로 이해했다. 목표가 다양하듯이, 지능도 다양하다. 따라서 지능을 주로 이론적 추론 능력과 연결하는 것은 부적절하다. 만일 지능의 다양한 의미를 염두에 둔다면 아리스토텔레스가 지능을 세 가지 수준으로 설명했던 것은 오늘날에도 여전히 유효하다. 그는 지능을 세 가지로 설명했다. 첫째, 지능은 '없는' 경우와 '있는' 경우로 구분된다. 둘째, 지능은 길러진 경우와 길러지지 못한 경우로 구분된다. 셋째, 지능은 발휘되지 못한 경우와 발휘된 경우로 구분된다.

심리학자의 지능관을 세 가지로 살펴보았다. 첫째, 버트는 지능을 '생득적, 일반적, 인지적 능력'으로 보았는데, 이는 데카르트주의와 유사하다. 이런 지능은 인간다움의 핵심 특성이 아니다. 이런 지능관의 한계는 심리학자인 가드너와 철학자인 아리스토텔레스의 관점에서 분명히 보완된다. 둘째, 골턴의 지능관에 따르면 '인간은 누구에게나 생득적으로 정해진 지적 능력의 상한선이 있다'라고 하는데, 이 주장은 옹호할 만한 근거가 없음에도 불구하고 이데올로기적으로 널리 활용되었다. 셋째, 가드너의 다중지능 이론은 교육 현장에 큰 영향을 미쳤지만, 그의 이론에는 결정적 허점이 있으며, 특히 그의 다중지능의 범주가 학교 교육과정의 영역과 너무 유사하기 때문에 유혹을 당할 우려가 있다.

지능은 다양한 의미가 있다. 그런데 지능은 지적, 추론적, 추상적 측면으로만 강조되고 다른 다양한 의미가 떨어져 나갔다. 또 지능은 좋은 목표에도 쓰이고 나쁜 목표에도 쓰인다. 지능은 수단적 도구로만 강조되고, 그 목표가 과연 좋은 것인가에 대한 관심으로부터는 단절되었다. 이런 지능은 그저 영리함으로 남을 뿐인데, 교육 현장에서는 오히려 높은 평가를 받는다. '단순한 영리함'으로서의 지능은 실천적 지혜라는 더 큰 개념과의 연관성을 회복할 필요가 있다.

제 6 장

사고

1. 사고: 활동과 믿음
2. 사고 활동의 종류
3. 사고의 핵심: 네 가지 특성
4. 일반적 사고 기능: 근거 없는 주장
5. 실천적 사고의 중요성
6. 명상적 사고 혹은 감상의 가치
7. 신체적 활동 속의 사고
8. 요약

1. 사고: 활동과 믿음

사고는 활동이고 또 믿음이다. 활동으로서의 사고가 있고, 또 믿음으로서의 사고가 있다. 이렇게 사고는 활동과 믿음으로 나뉜다. 이것이 어떤 구분인가를 다음에서 살펴보자.

—두 가지 사고—

- 수업 중에 질문이 생기면 교사는 아이에게 묻는다. '그 점에 대해 어떻게 생각하지?' 이는 무엇을 묻는가? 이는 아이가 무엇을 믿고 있는가를 묻는다. 아이가 어떤 활동에 몰두하고 있는가를 묻는 것이 아니다.
- 아이는 대수학의 어떤 문제에 대해 사고(생각)한다. 이때 아이는 어떤 활동에 몰두한다. 아이의 마음속에 어떤 일이 현재 일어난다.

처음은 믿음으로서의 사고이며 나중은 활동으로서의 사고다. 제1장에서 언급했던 용어를 사용한다면 처음은 '지속상태'로서의 사고이며, 나중은 '발현상태'로서의 사고라고 말할 수 있다.

교사의 목표는 아이의 '지속적인 심적 상태(C)', 즉 그의 믿음, 기능, 인성 등을 수정하고 또 향상시키는 것이다. 이를 위해서 교사는 아이의 '발현되는 심적 활동(O)', 즉 사물에 대한 그의 관찰, 문제에 대한 그의 생각, 타인에 대한 그의 공감 등에 아이가 몰두하도록 애를 쓴다. 전자(C)는 가르치는 '목표'를, 후자(O)는 가르치는 '절차 혹은 과정'을 가리킨다.

이렇게 믿음으로서의 사고와 활동으로서의 사고는 구분된다. 교사는 아이가 사고 활동에 몰두하게 함으로써 그에게 새로운 믿음이 생기거나, 기존의 믿음이 바뀌게 할 수 있다. 예컨대, 사회과 수업을 하는 교사는 아이가 '오염 문제를 어떻게 해결할 것인가?'에 대해 사고하게 함으로써 그가 '손쉬운 해결책은 없다'라는 믿음에 도달하게 할 수 있다.

교실에서 온갖 사고 활동이 벌어진다. 그런데 그 목표는 믿음만이 아니라, 기능에도 둘 수 있다. 예를 들어, 교사는 토론 기술의 발달에 목표를 둘 수 있다. 또 인성(적 자질)을 목표로 삼을 수도 있다. 예컨대, 아이가 '타인에게 어떻게 행동해야 하는가'에 대해 신중히 생각함으로써 그에게 어떤 인성(적 자질)이 형성되도록 교사는 도와줄 수 있다.

2. 사고 활동의 종류

활동으로서의 사고에는 어떤 것이 있는가? 사고 활동에는 여러 종류가 있다. 어떤 것은 다른 것에 비해 교육적으로 더 깊은 관련성을 가진다. 이를 일곱 가지로 나누어 살펴보자.

첫째, 지향적 사고와 비-지향적 사고가 있다. 비-지향적 사고란 무엇인가? 예컨대, 백일몽은 의식적으로 어떤 목표에 초점을 두는 것이 아니다. 그것은 어떤 문제에 관해서 사고하는 것이 아니다. 이 생각 저 생각이 아무렇게 떠다닌다. 백일몽이 교육에서 차지할 자리가 어딘지는 의문스럽다. 왜냐하면 그것은 진지하지 못하고 산만하기 때문이다. 그렇지만 만일 시인이 어릴 적에 백일몽에 빠질 때마다 혼쭐나고, 그보다 생산적인 일을 하라고 강요받는다면 훌륭한 시인이 되기 어려울 것이다. 이와 달리 지향적 사고는 어떤 과제나 목표에 집중하는 것이다. 물론 지향적 사고와 비-지향적 사고가 늘 확연히 구분되는 것은 아니다. 중간에 끼는 사례도 여럿일 것이다.

둘째, 지향적 사고의 유형을 분류하는 방식은 다양하다. 의도에 따라 분류 방식이 다를 것이다. 교육적 맥락에서는 이론적 사고와 실천적 사고라는 구분이 중요하다. 여기에는 마땅한 이유가 있다. 이론적 사고는 진리 발견을 추구한다. 이론적 사고는 '무엇이 어떠한가'를 밝히는 일이다. 이론적 사고는 수학, 역사, 지리, 과학처럼 진리 발견을 추구하는 교육과정 활동에서 주로 나타난다. 이런 이론적 사고는 영역마다 다양한 형태로 나타난다. 이와 달리 실천적 사고는 '무엇을 해야 하는가'를 정하기 위한 것이다. 예컨대, 교통이 막히는 경우엔 어떻게 빠져나가는 게 가장 좋은가를 스스로 찾아야 한다. 이 목표를 위해서 가장 효과적 수단이 무엇인가에 관한 실천적 사고에 몰두할 것이다. 또 과학 교사가 수업 시간에 학생들에게 어떤 가설을 검증하는 데 필요한 실험을 고안하라고 지시한다면 아이는 실천적 사고에 들어갈 것이다. 또 사회과 수업에서 환경오염을 줄일 방법을 토론하는 것도 마찬가지다. 모두가 실천적 사고에 속한다.

셋째, 실천적 사고 중에는 수단적 사고와 목적적 사고가 있다. 만일 십 대 아이가 사회적 관계보다 학교 공부가 왜 더 중요한가(혹은 그 반대인가)를 놓고 고민한다면 그의 마음에는－소속 집단에서 인정받기를 원하는가, 혹은 대학에 진학하기를 원하는가와 같은－수단적 사항이 떠오를 것이다. 그뿐만 아니라 그는 그 자체로서 중요한 것은 무엇인가, 혹은 (일반적인 목적이 다수일 경우에) 여러 목적 간의 우선순위를 어떻게 정해야 하는가를 생각해야 할 것이다.

넷째, 이론적 사고와 실천적 사고를 서로 연결시키는 것이 중요하다. 실천적 사고는 이론적 사고의 결과를 끌어들인다. 환경오염 문제를 어떻게 해결할 것인가에 관한 결정은 환경오염의 성격과 범위에 관한 사실적 자료에 의존한다. 그런데 진리를 추구하는 이론적 사고가 실천적 사고에 포함될 수 있다. 교통이 꽉 막힌 도로를 어떻게 벗어나야 할 것인가를 결정할 때, 다음과 같은 생각이 떠오를 것이다. '만약 다음 사거리에서 우회전한다면 그다음 사거리에서 좌회전해야 하는데, 오히려 더 막힐지도 몰라. 그러니 그냥 이 차선에서 참고 기다리는 편이 상책이다.'

다섯째, 이론적 사고나 실천적 사고가 아닌 또 다른 유형의 지향적 사고가 있을까? 이론적 사고와 실천적 사고의 공통된 특성이 있다. 이는 '그것은 어떤 것인가?' 혹은 '무엇을 해야 하는가?'에 관한 추론의 형태라는 점이다. 그런데 이와 다른 사고가 있다. 명상(contemplation)이 그것이다. 기도하는 신앙인은 신이나 니르바나에 마음을 집중한다. 이는 지향적 사고에 속하지만, 진리 혹은 행위와 같은 목적에 매인 것이 아니다. 이것은 그 자체를 위해 행하는, 다시 말해서 그 자체의 내적 원리를 가진 사고다. 명상과 비슷한 것으로 감상이 있다. 미술관에서 화가의 그림을 바라보는 아이를 생각해 보자. 아이는 그 작품의 다양한 특성과 작품 전체를 감상한다. 여기에는 어떤 외재적 목적이 없으며, 감상 자체가 목적이다.

여섯째, 사고는 신체적 활동에도 들어 있다. 테니스, 운전, 도자기 굽기, 그림 그리기와 같은 신체적 활동에는 실천적 사고의 어떤 요소가 들어 있다. 예컨대, 테니스 선수는 게임과 게임 사이에 잠깐 쉬면서 생각에 몰두할 것이다. 물론 게임을 하면서 공을 주고받는 긴박한 순간에는 추론할 시간이 없을 것이다. 또 경기가 잘 풀리는 중이면 자신이 이끄는 경기에 마음이 집중된다. 이와 같은 생각은 지향적 사고이며, 백일몽에서 나타나는 자유분방한 것은 아니다.

일곱째, 다른 부류의 사고가 있다. 가설을 찾고 있는 과학자나 역사학자, 혹은 적절한 은유를 찾고 있는 시인의 경우를 보자. 이들은 지향적 사고를 한다. 그러나 그 결과물은 추론의 과정을 통해 생기는 것이 아니고, 상상의 도약을 통해 나타난다. 물론 과학자의 경우, 상상하는 활동과 이론적 사고가 전혀 별개라고 보기도 어렵다. 왜냐하면 과학에서 '가설을 찾아서 설정하기'는 진리를 발견하려는 과학 활동의 일부이기 때문이다.

3. 사고의 핵심: 네 가지 특성

1) 사고는 지향적이다.

인간은 그냥 생각만 할 수는 없다. 생각은 늘 무슨 생각이고, 무엇에 관한 생각이고, 무엇이 어떠어떠하다는 생각이다. 아이는 엄마에 대해 생각할 수 있고, 날씨가 요즈음 너무 좋다고 생각할 수 있다. 이처럼 생각은 지향적 현상이다. 앞선 예에서 생각의 대상을 보자. 그것은 엄마의 경우는 실제로 존재하며, 날씨의 경우는 참이다. 그러나 꼭 그럴 필요는 없다. 아이는 실재하지 않는 귀신에 관해서 생각할 수 있다. 생각의 대상은 실재하기도 하고 그렇지 않기도 한다.[1)]

이는 부모나 교사에게 중요한 사항이다. 교육자로서 그들의 과업은 대체로 아이가 틀리거나 실재하지 않는 것에서 벗어나서 참이거나 실재하는 것을 지향하게 하는 일이다. 그러나 이것이 전부는 아니다. 만일 아이의 사고가 늘 실재하는 것에만 묶이면 동화책을 즐겨 읽거나, 다른 사람의 처지에 자신을 옮겨놓고 보거나, 혹은 '어떤 새들은 왜 이동하는가'에 관한 상상에 빠질 여유가 없을 것이다.

2) 사고는 활동이다.

사고는 '슬픔을 느끼기'와 다르다. 사고는 우연히 생기거나 당하는 것이 아니라 아이가 행하는 활동이다. 사고 활동은 수단으로 혹은 목적으로 행해진다. 다시 말해서 사고 활동은 진리 발견이나 의사결정과 같은 목적의 수단이 되기도 하고, 또 때로는—종교적 명상 혹은 미학적 감상처럼—그 자체가 목적이 되기도 한다.

다른 목적을 위한 수단으로 사고할 경우를 보자. 이 경우, 사고 활동이 직접 지향하는 대상은 완결적이지 않다. 그 대상은 더 큰 대상의 일부다. 여기서 더 큰 대상은 마음에 있는 더 큰 목적을 가리킨다. 예컨대, 아이가 곱셈(314×569)을 하느라 애쓴다면 먼저 4×9에 대해 생각한다. 이때 생각의 직접적 대상은 4×9의 합이다. 이것은 더 큰 대상(314×569)의 일부다.

이와 달리 명상의 경우를 보자. 이때 사고 활동의 직접적 대상은 그 자체로서 완결적이다. 예컨대, 신앙인은 신에 대해 주의를 집중한다. 그러나 감상에는 비-완결적 특성이 들어 있다. 예컨대, 아이가 천경자의 〈꽃과 영혼〉이라는 그림을 감상한다고 하자. 그 그림 앞에서 아이는 여인의 머리를 감싸고 있는 꽃들에 대해서 생각에 잠길 수 있다. 그렇지만 이런 생각은 동떨어진 것이 아니고, 작품에 대한 총체적 이해의 일부가 된다. 미적 감상에는 이런 비-완결성이 나타난다. 이는 추론 활동에서 나타나는 비-완결성과 다르다. 미적 감상의 경우, 비-완결적 대상과 더 큰 관심은 부분-전체 방식으로 연결된다. 이와 달리 추론 활동의 경우, 비-완결적 대상은 수단-목적의 형태로 연결된다.

3) 사고는 개념을 동원한다.

사고는 당연히 개념을 통해서 행해진다. 마음이 지향하는 대상에는 개념이 들어 있다. 다시 말해서 X에 관한 생각은 어떠한 것으로 기술되는 X, 혹은 어떠하다고 기술되는 X에 관한 생각이다. 예컨대, 아이가 엄마를 생각할 때는 '자기 엄마'로 생각하며, 다른 사람은 아이의 엄마를 '친절한 이웃'으로 혹은 '오랜 친구'로 생각한다.

사고에 개념이 필요한 이유가 또 있다. 아이는 사고할 때, 자신이 무엇을 하는지를 안다. 아이는 자신의 목적을 이해한다. (물론 꼭 명시적 이해가 아닐 수 있다) 이 목적은 추론의 경우엔 외재적이고, 명상의 경우엔 내재적이다.

그런데 이 목적은 개념화되는 무엇이다. 314×569의 답을 생각하는 아이는 '자기가 곱셈을 한다'라는 것을 안다. 만일 아이에게 곱셈이라는 개념이 없다면 이런 유형의 사고는 불가능하다. 또 아이가 추론의 고리('4 곱하기 9는 36, 그러니까 6을 여기에 쓰고, 3을 이쪽으로 옮긴다')에 들어 있는 명제를 조작하는 데에도 개념(4, 곱하기, 9, 36, 6, 3)이 필요하다.

개념이 없는 사고가 있을까? 종교적 명상이나 미학적 감상이 그것을 암시할지 모르나, 개념화가 전혀 없이 그것을 할 수는 없다. 아이가 명상할 때면 어떤 것에 주의를 기울일 것이다. 거기서 생각하는 어떤 측면이 당연히 있을 것이다. 더 일반적으로 말해서 아이가 명상할 때 그가 관심을 쏟는 것에 대한 어떤 개념이 당연히 있을 것이다. 따라서 개념은 사고에서 빠질 수 없다.

이런 이야기는 교육과 직접 연관된다. 만일 아이가 생각하기를 배우려면 생각에 필요한 개념을 갖추어야 한다.

테니스 경기와 같은 신체적 활동에서 추론은 나타나지 않아도 사고는 나타난다. 이를 어떻게 이해할 것인가? 만일 사고가 정말 나타난다면 개념은 어디에 들어 있는가?

이 물음은 제2장에서 언급한 신호 인지(sign-cognition)와 연결된다. 아이가 테니스를 배울 경우, 그는 자신이 무엇을 할 것인지를 당연히 생각한다. 테니스공이 네트 위로 넘어오는 것을 볼 때, 그 공이 깊숙하게 뻗어올 것인지, 약간 휘어져 들어올 것인지를 생각하면서 아이는 대응할 태세를 갖춘다. 아이의 사고는 대상을, 즉 날아오는 공을 향하고, 아이는 그것을 어떤 식으로 대응해야 할 신호로 볼 것이다.

여기서 아이의 사고는 추론이나 명상처럼 자율적인 것이 아니다. 아이의 사고는 그의 지각에 매여 있다. 그의 사고는 테니스공이나 상대방의 동작을 보면서 움직인다. 이는 아이가 원하는 시간에, 원하는 데에서 아무렇게나 할 수 있는 사고가 아니다. 바꾸어 말하면, 그것은 언어의 소유, 그리고 (언어의 소유와 논리적으로 연관된) 개념들의 구조와 직접 연결된 사고가 아니다.

4) 사고는 기능이다.

사고는 활동이고, 마음속에서 일어나며, 발현되는 현상이다. 아이는 그것을 개선하고, 향상시킬 수 있다. 즉, 사고는 연습을 통해서 더 나아질 수 있다. 따라서 사고를 기능(skill)이라고 부른다. 이런 사고에는 발현되는 측면과 지속하는 측면이 들어 있다. 부모와 교사의 과업은 아이가 사고 활동에 몰두하게(발현 측면) 함으로써 그의 사고 기능이 향상되도록(지속 측면) 하는 일이다.

사고는 연습으로 개선된다. 아이는 자신이 생각할 것에 주의를 기울이는 법을, 그리고 이에 방해가 되는 것을 피하는 법을 배울 수 있다. 그리고 추론과 관련된 경우를 보자. 만일 아이의 개념적 레퍼토리가 확장된다면 이 장치를 통해서 더 정교한 사고 활동이 가능해질 것이다. 아이는 충실하게 명시적으로 밝혀 주어야 할 추론을—생략, 비약, 단축을 통해서—압축된 논변의 연결로 축약시킬 수 있다. 또 아이가 특수한 경우에 내리는 판단은 나중에 그가 더 효과적으로, 더 강력하게, 더 심층적으로 사고하는 데 도움이 될 수 있다. 이런 식으로 아이의 사고 기능은 향상될 수 있다.

사고는 그저 기능('할 줄 앎'의 한 가지)일 뿐인가? 그렇지는 않을 것이다. 예컨대, 체육 수업에서 아이는 '밧줄을 타는 법'을 배우게 된다. 아이는 이 기능을 습득한다. 그러나 흔히 그렇듯, 습득한 후 이를 전혀 사용하지 않는다고 하자. 얼마 동안 아이에게는 그 기능이 남을 것이다. 이와 달리 우리는 아이가 사고 기능을 더 정기적으로 활용함으로써 무엇을 행할 것인가, 그리고 무엇을 믿을 것인가에 대해 분명하게 사고하는 습관이 생기기를 바란다. 다시 말해서 아이에게 사고하는 성향(disposition)이 발달하기를 원한다.

4. 일반적 사고 기능: 근거 없는 주장

일반적 사고 기능(general thinking skill)이라는 것이 과연 있는가? 이에 대한 찬성과 반대의 견해를 다음 대화에서 살펴보자.

-찬성과 반대의 대화-

오찬성: 학교 교육과정을 근본적으로 재검토할 필요가 있다. 교과는 한물 지난 것이다. 그것은 참된 교육을 방해한다. 학교에서는 아이가 비판적으로 생각하는 사람, 창의적으로 생각하는 사람이 되도록 장려해야 한다.

나반대: 일반적인 비판적 사고, 혹은 일반적인 창의적 사고라는 것은 있을 수 없다. 비판적, 창의적 사고는 모두 특수한 주제에 의존한다. 시에 관해 비판적으로 생각하는 사람이 있고, 역사적 주장에 관해 비판적으로 사고하는 사람이 있다. 시 비평이 역사 비평을 대신할 수 없다. 도발적인 가설을 잘 세우는 창의적 과학자는 훌륭한 곡을 작곡하는 음악가와 같을 수 없다. 따라서 학교의 교과는 쉽게 없앨 수 있는 것이 아니다.

오찬성: 사실의 학습에 너무 치중하다 보면 스스로 생각하는 것을 소홀히 하게 된다. 추론하는 능력, 그리고 독창적인 아이디어를 내놓는 능력이 더 중요하다. 이런 일에 학교 시간을 더 많이 투입해야 할 것이다.

나반대: 그런 능력은 교과 구분을 뛰어넘어 나타나는 일반적 특성이 아니다. 역사학, 수학, 과학, 문학, 철학 등 주요 학문마다 제각기 고유한 추론 형식이 있고, 또 타인의 주장을 비판적으로 평가하는 고유한 형식이 있으며, 그리고 상상적 비약에도 고유한 형태가 있다. 일반적 사고를 향상시키는 것을 목표로 한다는 말은 논리적으로 볼 때 무의미하다.

여기서 오찬성은 일반적 사고를 긍정하는 쪽이고, 나반대는 그것을 부정하는 쪽이다. 그렇다면 일반적 사고라는 기능은 과연 있는 것인가를 다시 논의해 보자.

일반적 사고 기능에 관한 관심은 오래된 것이다. 19세기 말엽에 영국의 교육자들은 능력심리학을 배웠다. 그들에 따르면, 교육목적은 이해, 추론, 판단과 같이 다양한 심적 근력(心筋)을 훈련하는 데 있다. 20세기 중반, 미국에서는 효과적 사고를 세 가지 형태, 즉 논리적 사고, 관계적 사고, 상상적 사고로 구분했다. 이는 각각 자연과학, 사회과학, 인문학에서 가장 잘 길러진다고 주장했다. 다시 50년이 흐른 후, 영국 정부는 2000년 이후를 위한 국가 교육과정을 개정하면서 거기에—정보처리, 추론, 탐구, 창의적 사고, 평가 등의—사고 기능을 포함했다.

일반적 사고 기능은 이처럼 오랫동안 호소력을 지녔다. 그 까닭은 무엇인가? 다른 '핵심 기능(key skill)'과 마찬가지로 일반적 사고 기능은 '전이될 수 있는(transferable)' 것으로 생각했기 때문이다. 만일 아이가 어떤 맥락에서 그것을 습득하면 다른 맥락에서 그것을 적용할 수 있고; 전이 가능한 기능은 더 구체적인 형태의 학습에 비해서 더 많은 교육적 효과를 낳을 것이며; 그것은 아이의 지적 능력을 확대하면서도, 거기에 투입되는 자원은 오히려 줄어든다. 따라서 전이 가능한 기능은 교육정책 결정자에게 신비로운 열쇠로 보였다.

그러나 널리 전이될 수 있는 사고 기능이 있을까? 그럴 가능성은 별로 없어 보인다. 역사 수업에서 습득되는 추론과 탐구는 기하학 공부 혹은 가족의 휴가 계획에 들어 있는 그것과 전혀 다르다. 제각기 특수한 주제에 대한 지식을 요구하며, 고유한 증거를 끌어들이고, 자체의 표준에 따라 추론하는 것이다. (밧줄 하나, 자동차 타이어 하나, 다섯 개의 플라스틱 백을 이용해서 여섯 명이 강을 건너게 하는 방법에 관한) 상상적 혹은 수평적(lateral) 사고는 인류가 자연 선택을 통해 진화했을 것이라는 사고와 아주 다를 것이다. 아주 다양한 영역을 가로지르는 일반적 기능이 혹시라도 있을지는 아무도 모른다. 그러나 증거가 아직 없는데도 그럴 것으로 가정하면 안 될 것이다. 현재로서는 그렇게 가정할 만한 타당한 증거가 없다. 물론 아주 가까운 영역들 사이에 어떤 전이가 생길 가능성은 의심하기가 어렵지만, 전반적으로 영역을 가로질러 나타나는 전이 가능성에 대한 믿음은 현재로서는 근거가 없다.[2)]

그런데도 그런 믿음의 유혹은 쉽게 생긴다. 이는 아마 다음과 같은 생각때문일 것이다. 아이는 학교 교육과정에 들어 있는 여러 과목을 통해 인구 폭발, 광합성, 시, 화산 폭발 등을 탐구하며; 거기에 어떤 공통점이 들어 있는데; 그것은 탐구이고; 만일 우리가 특수한 내용들 속에서 그 공통점에 초점을 둔다면 탐구가 무엇인지를 일반적으로 알아낼 수 있고; 이것을 가르칠 방안을 찾을 수 있을 것이다.

'탐구의 개념을 일반적으로 검토한다'라는 말 자체가 틀린 것은 아니다. 그러나 거기서 가르침과 배움을 위해서 어떤 점을 끌어낼 수 있을까? 예컨대, 자동차, 헬리콥터, 전동 자전거, 고속정, 밴 트럭, 기차, 지하철 등이 있다. 이는 모두 운송 수단에 속한다. 그러나 운송 수단을 제작하려고 한다면 우리는 도로, 물, 레일, 하늘 위를 움직이는 어떤 추상적 물건을 만들지는 않을 것이다.

형식 논리와 비형식 논리(informal logic)[3)]는 일반적 사고 기능을 추종하는 사람들, 특히 철학적 추종자가 늘 끌어들이는 것이다. 그들이 보기에 만일 아이가 비뚤어지지 않고 바르게 사고하기를 바란다면 그 해답은 아이가 좋은 논변이 무엇이고, 결함 있는 논변이 무엇인지를 분간하게 하는 것이다. 다시 말해서 타당한 삼단논법에 관한 공부가 그것의 가장 확실한 방법이라는 것이다.

그래서 아이가 다음과 같은 논변의 타당성을 재빨리 알아챘다고 하자.

소크라테스는 죽는다.

모든 인간은 죽는다.

따라서 소크라테스는 사람이다.

이것은 아이의 사고의 질적 측면에 대해서 어떤 점을 보여 주는가? 이에 대해 두 가지 사항을 지적해 보자.

첫째, 그와 관련된 오류를 아무리 잘 찾아낼지라도 과학이나 역사학의 논변을 제대로 비판할 수 있는 것은 아니다. 모든 훌륭한 논변을 논리적으로, 치밀한 형식으로 제시하는 것은 불가능하다. 예컨대, 역사학자의 증거가 참일지라도 그로부터 (타당한 삼단논법에서처럼) 논란의 여지가 없는 결론이 나오기가 어렵다.

둘째, 교육적으로 중요한 구분이 있다. 사고의 '활동(과정)'과 사고의 '산물(결과)'이 그것이다. 사고의 활동은 아이가 사고 활동에 몰두하는 과정에서 무엇을 하는가에 관한 것이다. 사고의 산물은 아이의 사고가 성공적일 때 어떤 결과가 나오는가에 관한 것이다.

아이가, 예컨대 '삼단논법에 능숙하다'거나, 이로 인해 '생화학이나 정치학의 논변을 분석하는 데 재빠르다'라고 할 때, 이는 사고의 산물, 즉 결과를 가지고 하는 일이다. 아이는 전제들을 떼어내거나, 전제와 결론을 분리하는 일을 잘할 것이다. 아이는 전제에 깔린 논리적 선행 조건을 잘 찾아낼 것이다. 아이가 다양한 명제 사이에 놓여 있는 관계를 공부하는 것은 그런 기능 때문일 것이다.

그러나 이미 밝혀 놓은 사고의 산물을 가지고 그렇게 분석하는 일은 사고 활동의 일종일 뿐이다. 게다가 전통적인 중등학교 수업이나 대학 세미나에서나 겨우 찾아볼 수 있는 비교적 드문 사고 활동이다. 그런데 아이가 삼단논법에는 아주 서툴지라도, 사적 관계나 개인에게 문제가 생기면 곧바로 해결책을 찾아낼 수 있다. 그렇다면 논리 문제는 논리 문제를 해결하는 기능을 연마하는 데 좋을 뿐이지, 그것으로 다른 영역의 사고가 향상되는 것은 아니다(JW, 107).

개인 문제에서 혹은 과학 연구에서 아이가 실제로 행하는 사고는 산물(결과)로서의 사고가 아니라 활동(과정)으로서의 사고다. 이런 사고에서는 논리학의 삼단논법에서 보는 질서 정연함이 나타나는 경우가 드물다. 타당한 논변은 아이의 사고 과정에서 나타나는 것이 아니고 사고의 결과로서 추구할 수 있는 목표다. 이 목표에 도달하는 과정을 살펴보면, 특히 아주 복잡한 문제에서는 아이가 이리저리 헤매고, 좌절하고, 난관에 빠지고, 가까스로 벗어나는 일도 정말 많을 것이다.

이런 것이 추론 학습(learning to reason)의 본래 모습이다. 이런 과정을 도와주려는 교사는 어떻게 할 것인가? 그는 아이가 사고의 직접적 대상과 전반적 목표에 주의를 집중하도록 도와주고; 관련이 없는 사항이 있으면 지적해 주고; 반대-제안이 있으면 제시해 주고; 주제에서 벗어나는 경우에는 되돌아가도록 조언해 주며; 쌓인 증거에서 끌어낼 수 있는 연역을 암시해 주고; 참신한 관점이나 가설을 찾아내도록 장려한다(JW, 108).

결국 일반적 사고 기능을 찾는 일은 무익하게 끝나고 말 것이다. 만일 아이의 사고가 향상되기를 바란다면 차라리 '이론적 사고'와 '실천적 사고'의 구분으로 되돌아가는 것이 더 나을 것이다.

5. 실천적 사고의 중요성

이론적 사고의 목적은 '무엇이 어떠한가'에 관한 진리를 찾는 것이다. 실천적 사고의 목적은 '무엇을 할 것인가'를 결정하는 것이다.[4] 둘 중에서 더 폭넓은 것은 실천적 사고다. 실천적 사고는 이론적 사고를 포함한다. '무엇을 할 것인가'를 결정하려면 먼저 관련된 사실을 알아야 하고, 이를 알려면 이론적 사고를 해야 한다. 이는 교량 건설에 관한 전문적 사고에서, 혹은 낡은 커튼의 교체에 관한 일상적 사고에서 모두 똑같다.

실천적 사고는 지적 수준에서 혹은 일상적 수준에서 다양하게 나타난다. 또 실천적 사고는 사적 혹은 공적 생활에서 누구나 크게 의존하는 것이다. 그러나 실천적 사고는 학교 교육과정에서 사고의 중심으로 인정받지 못한 지 오래되었다. 그것은 수공이나 요리와 같은 교과에서, 공부를 못하는 아이를 위한 실습 위주의 목적에서 예외적으로 나타날 뿐이다. 그런데 학교 교육에서 실천적 사고를 더 중시해야 할 이유는 무엇인가?[5] 왜 이론적 사고만 더 중시해야 하는가?

사람들이 전통적인 학교 교육과정에서 중시하는 것은 주로 진리 추구를 위한 교과다. 이런 교과는 수학, 과학, 역사학, 지리학, 종교(교육의 사실적 부분), 문학 및 예술이다. 특히 수학 및 자연과학의 수학 관련 부분은 전통적으로 다른 부류의 추론, 예를 들어 역사적 추론이 엄두를 낼 수 없을 정도로 명예를 누려 왔다.

수학이 이런 지위에 오르게 된 데에는 여러 이유가 있다. 첫째, 수학은 재화의 공급을, 다시 말해서 교통 시스템, 기계 장치, 컴퓨터, 과학적 영농 등을 도와준다. 이것이 없으면 산업사회가 못 돌아간다. 둘째, 교육과정에서 수학의 특권적 지위는 플라톤 이후의 전통적 견해가 미친 영향력 때문이다. 즉, 확실성이 가장 높은 사고가 가장 수준 높은 사고라는 견해 때문이다.[6] 역사학적 사고는 수학적 사고에 비해 지적 역량이 떨어지는 것으로 간주된다. 왜냐하면 역사학에서 제시된 진술은 결정적으로 증명될 수 있는 것이 아니기 때문이다. 역사학에서 내릴 수 있는 결론은 기껏해야 다음과 같을 것이다. 프랑스 혁명의 의제가 편협한 생각에 빠진 이데올로기 집단에 의해 탈취당하고 말았다는 점, 혹은 히틀러가 영국과의 전쟁을 피하려고 최후까지 노력했다는 점을 강력하게 시사해 주는 증거가 있다는 식의 결론이다.

'확실성과 엄밀한 증명을 보여 주는 사고'가 '반론을 일으킬 소지가 있는 증거를 보여 주는 사고'보다 더 낫다고 본다면 이렇게 보아야 할 이유는 무엇인가? 전통적인 이유는 다음과 같은 것이다. 이론적 추론은 우리에게 지식을 제공해 주어야 하는데, 지식이 될 자격을 갖는 것은 의심의 가능성이 없는 심적 상태뿐이다.

이것은 지식의 개념에 대한 과도한 요구일 것이다. 그런 지식은 수학적 진리나 논리적 진리로 알려질 수 있는 것에 한정되고 만다. 우리의 주변 세계에 대한 지식은 확실성을 가진 것이라기보다 회의적 의문이 생길 수 있는 현상에 관한 것이다.

여기서 지식의 본성에 관한 전통적인 인식론적 논쟁으로 들어갈 수 없다. 지식에서 의심의 가능성을 모조리 배제할 것을 요구한다면 이는 지식에 대한 너무 엄격한 정의여서 수용하기가 어렵다. 그보다 더 느슨하게 지식을 정의해야만 확실성(certainty)이 떨어지는 과학적, 역사적, 일상경험적, 혹은 다른 지식의 가능성도 열릴 것이다. 만일 진리라고 간주하는 명제가 있고, 이에 대해 좋은 근거 혹은 적절한 증거가 있다면 이런 사람을 가리켜 아는 사람, 즉 지식인이라고 말할 수 있다.[7)]

또 다른 의문점이 남아 있다. 학교에서는 실천적 사고보다 이론적 사고에 더 큰 비중을 두고 있는데 이것은 과연 정당한가? 진리의 추구가 특별한 가치를 갖는다는 주장에는 어떤 근거가 있는가? 이 문제에 파고들려면 마음의 문제에서 윤리의 문제로 넘어가야 한다. 이를 제대로 다루려면 '아이의 마음'에 관한 책이 아니라 교육목적에 관한 책을 써야 한다.[8)]

아무튼 진리의 탐구를 목표로 삼는 사고 활동에 아이를 참여시키는 데에는 두 가지 이유가 있다. 첫째, 그런 사고 활동은 그 자체로서 바람직하다. 둘째, 그런 사고 활동은 그 밖의 다른 목적을 달성하는 데 중요하다.

첫째 이유에는 다음과 같은 문제가 있다. 교사는 과학적 진리 혹은 지리학적 진리 그 자체를 자기가 끝없이 추구하는 것을 아주 귀중하게 여길 수 있으나, 그렇다고 해서 교사의 가치를 (흥미가 전혀 다를 수 있는) 아이에게 부과하는 것은 허용될 수 없는 일이다. 교사가 정당하게 할 수 있는 일은 진리 추구의 가치를 아이에게 보여 주고, 그 가치를 받아들일 것인지 말 것인지는 아이가 알아서 결정하도록 하는 것이다.

둘째, 외재적 정당화가 나타나는 것은 아이가 과학적 지식을 활용해서 환경오염 정책에 대해 생각하거나, 혹은 민주시민으로서 과거 역사를 생각하도록 가르칠 때다. 여기서 이론적 사고의 합리적 근거는 실천적 사고라는 더 넓은 영역으로 확대된다. 앞서 보았듯이, 실천적 추론은 이론적 추론을 포함한다. 이는 '무엇을 해야 할 것인가'에 관한 사고는 '무엇이 어떠한가'에 관한 사고에 의존하기 때문이다. 누구에게 한 표를 던질까를 고민하는 민주시민은 그동안 정치인들이 쌓아 놓은 정치적 성취와 신뢰의 증거에 관해 사고할 필요가 있다. 어떤 진로로 나아갈 것인가를 결정하는 학생은 가능한 선택지에 대한 이해를 넓히기 위해 여러 영역에 걸쳐 폭넓은 이론적 사고를 펼칠 필요가 있다.

따라서 외재적 정당화는 학교에서 실천적 사고를 장려할 것을 옹호한다(JW, 110). 실천적 사고는 학교 밖의 온갖 생활영역에서 나타난다. 아이는 자신의 진로, 자신의 관계, 자신의 도덕적 의무, 자신의 직업과 직업 외 활동, 자신의 휴가, 가정 꾸리기, 납세액 정산, 일상적 시간 관리 등에 대해 성찰할 필요가 있다. 아이는 시민으로서 누구에게 한 표를 던질까, 공공 서비스의 공영화는 어떻게 추진해야 하는가, 성범죄 문제를 어떻게 다루어야 하는가에 관해 사고할 필요가 있다. 만일 교육정책이 이를 장려하게 되면 학교는 아이가 그런 것에 대비하는 데 크게 공헌할 수 있다.

그러나 아이에게 그저 영리함만 발달시키는 일이 없도록 유의해야 한다. 영리함이란 재정적, 경제적, 상업적 관심사에 사로잡히고 그 나머지는 망각하고 마는 실천적 추론이다. 그것은—목표 자체의 가치는 문제로 삼지 않은 채—그저 목표 달성의 가장 효율적 수단만을 찾는다. 때때로 그것을 가리켜 '지능'이라고 말한다.[9] 실천적 추론은 영리함 혹은 지능을 포함하지만, 그것을 뛰어넘어 목표 자체의 가치에 대한 성찰, 그리고 (그런 목표가 다른 귀중한 목표와 갈등할 경우에) 어느 목표를 더 앞세울 것인가에 대한 성찰도 포함한다. 학교에서는 우리 아이가 그보다 더 제한된 도구적 유형의 실천적 추론에만 사로잡히지 않고 수단과 목적에 관해 두루 사고할 수 있도록 도와주어야 한다.

6. 명상적 사고 혹은 감상의 가치

명상적 사고(contemplative thinking)도 현대의 학교에서 제자리를 찾기가 힘든 처지에 있다. 명상적 사고와 관련된 주요 교과는 종교, 문학, 예술이다. 이런 교과에서도 대부분의 공부는 명상적 사고가 아닌 다른 것에, 즉 종교는 사실적 자료에, 그리고 문학과 예술은 비평, 제작, 연주나 연기에 치우쳐 있는 편이다.

명상이나 감상을 더 강조해야 할 필요가 있는가? 여기서 우리는 교육의 목적이라는 큰 주제로 넘어가게 된다.[10)]

앞서 지적한 것처럼, 지향적 대상에는 실재하는 것도 있고 또 실재하지 않는 것도 있다. 악령이나 귀신처럼 실재하지 않는 것에 관한 생각에서 아이가 벗어나게 하는 것은 부모나 교사의 임무다. 그러나 그것은 아이가 마술 시리즈 혹은 환상적 작품의 즐거움에 빠지는 것을 가로막을 우려가 없지 않다.

그런데 우리는 종교교육의 명상 부분을 어떻게 보아야 할까? 만일 신이 존재하지 않는다면, 예컨대 기도 중에 신에 관해 생각하는 것은 허구적 실체에 관한 생각이 되고 말 것이다. 갈수록 세속적인 사회로 바뀌는 세상에서 종교적 명상은 닥터 지바고 혹은 파우스트처럼 인간이 만들어 낸 인물에 관한 사고로 흡수되어 버릴 것인가?

이런 현상은 최소한 예술에서 더 분명하게 나타난다. 아이가 감상해야 할 무엇인가가 예술에 들어 있다는 점을 우리는 의심하지 않는다. 물론 거기에 있는 것은 닥터 지바고처럼 의도적 허구일 수 있다. 더 일반적으로 살펴볼 때, 감상의 대상은 음악, 그림, 조각, 건축, 무용, 시, 연극, 소설과 같은 예술 작품이다.

예술에 탐닉하는 기쁨은 부분적으로는 이런저런 세부 사항에 대해서 혹은 부분들이 이루어 내는 전체에 대해서 편안한 눈길을 보낼 수 있는 자유로움에서 생긴다. 서두름이 없이 바라보고, 듣고, 반성하는 데에는 시간이 들 것이다. 늘 쫓기면서 살아가는 사람들과 아이들에게 부족한 것이 시간이다. 학교는 아이가 스스로 선택한 문학작품을—이에 관한 비평을 과제물로 제출해야 할 필요가 없이—한가롭게 읽을 수 있는 시간을 제공해 주는가?

명상적 사고는 예술을 뛰어넘어 자연 세계의 아름다움과 숭고함에 대한 몰입으로 확대될 것이다. 또 여기에는 일반적으로 존재하는 것들의 오묘함에 대한 성찰이 들어갈 것이다. 이는 수많은 세속적 인간에게 신에 대한 묵상의 대용물이 될 수 있다. 학교는 어떻게 해야 이런 명상적 사고를 제대로 증진시킬 수 있는가?

7. 신체적 활동 속의 사고

스포츠, 요리, 목공과 같은 신체적 활동에서 나타나는 아이의 사고는 실천적 추론에만 한정되지 않을 것이다.[11] 거기에는 신호 인지도 포함된다. 예컨대, 상대방의 오른쪽 스윙이 방향 전환을 시도하리라고 간파하는 것, 된장국이 곧 끓을 것이라고 보는 것, 나무의 결 때문에 깔끔하게 자르기가 썩 어려우리라고 보는 것 등이 거기에 포함된다.

신호 인지는 학교 교육과정의 활동 영역에 속하는 것은 아니지만 두 가지 의미에서 중요하다.

첫째, 신호 인지는 언어학습의 뿌리로서 중요하다. 아이는 '아빠'라는 단어의 의미, 즉 '아빠'는 '남자이고, 친부이며, 자신을 딸로 둔 사람'을 가리키는 단어라는 점을 이해하기 전에 먼저 '아빠'라는 소리를 들을 때 이를 '자신과 놀거나 자신을 안아 주기를 원하는 애정 있는 사람'이라는 신호로 듣는다. 만일 아이가 그 단어를 들을 때 그런 의미를 지닌 소리로 듣지 않는다면 도대체 어떻게 언어학습이 가능할 것인지를 이해하기가 힘들 것이다.

둘째, 신호 인지는 구어가 아닌 신체 언어(body language)에 대한 반응에서도 중심을 차지한다. 아이는 찌푸린 얼굴에 대해 무의식적 불안을 느끼고, 또 움찔하는 모습에 대해 동정심을 느끼는 반응을 보일 것이다. 아이는 짜증, 자만, 불성실, 사랑, 탐욕 등과 같이 비언어적인 신호를 적절하게 지각하고, 그에 반응하는 것도 배울 것이다. 이것은 사회적 존재가 되고, 또 인간이 되는 학습에서 핵심이다. 대체로 이런 학습은 가정의 안팎에서 양육 과정을 통해서 자연적으로 이루어진다. 그러나 이런 학습에서도 더 많은 도움이 필요한 사람들이 있을 것이고, 더 심각한 경우에는 의도적인 가르침이 필요할 때가 있을 것이다.

8. 요약

이 장에서 논의한 사항을 다음과 같이 여섯 가지로 정리할 수 있다.

첫째, 사고는 활동과 믿음으로 구분된다. 이 장에서는 사고 활동을 중심으로 논의하였다. 사고의 내용(혹은 결과)인 믿음은 제3장에서 다루었다.

둘째, 사고 활동은 여러 가지로 나타난다. 지향적 사고와 비-지향적 사고, 이론적 사고와 실천적 사고, 수단적 사고와 목적적 사고, 이론적 사고와 실천적 사고의 연결, 종교와 예술에서의 명상과 감상, 신체적 활동의 신호 사고, 그리고 학문과 예술에서 나타나는 상상 등으로 나타난다. 따라서 사고 활동의 다양성을 인식하고, 중시할 필요가 있다.

셋째, 사고의 네 가지 핵심 특성은 지향, 활동, 개념, 기능이다. i) 지향적 사고뿐만 아니라 비-지향적 사고도 중요하다. ii) 사고는 능동적 활동이며, 수단으로 혹은 목적으로 행해진다. 이런 사고 활동의 대상은 완결적인 것과 비-완결적인 것으로 구분되는데, 이는 교육적으로 중요하다. iii) 사고가 개념을 동원한다는 점은 제2장에서도 상세하게 논의했다. iv) 사고는 연습을 통해서 개선될 수 있는 기능이다. 또 사고는 기능일 뿐만 아니라 습관이나 성향으로 발달할 수 있는 것이다.

넷째, 일반적 사고 기능이 최근에 다시 유행하고, 그런 것을 학교에서 가르쳐야 한다는 주장이 다시금 나타난다. 일반적 사고 기능은 추론 기능으로서 아주 광범한 영역에 전이될 수 있다는 주장이다. 그러나 이 주장은 매력적으로 보일지라도 의심스러운 것이다. 더 구체적으로, 사고 기능은 형식 논리와 비-형식 논리를 통해 가장 잘 증진된다는 주장도 있지만, 의문스럽기는 마찬가지다. 모든 사고 영역을 가로질러서 일반적으로 효과를 낳을 수 있는 사고 기능은 없을 것이다. 즉, 논리적 사고, 수학적 사고를 잘한다고 해서 역사적 사고, 과학적 사고도 잘하는 것은 아니다. 또 이론적 사고를 잘한다고 해서 실천적 사고도 잘하는 것은 아니다. 따라서 사고를 가르치는 일은 논변이나 추론을 가르치는 것보다 훨씬 폭넓은 일이다.

다섯째, 실천적 사고는 삶에서 매우 중요함에도, 학교 교육은 이론적 사고에 크게 치중하고 있다. 왜 그렇게 되었는가, 왜 그래서는 안 되는지를 살펴보았다. 특히 이론적 교과의 내재적 가치를 당연시하는 교사에게 어떤 문제점이 있는지를 지적했다. 또 실천적 사고를 중시할지라도 도구적인 실천적 사고에만 사로잡히는 영리함에 치우치지 않아야 한다는 점도 덧붙였다.

여섯째, 명상적 사고, 그리고 (신체적 활동에서 나타나는) 사고의 가치를 강조했다. 명상적 사고는 신, 예술, 자연, 존재 일반에 대한 성찰이다. 학교 교육에서 거기에 어떤 비중을 둘 것인가는 여전히 문제로 남는다. 신체적 활동에서 나타나는 신호 인지는 신체 언어에 대한 반응에서도 중요한 것이다. 요람에서부터 아이에게 형성되는 신호 인지는 사고 교육의 출발점이다.

제 7 장 상상

1. 상상의 세 가지 의미
2. 상상의 발달
3. 창조: 교육적 의미
4. 요약

1. 상상의 세 가지 의미

19세기의 교육학자와 심리학자들 사이에 다음과 같은 생각이 널리 퍼졌다. 상상은 기억, 지각, 추론, 의지와 마찬가지로 마음의 별도 기관, 즉 별개의 심적 기관이다. 교육의 과제는 그런 여러 가지 힘을 강화시키는 것이다. 그렇다면 상상에 불을 지피고 단련시켜야 한다.

당시 사람들의 생각에 의하면, 교육과정의 여러 부분은 제각기 다른 능력을 길러 낸다. 수학은 추론을 발달시키고, '대상을 그리기'는 지각 능력을 단련시키며, 역사, 예술, 과학, 기계는 상상력을 강화시키는 데 일정한 역할을 한다. 다른 심적 기관과 마찬가지로 상상 기관의 힘은 교실 밖의 과제, 즉 '살아가는 일'에 적용될 수 있다. 상상력을 훈련시키면 그것은 전이될 수 있다(Selleck, 1968, 46-47. JW, 115에서 재인용).

그런 이론의 메아리가 20세기에도 울려 퍼졌고, 아직도 여기저기서 들린다. 그러나 그런 이론은 사실과 다르다. 물론 상상과 관련된 심적 능력이 있는 것도 사실이고, 교육과정의 여러 활동 중에 이 능력과 밀접한 것이 있는 것도 사실이다. 다시 말해서 이 능력이 있고, 이 능력과 관련된 교육과정 활동이 있는 것은 사실이다. 그런데 그런 이론의 문제점은 그 단순성에 있다. 다시 말해서 상상은 하나의 단일한 기관이라는 일원론적 가정이 그 이론의 문제점이다. 이와 달리 상상에는 관련된 것들도 여러 가지로 많이 있고, 풀어내야 할 가닥도 많이 있다.

그렇다면 상상이란 무엇인가? 우리는 상상과 관련된 의미를 세 가지로 풀어낼 수 있다.[1] 상상은 '상상한다'라는 동사와 '상상적인'이라는 형용사로 쓰인다. 그런데 상상한다는 동사에는 두 가지 의미가 있다. 하나는 이미지를 떠올린다는 뜻이고, 다른 하나는 가정한다는 뜻이다. 그리고 '상상적인'은 어떤 작품이나 산물에 붙여서 사용된다. 상상적인 작품이나 산물을 만들어 내는 사람을 가리켜 상상적인 인간이라고 말한다. 다음에서 이런 개념을 하나씩 살펴보자.

1) 이미지를 떠올리기: 마음의 눈 또는 코?

아이에게 '불타는 남대문'을 상상해 보라고 하자. 그는 그것을 '마음의 눈'으로 그려 볼 것이다. 큰 대문, 큰 처마, 불타는 광경, 화재를 보고 애타는 사람들이 마음의 눈에 떠오르게 될 것이다. 아이에게는 심상, 즉 심적 이미지가, 여기서는 특히 시각적 이미지가 생길 것이다.

그런데 심적 이미지는 이 경우처럼 꼭 의식적으로 떠올릴 필요가 없고, 또 꼭 시각적이어야 할 필요도 없다. 이미지는 아이에게 그냥 떠오를 수 있다. 기차역의 풍경이나 할아버지의 얼굴이 어떤 이유에서 갑자기 아이의 마음에 스칠 수 있다. 깜빡 잠들어 꿈을 꿀 때에도 가끔 그런 경험을 할 수 있다. 이와 달리 앞선 경우처럼 어떤 이미지를 자발적으로 떠올릴 수 있다. 이때의 이미지는 무심코 떠오르는 것이 아니고 의식적으로 떠올리는 것이다.

또 심적 이미지에는 여러 가지가 있다. 시각적 이미지, 청각적 이미지, 후각적 이미지 등이 있다. 좋아하는 노래를 마음으로 듣는 것은 청각적 이미지다. 또 참기름의 고소한 냄새가 떠오르는 것은 후각적 이미지다. 이는 이미지와 지각 간의 어떤 연관성을 암시해 준다.

이미지와 지각 사이에는 어떤 연관성이 있는가? 아이가 할아버지의 얼굴을 마음으로 볼 때, 그는 할아버지 얼굴의 '심적 그림과 같은 것'을 실제로 보고 있는가? 할아버지 얼굴의 이미지와 할아버지 얼굴의 사진(이나 그림)은 그 특성이—눈, 머리카락, 미소 등이—대체로 똑같다. 그런데 아이가 실제로 사진을 볼 경우, 그 지각의 대상은 그 자체로서 존재하는 것이다. 그 대상은 아이가 보지 않고 있어도 계속 존재한다. 그러나 할아버지 얼굴의 이미지는 오직 아이의 마음에만 생기는 것이다.

이미지를 떠올리기(imaging)는 사진(그림)을 실제로 보는 것이 아닐지라도 지각과 비슷한 특성을 갖는다. 예컨대, 아이가 어떤 가수의 사진을 미디어에서 본 일이 없다면 그 가수의 얼굴을 상상할 수 없다. 만일 아이가 커피를 마신 적이 없다면 커피 맛의 이미지를 가질 수 없다. 만일 아이가 상상적인 동물, 가령 세 발 까마귀의 어떤 이미지를 꿈에서 보았다면 이는 어떤 것인가? 아이가 그런 동물을 실제로 볼 수가 없고, 또 꿈에서 본 그 동물의 이미지를 구성하는 각 요소를 실제로 본 적도 없다면 그 동물의 이미지는 어떻게 생길 수 있을까? 생각하기조차 어렵다. 그렇다면 '이미지를 떠올리기'는 이전의 지각에 의존하는 것으로 보인다.

만일 '이미지를 떠올리기'가 이처럼 지각과 연결되는 것이지만, 지각의 한 형태가 아니라고 한다면 이를 어떻게 생각해야 할 것인가? 앞 장에서 우리가 다루었던 사항 중에서 어떤 부분을 여기서 끌어들일 수 있을까?

첫째, 개념을 끌어들여 보자. '이미지를 떠올리기'는 개념화의 능력을 요구하는 것으로 보인다. 아이에게 얼굴 개념이 없다면 할아버지의 얼굴을 시각화할 수 없다. 또 참기름 개념이 없다면 그 냄새를 상상할 수가 없다. '이미지를 떠올리기'는 이처럼 개념을 소유하는 것에 의존하는 것 같다. 왜냐하면 '이미지를 떠올리기'의 기반이 되는 원래의 지각이 개념의 소유를 요구하기 때문일 것이다.

둘째, 사고를 끌어들여 보자. '이미지를 떠올리기'는 사고의 일종이다. 다른 형태의 사고와 마찬가지로 '이미지를 떠올리기'는 (할아버지의 얼굴처럼) 대상을 향할 수 있고, (꿈의 경우처럼) 지향하는 대상이 없을 수 있다. 대상이 있는 경우의 '이미지를 떠올리기'에서 아이의 사고는 어떤 대상에 집중한다. 그 대상은 (할아버지처럼) 실재하는 것일 수 있고, (세 발 까마귀처럼) 실재하지 않는 것일 수 있다. 아이는 이런 대상을 앞서 말한 것처럼 개념 안에서 생각한다.

셋째, 사고의 종류[2)]와 관련지어 보자. '이미지를 떠올리기'는 추론보다는 명상/감상/관조에 더 가까운 것이 아닐까? 만일 '이미지를 떠올리기'를 '마음 속에서 그림을 보는 것'으로 간주한다면 그렇게 생각할 수 있을 것이다. 마치 미술관에서 그림 그 자체를 바라보는 것처럼, 아이는 가수의 상상된 얼굴 그 자체를 바라볼 것이다.

여기서 아이가 보고 생각하는 것은 가수의 이미지가 아니라 그 가수이다. 아이는 그 가수를 생각한다. 다시 말해서 아이는 이미지를 통해서 그 가수를 생각한다. 이는 아이가 사진을 통해서 그 가수의 매력에 빠지는 경우와 마찬가지다. 여기서 이미지는 사고의 대상이 아니라 사고의 수단으로 보인다. 따라서 이미지를 추론이 아니라 명상과 연결시켜야 할 특별한 이유가 없는 것 같다. 물론 '이미지 떠올리기'는 추론에서도 나타날 수 있다. 예컨대, 아이가 자기 용돈을 어디에 쓸까 하고 생각하면서 그림책의 사진이나 아이스크림의 맛을 떠올릴 수 있다. 이것은 실천적 추론에 속하는 것이지만 이론적 추론도 있다. 아이는 기하 문제를 공부하면서 이등변 삼각형의 이미지를 떠올릴 수 있다.

2) 가정하기: … (이)라고

상상에는 가정하기(supposing)라는 의미도 있다. 가정하기란 무엇인가? 다음에서 이를 네 가지 사례를 통해서 살펴보자.

첫째, 공주의 사례다. 다섯 살 아이가 엄마의 옷을 몸에 걸치고, 우아한 자세로 걸으면서 자신을 공주라고 상상한다. 자신을 공주로 상상한다는 점은 아이의 몸짓, 그가 입은 옷, 그의 혼잣말을 통해서 짐작할 수 있다. 자신을 공주로 상상하는 그 아이는 무엇을 하고 있는가? 아이는 자신을 공주라고 가정한다(suppose). 자신을 공주라고 가정한다고 해도, 실제로 자신이 공주라고 믿지는 않는다. 아이는 그렇게 믿는 것이 아니라 믿는 척하는 것이다.

둘째, 송광호의 사례를 보자. 배우 송광호는 〈기생충〉이나 〈택시 운전사〉

에서 놀라운 연기력을 보여 준다. 이를 위해 그는 상상을 통해서 자신이 그 작품의 인물이라고 가정하면서 그런 인물이 된다는 것이 어떤 일인가를 생각해야 한다. 여기서도 그는 자신이 그런 인물이라고 믿는 것이 아니라 가정하는 것이다. 그리고 이 사례는 공주의 사례와 마찬가지로 어떤 역할의 수행에 관한 것이다.

셋째, 가설 설정의 사례다. 역사학자나 과학자는 자신의 자료를 설명하기 위해서 가설을 설정해야 하는 경우가 있다. 이때 그들은 어떤 사고를 하는가? 예컨대, 어떤 역사학자가 문득 다음과 같이 생각한다고 하자. 임진왜란이 일어났을 때 조선의 장수들은 흔히 묘사하는 것처럼 그렇게 멍청한 겁쟁이는 아니었을 것이다. 그들은 어려운 상황에서도 최선을 다했을 것이다. 이것은 일차적으로 가상 혹은 가정에 속한다. 아직 그는 그렇게 믿지는 않는다. 믿음은 그 가설이 검증되고 그것을 옹호하는 증거가 쌓인 후에야 비로소 생길 것이다.

넷째, 도덕적 사례다. 도덕교육에서 상상은 중요하다. 아이는 '동정적 상상(sympathetic imagination)'을 통해서 다음과 같이 생각할 수 있다. 부모를 잃는다는 것, 혹은 성폭행을 당한다는 것이 어떤 일인가를 상상하면서 아이는 타인의 처지에 자신을 옮겨 놓고 생각할 수 있다. 여기서 아이는 자신이 그런 처지에서 고통을 겪는 사람이라고 믿는 것이 아니라 그런 사람이라고 가정하는 것이다. 이때 아이의 생각은 자신이 그런 고통을 겪는 이들의 처지에 놓인다면 그 느낌이나 고충이 어떠할 것인가로 향한다.[3)]

네 가지 사례를 보면 '가정하기'는 인간의 삶에서 중요하다. 왜냐하면 그것은 현실성을 뛰어넘어 가능성의 영역으로 우리를 이끌어 주기 때문이다. 그것은 우리가 사색에 잠기고, 대안적 시나리오를 떠올리고, 자신만의 관심사에서 탈피하고, 타인의 관심사와 동일시하도록 만들어 준다. 이런 능력은 개방되고 급변하는 다원주의 사회에서 특히 중요한 것이다.

마지막으로 상상의 두 가지 의미가 서로 어떤 관계에 있는가? 이를 간단히 지적하고 넘어가자. 무엇보다도 '가정하기'와 '이미지를 떠올리기'를 혼동하지 말아야 할 것이다. 예를 들어, 아이가 가정을 하거나 사변에 빠질 때 그는 이미지를 떠올릴 수도 있고 그렇지 않을 수도 있다. 가령 아이가 병든 친구를 방문하고 집에 돌아온 후, 병상에 누워 있는 친구의 이미지를 떠올릴 수 있고, 또 친구의 느낌이 어떤가가 그의 마음에 스칠 수 있다. 그러나 아이가 병든 친구의 곁에 머물러 있다면 그 친구가 겪고 있는 경험이 어떤 것일지를 상상하겠지만, 친구의 이미지를 떠올리지는 않을 것이다. 이와 달리 가정하지 않은 채 이미지만 떠올릴 수 있다. 만일 내가 작성한 메뉴대로 어떤 요리를 만들어 식탁에 올려놓는 것을 마음에 떠올린다(시각화한다)면 이때 나는 '내가 그것을 보고 있다'라고 가정할 필요가 없을 것이다. 이렇게 이미지를 떠올리는 경우, 사고의 대상은 나 자신이 아니라 그 요리일 것이다.

3) 뛰어난 상상: 새로운 경지의 개척

상상은 '상상적인'이라는 형용사로 쓰인다. 상상적인(imaginative) 작품이나 인물이 있을 것이다. 물론 상상적인 것에도 정도의 차이는 있다. 평범한 수준에서 상상적인 것이 있고, 빼어난 수준에서 상상적인 작품이나 인물이 있다. 이처럼 상상의 셋째 의미는 '뛰어나게 상상적인' 것에서 분명히 드러난다. 이를 네 가지로 나누어 살펴보자.

첫째, 뛰어나게 상상적인 사례에는 어떤 것이 있는가? 예컨대, 과학자는 흔히 가설을 설정하는데, 어떤 가설은 그야말로 새로운 경지를 개척한 것일 수 있다. 다윈의 자연 선택에 의한 진화 이론이 그런 것이다. 그의 업적은 뛰어나게(빼어나게, 놀랍게) '상상적인' 것이다. 다윈은 상상이 뛰어난(빼어난, 놀라운) 사람이다. 시인이나 예술가도 독창적인 작품을 만들어 낸다. 이들도 뛰어나게 상상적인 사람이다. 그런데 보통 사람도 골치 아픈 집안 문제를 기막히게 잘 풀어내거나, 사적인 인간관계 문제를 개운하게 해결할 방도를 찾아내거나 하면 상상적인 사람에 속할 것이다.

둘째, '상상적인'이란 무슨 뜻인가? 그것은 일상적 수준을 뛰어넘으며, 관련된 맥락에 적합한 것을 가리킨다. 우선, 상상적임(imaginativeness)은 어떤 식으론가 보통의, 일상적인 기대와 인습을 뛰어넘는다. 이는 다윈이나 이순신처럼 독창적인 방식으로 그럴 수 있고, 집안 문제나 사적 관계에서처럼 평범한 방식으로 그럴 수 있다. '상상적임'은 정도의 문제일 것이다. 그런데 그것이 일상적 기대를 벗어나는 것에 그치지 않는 경우가 있다. 아주 불손한 혹은 미친 사람을 보자. 이들은 일상적인 기대를 뛰어넘겠지만 상상적인 것에 끼지 못할 수 있다. 한 가지 조건이 빠져 있기 때문이다. 바꾸어 말하면 특이한 아이디어, 이론, 음악, 시(詩)라고 할지라도 관련된 맥락에 적합해야 한다. 다시 말해서 다윈의 이론처럼 이미 알려진 사실과 부합되어야 하고, 그런 사실을 제대로 설명할 수 있어야 한다. 또 스마트 폰을 발명한 사람이 상상적인 인간에 속하는 것은 의사소통이 가능한 새로운 특별한 장치를 만들었기 때문이다.

셋째, 이런 '상상적임'과 상상의 두 개념은 서로 어떻게 다른가? '이미지를 떠올리기'는 상상적인 것이 될 필요가 없다. '가수의 얼굴을 떠올리기'는 수많은 사람이 흔히 하는 일이다. 아무런 독창성도 요구하지 않는다. 또 '가정하기'가 상상적인 것이 될 필요는 없다. 영감을 주지 못하는 아마추어 배우도 자신이 송강호의 역할을 맡는다고 가정할 수 있다. 아이가 도덕적 인간으로서 타인의 처지에 자신을 옮겨 놓으려고 할 때 그에게 필요한 것은 타인의 감정에 충실함이지 독창성은 아니다.

넷째, '상상적인'은 사고 활동의 산물에 관한 표현이다.[4] 이와 달리 '이미지를 떠올리기'나 '가정하기'는 사고 활동에 속한다. 상상적인 것은 다윈의 이론, 베토벤의 음악, 황지우의 시, 이세돌의 한 수, 이메일의 발명 등이다. 이를 만들어 낸 사람들을 가리켜서 상상적인 인물이라고 말하는 것은 특별히 상상적인 성취 때문이요, 또 독창적인 것을 자주 만들어 내는 경향 때문이다.[5]

2. 상상의 발달

교사나 학부모가 아이의 상상을 장려하는 것은 썩 중요하다. 아이의 상상은 뻗어 가고, 커지고, 발달한다. 부모와 교사는 아이의 상상을 어떻게 발달시킬 수 있는가? 상상의 교육적 의미는 무엇인가? 앞서 구분한 상상의 세 가지 개념에 따라 살펴보자.

1) 이미지를 떠올리기: 감각적 경험 및 개념의 적용

'이미지를 떠올리기'는 자연적 능력이다. 가르쳐 주지 않아도 아이는 그것을 할 줄 안다. 그런데 교육자는 그것을 끌어내어 다양한 방식으로 개발시킬 수 있다.

교실과 가정의 일상생활에서 교사와 학부모는 아이에게 동기를 일으키기 위해서 그에게 구체적인 감각적 자료를 제시한다. 아이의 주의와 성향을 끌어들이기 위해서 '할머니 집 근처에 있는 공원에 놀러 가서 새들에게 먹이를 주자'라고 말할 수 있다. 이 말이 효과를 낳을 것이다. 왜냐하면 지난번에 갔을 때 보고 들었던 온갖 새들의 동작과 소리를 아이가 마음속으로 보거나 들음으로써 거기에 다시 가 보기를 원하기 때문일 것이다. 이렇게 이미지를 불러일으키는 방법은 모든 교과에서 교사가 활용하는 것이다.

'이미지를 떠올리기'는 일부 교과에서 더 알차게 쓰인다. 문학에서 그것은 필수다. 이미지를 떠올리는 능력이 없으면 시와 소설로부터 거의 멀어지게 된다. 만일 아이가 『남한산성』에 등장하는 최명길, 혹은 『태백산맥』에 등장하는 빨치산을 떠올릴 수 없다면 그 작품을 어떻게 이해할 것인가? 물론 문학 교사는 '이미지를 떠올리기'를 직접 가르치지 않는다. 그것을 불러일으키는 것은 작가의 필력이다.

'이미지를 떠올리기'에 필요한 것은 두 가지다. 첫째는 관련된 과거의 감각적 경험이고, 둘째는 개념의 적용이다. 아이가 최명길이나 빨치산을 떠올리기 위해 혹독한 겨울에 남한산과 지리산을 등반할 필요는 없을지라도 추위, 배고픔, 목마름을 경험할 필요는 있을 것이다. 따라서 문학적 이미지의 완전한 효과는 아이의 현재 수준에서 나타나지 못할 수 있다. 왜냐하면 관련된 이해가 아직은 그에게 부족할 수 있기 때문이다. 아이가 관련된 이해를 더 갖추도록 부모나 교사가 도와준다면 이미지를 떠올리는 힘이 솟아나고, 더 발달할 수 있다. 만일 아이가 조선의 왕과 사대부, 중국에 대한 사대주의, 명과 청의 관계 등에 관해서 어느 정도 이해한다면 최명길의 경험이 그에게 더욱 생생하게 다가올 것이다. 문학을 배우는 학생에게 '이미지를 떠올리기'는 본질적이다. 다른 것으로 대체될 수단이 아니다. 다른 교과에서도 이미지를 떠올리는 힘은 분명히 유용할 것이다.

2) 가정하기: 가능성의 세계를 생각하기

가정하기(supposing)는 앞서 지적했듯이 믿음을 뛰어넘는다. 여기서 잠깐 믿음을 간단히 언급한 후, 가정하기를 살펴보자.

먼저, 아이는 일부 동물과 마찬가지로 무엇을 믿는 성향을 생득적으로 갖고 태어난다.[6] 이는 동물의 신호 인지 능력에서 분명히 드러난다. 예컨대, 사슴은 호랑이를 위험과 도피의 신호로 보고 그렇게 믿는다. 이런 생득적 믿음이 기반이 되어 그 위에서 학습된 믿음이 축적된다. 고양이는 '서랍에서 꺼내는 따개'를 '먹이를 줄 것'이라는 신호로 보고 그렇게 믿는다. 인간도 거의 비슷하다. 인간의 타고난 정서와 욕구는 믿음과 연결된다. 아이가 큰 소리를 두려워하는 것은 위협적일 수 있다는 믿음과 연결된 것이고, 엄마 젖을 향한 욕구는 배고픔에서 벗어날 수 있다는 믿음과 연결된 것이다.[7] 신호 인지 그리고 (언어를 통해 생기는) 개념 습득은 아이가 장차 살아갈 세상에 관한 거대한 믿음의 망을 가질 수 있게 도와준다.

그렇다면 가정하기는 어떻게 발달할 수 있는가? 이를 세 가지로 나누어 살펴보자.

첫째, 가정하기는 타고난 능력이 아니기 때문에 배울 필요가 있다. 아이가 가정하기를 배우지 못하면 현실성에 갇혀서 벗어나지 못할 것이다. 다시 말해서 아이가 '있는 그대로의 세계'를 생각하는 것은 가능하겠지만, '있을 수 있는 세계'를 생각하는 것은 불가능해질 것이다. '있을 수 있는 세계를 아이가 생각할 수 있다'라는 것은 다른 동물과 특별히 다른 점이다. 이런 식으로 생각하는 힘을 갖기 때문에 아이는 미래를 계획하고, 타인의 생각이나 감정을 꿰뚫어 보면서 관계를 맺고, 그리고 과학이나 역사와 같은 지적 성취를 이룰 수 있다. 한마디로 말해서 가정하기는 문명의 원천이다.

이런 힘의 비밀은 어디에 있을까? 그것은 인간의 개념화(conceptualizing) 능력에 있을 것이다. 다시 말해서 아이는 한 현상을 한 가지 이상의 개념으로 보고, 또 생각할 수 있다. 물론 이런 힘만으로 아이가 현실적인 것으로부터 거리가 멀어지지는 못할 것이다. 왜냐하면 다수의 개념이 모두 올바르게 적용될 수 있기 때문이다. 예컨대, 아이는 하나의 대상을 호랑나비로, 나비로, 곤충으로 볼 수 있다. 이와 달리 개념과 실재가 서로 부합되지 못할 경우가 때로 생긴다. 즉, 실수가 발생할 때가 있다. 예컨대, 아이는 네발나비를 호랑나비로 잘못 부를 수 있다. 그런데 때때로 아이는 다수의 개념을 적용하는 능력을 활용함으로써 실재와 맞지 않는 개념을 (실수가 아니라) 일부러 적용할 수 있다. 아이는 일찍부터 그런 식의 사고 활동에 입문될 수 있다.

둘째, 부모는 한 사물에 적용될 수 있는 여러 가지 개념에 대해서 아이가 주목하도록 의식적으로 노력할 수 있다. 이를 통해 아이에게는 올바른 적용과 잘못된 적용을 구분하는 힘이 길러진다. 예컨대, 아빠는 곰 인형을 들고서 '예쁜 호랑이'라고 말한다. 아이는 아빠가 자기를 놀리고 있음을 재빠르게 눈치챈다. 아이는 아빠가 실수로 한 것이 아니라, 일부러 틀리게 말한 것이라고 어렴풋이 짐작한다. 이윽고 아이는 어른이 사물에 맞지 않는 이름을 자유롭게 붙인다는 사실을 간파하고 나서 자기도 똑같은 자유를 발휘한다. 이런 경험은 상상뿐만 아니라 유머 감각이 발달할 수 있는 온상이다. 여기서 한 가지 사물을 다양하게 보거나 생각하는 방식이 자주 활용될 것이다.

그런데 이런 경험은 (인식론적) 권위에 대한 아이의 지각에 영향을 줄 것이다. 만일 부모가 아이에게 (참된 혹은 틀린) 믿음을 전수하는 일만 한다면 아이는 '권위 인물(부모와 교사)'로부터 배우는 일만 반복할 것이다. 다시 말해서 아이는 인식론적으로 종속되는 처지에 놓일 것이다. 그러나 만일 엄마가 곰 인형을 가리켜 호랑이라고 부른다면 이는 '엄마는 언제나 가장 잘 아는 것이 아니구나'라고 아이가 (아마 무의식적으로) 생각하도록 만들 것이다. 아이는 그런 놀이를 하면서 어른과 동등한 위치에 놓일 기회가 자신에게도 생긴다는 것을 깨닫게 될 것이다. 여기서 알 수 있듯이 '가정하는' 일은 '권위로부터의 해방'의 기원이 될 수 있다. 달리 표현하면 그것은 평등한 존중의 기원, 그리고 민주적 성향 자체의 기원이 될 수 있다.

일반적으로 사고는 실재하거나 혹은 실재하지 않는 지향적 대상에 관한 것이다. 실재하지 않는 지향적 대상이야말로 가정하기의 뿌리다. 일단 아이가 '이것이 호랑이다'라는 생각에 익숙해진 다음에는 다른 부류의 온갖 상상으로 나아갈 수 있다. 이렇게 되면 아이는 실재와 안 맞는 개념을 자신에게도 적용할 수 있다. 예컨대, 곰 인형을 가리켜 호랑이라고 자유롭게 부르듯이, 자기 자신을 공주로 혹은 우주비행사로 자유롭게 생각할 수 있다. '다른 사람의 처지에 자기 자신을 옮겨 놓고 보아야 한다'라고 부모가 아이에게 가르친다면 아이는 '만일 내가 밀려서 크게 넘어진다면 어떻게 되지, 혹은 나의 귀중한 장난감을 잃어버린다면 어떻게 되지'라는 생각도 갖게 될 것이다. 이렇게 함으로써 아이는 자기 자신을 신데렐라와 동일시할 수 있게 되고, 이야기나 영화를 더 즐길 수 있는 좋은 위치에 놓이게 된다.

아이가 더 자라게 되면 자신에 관해서 더 현실적인 어떤 것을 상상할 수 있게 된다. 아이에게는 나중에 자기가 교사, 과학자, 더 친절한 사람, 혹은 성공한 사람이 될 것이라는 자아관이 발달할 것이다. 그러나 훨씬 더 어릴 적에도 아이는 자기 자신의 가까운 미래에 대해 그와 비슷한 생각을 가질 수 있다. 또 엄마가 아이에게 선택의 여지를 줄 수 있다. 예컨대, '오늘 오후에 무엇을 하고 놀까? 그네를 타러 놀이공원에 갈까? 새들을 보러 동물원에 갈까?' 아이는 두 가지 가능성, 즉 비-현실성을 생각하게 된다. 그네를 타고 움직이는 자신을 가정해 보고, 또 빵 조각을 던지면 가까이 다가오는 새들을 바라보는 자신을 가정해 본다.

이렇게 볼 때, '가정하기'라는 의미의 상상이 아이의 삶에서 바람직한 목적을 향하도록 이끌어 주어야 할 사람은 아이의 부모다. 아이가 자신을 공주라고 가정하는 것은 허용할 수 있고 장려할 일이지만, 기관총을 쏘아 대는 사람으로 가정하는 것은 허용할 수 없고 장려할 일이 아니다. 아이는 자신을 공주라고 간주할 수 있는 시간과 장소가 따로 있다는 점을 배운다. 또 아이가 자신을 다른 사람의 처지에 옮겨 놓고 본다면 칭찬을 듣고, 그렇게 하지 못하면 꾸중을 들을 것이다. 또 아이에게 이야기해 줄 때도 놀라서 까무러칠 정도의 이야기는 하지 않을 것이다. 만일 아이가 엉뚱한 상황에서 너무 자주 환상에 빠진다면 거기서 빠져나오도록 부모는 이끌어 줄 것이다.

여기서 '이미지를 떠올리기'와 '가정하기'의 관계를 간단히 살펴보기로 하자. 아이에게 '가정하기'의 경험과 '이미지를 떠올리기'의 경험이 서로 밀접하게 연결되는 경우가 많다. 즉, 상상의 두 가지 힘은 함께 나타날 가능성이 크다. 아이가 신데렐라의 이야기를 들을 때; 놀이 공원에 갈까, 동물원에 갈까 하고 고민할 때; 곰 인형의 머리를 벽에 부딪힌다면 곰 인형에게 미안하다고 느낄 때 그럴 가능성은 크다. 마음의 철학에서는 이 두 가지 힘을 따로 떼어서 분석하지만, 심리학에서는 두 가지 힘이 함께 나타날 경우가 많다는 점에 유의할 것이다.

셋째, 가정하기는 학교 교육에서 어떤 의미를 갖는가? 아이가 초등학교나 중등학교에 들어가면 '가정하는 힘'에 대한 요구가 여러 가지로 더 많아진다. 아이의 이해가 성장할수록 다른 사람이나 문학작품의 등장인물에 대해 더 깊게, 더 넓게 공감하게 될 것이다. 연극 수업이나 (작품의 이해에 관한) 예술 수업에서도 '가정하는 힘'을 끌어들이고, 또 발달시킨다. 국어 수업에서 창의적 글쓰기도 마찬가지다. 과학, 수학, 지리, 역사 수업에서 아이는 가설이라는 개념, 그리고 실제로 '가설을 설정하기'에 점점 더 익숙해질 것이다.

가정하기라는 상상은 역사와 인문 지리에서 훨씬 더 많이 나타날 것이다. 아이는 다른 사람들이 설정한 가설을 알게 되고, 또 자기 스스로 가설을 세워 보도록 장려된다. 그뿐만 아니라 여기서 탐구 대상은 분자나 유전자가 아닌 인간이기 때문에 아이는 자신의 공감적 상상(emphathetic imagination)을 발휘할 필요가 생길 것이다.

인성교육이나 진로교육에서—공식적 교육이든 비공식적 교육이든—아이는 자신, 자신이 속한 사회, 그리고 세계의 대안적 미래를 가정하도록 장려될 것이다. 가정하기가 나타나는 수많은 학습에서 가정하기는 그것보다 더 넓은 추론하기의—역사나 과학에서는 이론적 추론, 인성교육에서는 실천적/이론적 추론의—일부가 될 것이다. 여기서는 여러 가지 시나리오, 가설, 가능성을 치밀하게 검토함으로써 그것이 과연 수용할 만한 것인지를 확인할 것이다. 교육과정의 다른 부분에서, 특히 문학과 시각예술에서 '가정하기'는 감상 활동 그 자체에 포함될 것이다.

앞과 같은 학교 교육은 어쩌면 꿈같은 이야기처럼 들릴지 모른다. 왜냐하면 수익성과 효과성을 추구하는 데 몰두하고 있는 교육자와 교육정책 결정자들의 영향력 때문에 그저 사실만을 중시하고 상상을 배척해 버리는 학교 교육이 요즈음 세상에 너무 팽배해 있기 때문이다.

학교 교육에서 상상은 더 중시되어야 한다. 물론 이런 이상적인 요구는 정당화될 필요가 있다. 정당화 문제는 또다시 우리를 교육목적과 윤리적 가치의 영역으로 끌고 간다.[8] 여기서 이런 문제를 더 이상 논하기는 어렵다.

3) 상상적인: 독창적 그리고 적합한

'이미지를 떠올리기'와 '가정하기'는 사고에 몰두하는 것이지만, '상상적인(imaginative)'은 그런 것이 아니다. 물론 상상적인 것은 '이미지를 떠올리기'와 '가정하기'와 같은 사고에 의존하기도 한다. 그러나 '상상적인'은 사고 활동에 적용되는 말이 아니라 사고의 산물, 즉 이론, 제안, 예술 작품에 적용되는 말이다. 어떤 사람을 가리켜 '상상적인' 인간이라고 하는 말은 그가 상상적인 것을 성공적으로 만들었고, 앞으로도 그럴 것으로 기대한다는 뜻이다.

작품이나 산물, 혹은 거기에 포함된 아이디어 중에는 뛰어나게 상상적인 것이 있다. 이는 인습적 기대 수준을 뛰어넘을 뿐만 아니라 적합성의 테두리를 벗어나지 않는다. 인습적이지 않은, 특이한, 혹은 새로운 것이라고 해서 모두 상상적인 것은 아니다. 예컨대, 광인, 자랑꾼, 허풍쟁이의 산물이 이런 사례에 속한다. 그런데 적합성이 무엇인가는 영역마다 다를 것이다. 상상적인 과학 이론은 기존 사실에 대해서 기존 이론이 제시하는 설명의 대안을 독창적으로 제시할 수 있어야 한다. 광고 문안 작성에서 상상적인 작가는 고객의 이목을 사로잡을 수 있는 광고안을 고안할 수 있어야 한다.

정도의 차이는 상상적인 것에서도 나타난다. 인습을 벗어난 것 중에는 세상을 뒤흔들 정도가 있고, 그저 미미한 정도가 있다. 다윈과 프로이트는 탁월하게 상상적이었지만, 주말에 놀러 갈 곳을 새롭게 제시한 사람은 미미하게 상상적이다.

이런 점은 상상이 교육에서 차지할 위치를 파악하는 데 도움이 된다. 세상을 뒤흔들 정도를 먼저 살펴보자. 아이는 교육의 어느 시점에서 뉴턴, 갈릴레오, 셰익스피어, 도스토예프스키(1821~1881)의 선구적 업적과 작품에 친숙해져야 할 것이다. 그 이유는 분명하다. 과학이나 예술뿐 아니라 발명(증기기관, TV, 컴퓨터), 도시계획(피터 대제의 상트 페테르부르크), 정치제도(히틀러와 스탈린의 정부, 마오의 문화혁명)에서의 성취도 마찬가지다.[9] 아이는 상상적인 것들의 빼어난 사례에 입문되어야 한다. 그 이유는 두 가지다. 첫째, 그런 것에 입문되는 것이 곧 학문 영역이나 예술 형식에 입문되는 과정이기 때문이다. 뉴턴을 모르고 물리학을 제대로 배울 수 있는가? 워즈워스의 글을 읽지 않고 영문학을 제대로 알 수 있는가? 3·1 운동을 모른 채 20세기 동아시아의 역사를 이해할 수 있는가? 둘째, 더 심층적인 이유는 인간 본성에 대한 이해와 관련된 것이다. 인간이 도달하거나 성취하는 최고의 경지, 혹은 이에 필적할 만한 것에 대한 이해는 인간 이해의 핵심이 될 것이다.

이와 동시에 교육은 아이가 일상 수준에서도 상상적인 것을 인식하도록 도와줄 것이다. 만일 아이가 사회가 돌아가는 작동 방식을 어느 정도 이해하는 것이 바람직하다면 광고 문안 작가의 활동에 대한 이해도 거기에 포함되어야 한다. 다시 말하면 '상상적인 것'이라고 해서 늘 환영받아야 할 일로 당연시하면 안 된다는 뜻이다. 아이는 언제 그것이 바람직한가, 또 그렇지 못할 때는 언제인가에 대해서 분별할 줄을 알아야 한다.

학교 교육을 받기 전에 가정교육을 통해서 아이는 일상생활에서 나타나는 상상적인 생각/행위의 사례에 친숙해질 것이다. 예컨대, 다른 사람이 쉽게 해결하지 못하는 사적인 인간관계 문제를 해결할 수 있는 묘책을 꺼내는 할아버지의 재능이라든가, 혹은 평범한 음식 재료와 남은 반찬을 갖고도 거뜬하게 끼니를 때우게 하는 엄마의 능력이 그런 것이다. 아이는 어째서 어떤 사람은 특별하게 생산적인지, 또 어째서 다른 사람은 지독하게 인습적인지를 점점 더 알게 될 것이다. 그렇다고 해서 아이가 분석적 방식으로 혹은 철학적 방식으로 그런 사항에 입문되어야 한다는 뜻은 아니다.

그런데 아이 자신이 '상상적인' 인간으로 발달하게 하려면 어떻게 해야 하는가? 전통적 견해에서는 예술교육을 특별히 강조한다. 그러나 이는 틀린 생각이다. '상상적임'은 학문적 활동과 비학문적 활동에서 모두 나타나기 때문이다. 그것이 미적 문제와 특별히 연관된 것은 아니다. 예술을 특별히 내세우는 것이 그럴듯하게 보이는 것은 '상상'의 여러 의미를 혼동하기 때문이다. 예를 들어, 시와 '이미지를 떠올리기'의 연관성, 소설/드라마와 '공감적으로 상상하기'의 연관성을 떠올려 보면 그 까닭을 짐작할 수 있다.

'상상적임'의 종류는 영역에 따라서 다를 것이다. 아인슈타인과 피터 대제의 공통점은 사물을 바라보는 인습적 방식에서 크게 벗어난다는 점이다. 유사점은 여기서 끝이다. 만일 아이가 전통가옥 지역의 도시계획가가 아니라 상상적인 물리학자가 되려고 한다면 현대물리학의 기반을 철저하게 닦아야 한다. 왜냐하면 아이가 인습적 기대에서 탈피하여 사물을 독창적으로 보려고 한다면 최소한 해당 영역에서 인습적 기대가 무엇인지를 알아야 하기 때문이다. 아인슈타인이 뉴턴을 몰랐다면 그를 뛰어넘을 수 없었을 것이다.

해당 영역의 기반을 철저히 닦는 것은 '상상적임'을 위해 핵심이지만, 그것만으로는 불충분하다. 자기 영역에서 제아무리 박식할지라도, 독창성이 부족한 철학자와 수학자는 아주 많다. 그렇다면 아이를 상상적인 인물로 키우려면 교사는 무슨 일을 더 할 수 있는가?

'상상적임'에도 정도의 차이가 있다. 만일 세상을 뒤흔들 정도의 상상적임에 관한 것이면 이는 교사의 역량을 뛰어넘는다. 교사의 교수법으로 과연 모차르트, 푸시킨을 확실히 길러 낼 수 있을까?

그렇다면 교사는 아이가 대단한 수준에서 상상적인 인간이 될 가능성을 높여 줄 수 있는가? 이것도 어려울 것이다. 만일 교사가 그렇게 할 수 있는 모종의 공식을 알아냈다고 믿는다면 이 공식을 수많은 학생이 습득하도록 만들 것이다. 예컨대, '과학영재 아카데미'를 매년 수백, 수천의 학생이 수료하도록 만들 것이다. 그러나 이들이 모두 놀라운 개척과 발견을 이루어낼 수 있을까? 교사는 정말 그렇게 생각하고 있을까?

독창적인 것, 혹은 과거에 전혀 생각하지 못한 것에는 세상을 뒤흔들 정도가 아닌 것도 많다. 예컨대, 감자 깎는 도구, 혹은 꿀을 바른 콘플레이크를 최초로 생각해 낸 사람이 있다. 혹은 19세기의 어느 지역에서 관리가 사직한 이유에 대해 그럴듯한 가설을 내놓은 향토역사가도 있다. 혹은 소박한 의미에서 새로운 것을 개발한 박사학위 취득자도 있다.

그렇다면 이처럼 낮은 수준에서의 '상상적임'을 교사는 장려할 수 있는가? 교사는 최소한 아이가 어느 분야의 상상적인 작품에 관심을 쏟게 하고, 거기에 담긴 독창적 아이디어를 설명해 줄 수 있다. 또 상상적인 수준으로 나아가는 데 심리학적 장애가 있다면 교사와 심리 전문가가 그것을 없애는 데 도움을 줄 수 있다. 만일 아이가 스스로 아주 인습적인 것에 사로잡혀 있으면 타인의 도움이 없이 거기서 빠져나올 가능성은 희박할 것이다.

독창성은 세계의 역사에서 새롭게 나타난 산물에 관한 것이다. 이에 관해서 교육자가 할 수 있는 일이 별로 없다. 그러나 아이가 독창적일 수 있는 여지는 남아 있다. 다시 말해서 절대적 의미에서 새로운 것이 아니라 '인습적인 것으로부터 탈피하기'라는 의미에서 아이는 새로운 어떤 것을 만들 수 있다. 예컨대, 주로 일상적인 주변 이야기를 중심으로 글을 쓰던 아이가 갑자기 무인도 이야기를 꺼낼 수 있다. 혹은 가족 여행이나 학급 모임을 위해서 썩 괜찮은 아이디어를 꺼낼 수 있다. 이런 종류의 '상상적임'을 장려하기 위해서 부모와 교사는 무엇을 할 수 있는가? 앞서 제안했던 것처럼, 즉 모범을 보이기, 장려하기, 심리적 장애물을 제거해 주기 등이 있을 것이다.

3. 창조: 교육적 의미

창조성(creativity)은 현대 문화의 우상이다. 예술, 기업, 광고, 과학에서 중시되었던 것이 이제 교육계에서도 주목받게 되었다. 구소련이 1957년에 최초로 발사한 인공위성 '스푸트니크호'가 성공한 이후, 미국 교육계에서는 창조성이 급부상했다. 미국이 구소련을 따라잡으려면 젊은 과학자와 공학자의 창조적 잠재력이 발산될 필요가 있었다.

그러나 '스푸트니크호' 이전에도 이미 '아이의 창조성을 발휘시키자'는 아동중심주의, 혹은 진보주의 교육사상의 주제였다. 이는 잠재력의 발달을 가로막는, 특히 무의식적인 심리적 장애와 자주 연관되었다. 일단 이런 장애가 제거된다면 아이의 창조성은 충분히 발산될 것이라고 사람들은 믿었다.

21세기 초반, 창조성에 대한 교육계의 관심은 여전히 강력하다. 1999년, 영국 정부가 임명한 국가위원회에서 『창조, 문화, 교육』이라는 보고서가 나왔다.[10] 창조(의)적 사고 기능은 잉글랜드와 웨일즈의 '2000 이후 국가 교육과정'에서도 나타났다.

그런데 창조란 무엇인가?

상상과 마찬가지로 창조도 한 가지 의미만 있는 것이 아니다. 창조는 오랫동안 예술과 연관되었다. '창조적(창작) 활동'은 흔히 학교 교육과정의 미학적 부분, 특히 시각예술, 창의적 글쓰기, 음악과 연관된 것이다. 대중이 보기에 상상과 창조는 모두 예술과 연관된다. 앞서 상상에 대해서 살펴볼 때 이와 비슷한 이야기를 했다. 상상은 주로 예술과 연관되었지만, 예술이 아닌 과학이나 다른 영역에서도 그것이 포함될 수 있다.

여기서 창조의 두 가지 의미를 구분할 필요가 있다.[11] 첫째, 무엇을 창조한다는 말은 기본적으로 무엇을 만든다는 뜻이다. 신이 세계를 창조했다고 말한다. 예술가를 가리켜서 창조자라고 말한다. 예술가는 만드는 사람이다. 예술가는 관람/감상의 대상인 그림, 교향곡, 시 등을 만드는 사람이다.

둘째, 창조의 또 다른 의미는 창의다. 과학자, 수학자, 광고업자, 경영인 등이 창조적인 것은 그들이 무엇을 만들기 때문이 아니라 그들의 독창적인 아이디어 때문이다. 이들은 인습적 안목을 깨뜨리고 사물을 새로운 방식으로 바라본다. 이런 의미를 가진 창의에 대해서 앞서 언급했다. 창의적인 것은 상상적인 것과 비슷하다. 이런 의미의 창의를 가르치고 배우는 일에 대해서 앞에서 논의했다.

사람 혹은 사람의 산물은 창조적이면서 또 창의적일 수 있다. 그러나 고대 이집트인들은 그들의 (창조적) 예술가들이 엄격한 인습적 틀 속에서, 즉 창의가 없는 채로 작업할 것을 기대하였다. 그런데 지난 두 세기를 거치면서 유럽 문화는 유럽의 시각적 혹은 비-시각적 예술가들이 혁신가가 되기를, 따라서 창조적이면서 창의적일 것을 기대했다.

교육에서 창조나 창의에 대해 할 이야기가 많겠지만,[12] 이제까지 평범한 수준에서 가닥을 잡을 수 있을 정도로 이야기했다. 마지막으로, 심리학적 측면에서 한 가지만 더 언급해 보자. 창조나 창의는 사고의 산물(아이디어, 가설, 만들어진 것)이 갖는 속성이다. 이는 심적 과정과 거리가 있다. 창의적인 사람은 그의 마음에서 어떤 일이-의식적으로 혹은 무의식적으로, 자기 의지의 결과로 혹은 그 의지와 관계없이-발생하는 그런 사람이라고 보아서는 안 된다. 우리는 셰익스피어가 창조적 천재임을 알고 있으나, 그가 창조할 때 그의 마음에서 어떤 일이 일어났는지는 모른다. 우리는 그의 작품이 지니는 공적 특성을 통해서 그의 창조성을 확인할 수 있을 뿐이다. 이런 이야기는 '과정으로서의 창조'에 관한 주장에 대해 다소 회의적인 편이다. 교육(학)자들 사이에 창의나 창조에 대해서 과정 중심적으로 접근하려는 경향이 있다면 이를 신중하게 검토할 필요가 있다.

4. 요약

이 장에서 논의한 사항을 다음과 같이 정리할 수 있다.

상상이란 무엇인가? 이는 '상상하다'라는 동사와 '상상적인'이라는 형용사를 통해서 알 수 있다. '상상하다'에는 '마음속으로 이미지를 떠올리다'와 '가정하다'의 두 가지 의미가 있다. 이와 달리 '상상적인' 것은 상상력이 뛰어난 것, 다시 말해서 보통의, 일상적인 기대와 인습을 뛰어넘는 것을 가리킨다.

상상은 어떻게 발달시킬 수 있는가? 첫째, 아이는 가르쳐 주지 않아도 이미지를 떠올릴 줄을 안다. 부모와 교사는 이것을 끌어내어 다양한 방식으로 개발시킬 수 있다. '이미지를 떠올리기'에 필요한 것은 감각적 경험, 그리고 개념의 적용이다. '이미지를 떠올리기'는 학교 교육에서 문학 감상의 필수조건이다.

둘째, '가정하기'는 타고난 능력이 아니다. 가정하기를 배우려면 개념화 능력이 필요하다. 가정하는 힘은 아이가 현재의 믿음 상태에서 벗어나게 하는 데 핵심이다. 가정하는 힘은 아이의 지적 자율성, 유머 감각, 자아 이해의 성장을 위해서, 타인의 관점에 대한 공감적 이해를 위해서, 그리고 과학이나 역사에서 가설 설정하기를 배우기 위해서 모두 중요하다. 그렇지만 사실을 배우는 것만을 중시하는 교육 현장은 상상의 발휘를 경시해 버릴 위험성이 크다.

셋째, 아이를 상상적인 인간으로 발달시키려면 타인의 빼어난 상상적인 작품에 친숙하게 만들 필요가 있다. 또 이론적으로 말하면, 독창성의 기준이 더 높을수록 상상을 발달시키는 교육은 더 힘들 것이다.

요컨대, 상상은 아이의 마음에 있는 어떤 단일한 기관을 가리키지 않는다. 상상을 총체적으로 길러 낸다는 것은 교육목적이 될 수 없다. 따라서 상상의 주요 개념, 즉 '이미지를 떠올리는 힘', '가정하는 힘', 그리고 '빼어난 작품이나 산물에서 공적으로 확인되는 힘'을 제대로 구별하여 접근할 필요가 있다.

제 8 장

동기

1. 동기란 무엇인가?

아이는 쉴 새 없이 움직이고, 행동한다. 아이는 자고, 먹고, 깨고, 놀고, 입고, 생각한다. 이 중에는 혼자서 하지 않고 부모나 교사와 하는 것도 많다. 또 아이는 자기의 행위(action)[1]나 타인의 행위에 대해서 '먹다', '놀다', '그리다', '생각하다' 등의 단어를 제대로 사용하는 것을 배운다. 그러면서 아이는 행위라는 개념을 이해하기 시작한다. 또 아이는 행위에 관해서 묻기도 한다. '왜 아빠는 저렇게 웃어요?' 훨씬 더 큰 아이는 묻는다. '왜 안중근은 이토 히로부미를 죽였어요?' 이러면서 아이는 인간의 행위가 어떻게 설명되는지도 배운다.

부모나 교사는 가끔 아이의 행위에 숨어 있는 이유가 궁금해진다. '왜 저 앤 제 방으로 들어가기만 하지?' '왜 저 아이가 오늘 저렇게 공격적일까?' 여기서 궁금한 것은 행위의 이유, 즉 동기다. i) 아이가 그렇게 행동하게 만든 것이 무엇인지를 생각하면 동기를 이해하게 될 것이다. ii) 아이가 원하지 않는데 어떤 것을 행하도록 만든다면 이는 동기를 일으키는 일이다. i)은 아이의 행동을 이해(설명)하려고 하는 경우이고, ii)는 아이의 행동을 일으키려고 하는 경우다. 두 가지는 밀접하게 연관된다. 만일 아이가 그처럼 행하게 된 요인이 파악된다면 부모는 이를 바탕으로 삼아 자신이 원하는 방향으로 아이가 행하도록 이끌어 갈 수 있다.

그렇다면 동기보다 행위가 더 기본적인 개념이다. 따라서 행위를 먼저 살펴보자.[2] 아이는 어릴 때부터 행위라는 개념을 파악한다. 그는 행위에 관해서 무엇을 이해하는가?

1) 행위란 무엇인가?

엄마가 책상에서 편지를 쓴다. 두세 살쯤 되는 아이가 엄마를 본다고 하자. 아이는 엄마의 행위를 이해할 수 있을까? 어른은 '편지를 쓰고 있다'라고 말한다. 어른은 편지가 무엇인지, 쓴다는 것이 무엇인지를 안다. 그러나 아이는 그런 것을 아직 이해하지 못한다. 물론 그런 이해가 조금은 싹트고 있을 것이다. 그렇지만 아이는 엄마가 무언가를 하고 있음을, 종이 위에 무엇인가를 하는 것을 볼 뿐이고, 어른의 이해에는 다가가지 못한다. 어쩌면 아이는 엄마가 작은 모양을 그리는 것으로 볼지 모른다. 설령 엄마가 '난 편지를 쓰고 있어', '네 생일 파티에 사람을 초대하려고 해'라고 말해도 아이는 그 말을 어느 정도만 이해할 것이다.

엄마는 무엇을 하는가? 이에 대한 정답은 하나뿐인가? 마치 초등 수학에서 7+8의 정답이 하나만 있는 것처럼 말이다. '편지를 쓴다'가 유일한 정답일까? 이것이 자연스러운 답일 것 같지만, '종이 위에 무슨 표시를 한다', '누군가를 생일 파티에 초대한다'도 정답이 될 것이다.

그렇다면 인간의 행위에 대한 참된 기술(description)은 하나가 아니라 여럿일 수 있다. 어째서 그런가? 인간의 행위는 그가 행동할 때 그의 마음에 들어 있는 것, 그가 지향하는 것, 즉 그의 의도(intention)에 따라 기술되는 것이기 때문이다. 이것이 인간 행위의 특징이다. 사람이 종이 위에 어떤 표시를 할 때, 그렇게 하는 의도(이유)는 여러 가지다. 예컨대, 누군가와 소통하려는 의도도 있고, 또 누군가를 파티에 초대하려는 의도가 있다. 의도가 여러 가지라면 그에 관한 기술도 여러 가지가 될 것이다.

어른은 아이가 인간의 행위를 이해하도록 가르친다. 이는 사람들이 행동하는 의도를 아이가 점점 이해하도록 이끌어 주는 일이다. 그런데 인간의 행위에는 전형적으로 어떤 구조가 들어 있다. 인간의 행위는 고립된 사건으로 동떨어진 것이 아니라, 어떤 이유가 있어서 행하는 것이다. 이런 이유도 고립된 것이 아니라, 개인의 삶에서 여러 측면과 연결되어 있다.[3] 이 점을 다시금 살펴보자. 엄마가 편지를 쓴다. 왜? 엄마는 생일 파티에 어떤 아이를 초대하기를 원하기 때문이다. 이 이유는 동떨어진 것이 아니다. 그 이면에는 드러나지 않은 이유가 더 있다. 즉, 파티를 열고 싶은 이유가 있고, 또 어떤 아이가 꼭 오기를 바라는 이유가 있다. 이런 이유는 다른 사항들의 망과 연결된다. 즉, 자기 자녀를 배려하는 엄마의 태도, 아이의 생일 파티가 갖는 문화적 의미, 자기 아이와 다른 아이의 인간관계 등으로 엮어진 망과 연결된다.

이제까지는 주로 엄마의 원함 혹은 욕구에만 초점을 두었다.[4] 그러나 이로써 엄마가 편지를 쓰는 이유가 모두 설명된 것은 아니다. 예컨대, 엄마가 왜 초대장이라는 방식을 택했는지가 아직 설명되지 않고 있다. 엄마는 다른 방법을 택할 수도 있었다. 아이들의 집을 방문하거나, 전화나 이메일을 이용하거나, 혹은 마을 신문에 공지하거나 할 수 있었다. 그런데 엄마가 편지 쓰기를 원한 이유는 무엇일까? 그것이 더 적절하다는 엄마의 믿음 때문이다. 즉, 가장 효과적으로 알릴 수 있는 수단은 편지이고, 우편물이 어떤 점에서 가장 확실하다는 믿음 때문이다.

여기서 알 수 있듯이, 엄마의 행위 이유에는 엄마의 욕구와 믿음이 들어 있다. 두 가지 이유가 이유의 구조를 이룬다. 다시 말하면, 엄마는 편지 쓰기(라는 행위)를, 아이들을 초대하기(라는 목적을) 위한 수단으로 이해하고; 이 목적의 이면에는 엄마가 원하는 것, 즉 자기 아이를 기쁘게 해 주려는 욕구, 그리고 지역사회에서 아이 엄마에게 기대하는 바를 이행하고 싶은 욕구가 깔려 있고; 엄마는 이렇게 하기를 원하며, 그리고 이렇게 하는 데 효과적이고 적절한 수단이 편지 쓰기라고 믿고 있으며; 또 이웃 사람들은 아이를 위해 파티를 열 것으로 기대하고 있다는 점, 그리고 우편 서비스가 확실히 작동하고 있다는 점을 엄마는 믿고 있다.

이처럼 일상적 사례를 통해 인간의 행위가 무엇인지를 파악할 수 있다. 그 핵심은 인간의 행위에는 그의 믿음과 욕구가 들어 있다는 점이다. 여기서 우리는 인간의 행위 속에는 (다른 심적 현상이 대부분 그러하듯) 지향하는 대상이 들어 있음을 짐작할 수 있다. 인간의 행위에 들어 있는 그의 믿음은 무엇이 어떠하다는 것에 대한 믿음(believe that)이다. 그의 행위에 들어 있는 욕구는 어떠어떠한 것에 대한 욕구(desire that)이다.

행위에는 믿음과 욕구뿐만 아니라 다른 것도 들어 있다. 예컨대, 아이는 아이스크림을 원하고, 아이스크림 가게에 가면 살 수 있다고 믿지만, 아이스크림보다는 다른 것, 가령 침대에 누워 있기, 혹은 TV 시청하기를 더 원한다면 아이스크림을 사러 나가지 않을 수 있다. 따라서 행위에는 믿음과 욕구 이외에 다른 것, 즉 아이스크림을 사러 나가려는 의도(intention)가 있어야 한다.[5)]

이제까지 인간의 행위가 무엇인가를 주로 믿음과 욕구를 중심으로 살펴보았다. 여기서 두 가지 사항만 더 언급하고 넘어가자. 첫째, 인간이 행동할 때 믿음과 욕구가 의식적으로 마음에 떠올라야 한다는 뜻은 아니다. 생일 파티에 어떤 아이가 오기를 바라는 엄마의 욕구는 마음에 뚜렷이 떠오를 수 있지만, 우편 서비스가 제대로 작동하고 있다는 엄마의 믿음은 의식에 뚜렷이 떠오르지 않을 수 있다. 또 너무 많은 초대장을 쓰느라 아주 피곤할 경우, 그런 사항들이 엄마의 마음에 전혀 떠오르지 못할 수 있다. 둘째, 아주 습관적인 행동에도 믿음과 욕구가 들어 있다. 예컨대, 신발을 깔끔하게 신는 사람은 자신의 용모가 단정하게 보이기를 원하고, 이를 위해서는 특히 신발이 깔끔해야 한다고 믿는다. 그는 이런 점을 늘 의식하지 않을지라도 당연한 것으로 여긴다. 만일 어느 누가 신발이 왜 그렇게 늘 깔끔하냐고 묻는다면 그때야 그는 그 점을 언급할 것이다. 이와 마찬가지로 엄마는 편지를 쓰는 이유를 남이 물으면 비로소 밝힐 것이다.

어른들은 앞과 같은 이야기에 익숙하다. 하지만 아주 어린아이는 아무래도 낯설 것이다. 아주 어린아이는 그와 같은 생각의 구조 안으로 들어가지 못하고 밖에 머물러 있는 셈이다. 아이는 신발을 깔끔하게 신거나, 편지를 쓰는 일 속으로 입문된 후에야 비로소 그렇게 행동하는 사람이 흔히 가지고 있는 이유와 의도를 이해하게 될 것이다. 그 행위를 이해 가능한 것으로 만들어 주는 것은 욕구와 믿음의 구조이며, 이 틀 안으로 아이는 입문될 필요가 있다.

이제까지 살펴본 사례는 의도적 행위(intentional action)에 관한 것이다. 행동하는 사람이 어떤 의도를 가지고 일으킨 행동에 관한 사례다. 물론 행동하는 사람에게 그런 의도가 없을 수 있다. 예컨대, 아이가 식탁에 놓인 물병을 실수로 떨어뜨릴 수 있다. 이는 비의도적 행동이다. 아이에게는 그렇게 해야 할 이유가 없다. 다시 말해서 그 행동으로 충족시켜야 할 아이의 욕구가 없고, 그 행동이 그가 원하는 어떤 목적의 수단이라는 믿음도 아이에게 없다. 아이는 의도적 행위와 비의도적 행동의 차이를 배울 것이다. 이와 동시에 어떤 것이냐에 따라서 책임과 비난에도 차이가 생긴다는 점도 배우게 될 것이다.

동물의 경우에서도 우리는 '동물이 행하는 것'과 '동물에게 생기는 것'을 구분할 수 있다. 만일 개가 자동차에 치이고, 다리를 다치고, 하수구에 빠진다면 이것은 개에게 생긴 일이지 행한 것이 아니다. 이와 달리 개가 마당을 뛰어다니고, 먹이를 주워 먹고, 외부 사람에게 짖어 댄다면 이는 행한 것이다. 그렇다면 인간의 행위와 동물의 행동에는 어떤 차이가 있는가?

데카르트 이후로 서양에서는 전통적으로 그 차이를 다음과 같이 설명했다. 동물은 마음이 없는 기계다. 주인을 뒤따라서 개가 달리고 있을지라도, 이것은 물리적 수준에서 인과적으로 연결된 사건일 뿐이다. 이와 달리 인간은 이성의 통제에 따라 행동할 수 있다. 어떤 사람이 버스를 보고 달려갈 때, 그에게 어떤 일이 일어나는가? 그가 버스를 보는 순간, 달리자는 이성적 결정을 내리자마자 그의 마음에서 의지가 뇌에 작용하여 다리의 근육이 움직이게 만든다.

물론 늘 그런 것은 아닐 것이다. 다시 말해서 '결정을 내리기' 혹은 '의지를 갖기'와 같은 심적 행위가 언제나 합리적 행위보다 먼저 나타나서 이끌어 간다는 뜻이 아니다. 왜냐하면 습관적으로 행하는 경우가 많기 때문이다. 운전하면서 페달을 바꿀 때, 혹은 아침에 버터를 빵에 바를 때, 늘 그렇게 하려는 의지를 갖거나, 결정을 내리고 하는 것은 아니다.

인간의 행위와 동물의 행동의 차이를 다시금 살펴보자. 우리는 동물에게 심적 활동을 부여할 수 있다. 다시 말해서 개나 고양이가 통증을 느끼고, 보고, 듣고, 냄새 맡고, 무서워한다고 볼 수 있다. 이 경우, 개나 고양이의 능동적 상태, 즉 달리고, 뼈를 찾고, 쓰다듬어 주라고 다가오는 것은 그들의 마음의 표출로 볼 수 있다. 즉, 이런 동물에게는 욕구가 있다는 말이다. 굶주린 고양이는 먹기를 원하고, 졸린 강아지는 잠자기를 원한다. 그들의 행동은 욕구에 따라 설명될 수 있다. 왜 고양이가 문 옆에 서 있을까? 정원으로 나가기를 원하니까. 왜 고양이가 내 다리를 비벼 댈까? 먹을 것을 주기를 원하니까. 여기까지의 설명은 인간의 경우와 비슷하다. 즉, 주체의 행동은 그의 욕구에 따라서 설명된다.

여기까지뿐이다. 그러나 동물은 언어가 없으므로 자기 행동의 이유를 표현하지 못한다. 고양이는 정원에 나가기를 원한다. 초보적인 의미에서 고양이는 문 옆에 그가 서 있는 것이 내가 문을 열게 만드는 수단이라고 믿을지도 모른다.[6] 만일 고양이의 욕구와 믿음이 합쳐진다면 이것은 고양이가 그렇게 행동하는 이유가 되는가? 혹은 고양이나 개는 언어를 사용하지 못하기 때문에 그런 식으로 말할 수가 없는가? '이유를 갖는다는 것'은 당연히 '이유를 표현할 수 있다는 것'을 요구하는가?[7]

답이 무엇이든 우리는 다음과 같이 알고 있다. 인간은 자기가 행하는 대로 행동하는 자신의 이유를 언어로 설명할 수 있다. 만일 왜 편지를 쓰냐고 물으면 엄마는 생일 파티에 아이들을 초대하기를 원하기 때문이라고 대답할 것이다. 엄마는 자신의 원함(욕구)을 (그리고 필요하면 그와 관련된 믿음을) 언어로 표현하고, 이로써 자기의 행위를 설명할 수 있다.

물론 사람이 자신의 마음에 담고 있는 것을 늘 표현한다는 뜻은 아니다.

대부분은 표현하지 않은 채 그냥 지나간다. 그렇지만 그렇게 할 수 있다는 점이 중요하다. 만약 누가 묻는다면 어떤 행위를 왜 하는지를 설명할 수 있다. 예컨대, 엄마는 아침마다 별다른 생각 없이 커피 머신에 커피 캡슐을 집어넣는다. 그것을 처음 보는 사람이 '뭘 하시는 거예요?'라고 물으면 엄마는 '커피를 만들려고요' 혹은 '커피는 이렇게 만들어요'라고 답할 것이다.

2) 동기: 행위의 이유

앞에서 인간의 행위가 무엇인지를 살펴보았다. 다음에서 인간의 행위가 어떻게 설명되는가를 살펴보자. 두 질문은 마치 별개인 것 같지만 서로 뗄 수가 없다. 먼저 주목해야 할 사항이 있다. 즉, 인간의 행위는 여러 가지 방식으로 기술(describe)될 수 있다는 점이다. 다음을 보자.

(i) 엄마는 종이에 뭔가를 적는다.

(ii) 엄마는 편지를 쓴다.

(iii) 엄마는 생일 파티에 누구를 초대한다.

(ii)를 설명하려면 (iii)을 끌어들인다. (iii)은 (ii)의 이유가 된다. 그런데 행위(ii)에 대한 설명(iii)은 그 행위(ii)에 대한 또 다른 기술(description)이다. 물론 늘 그렇다는 것은 아니다. 엄마가 편지를 쓰는 이유는 다르게 설명할 수도 있다. 즉, '엄마는 자기 아이를 기쁘게 해 주기를 원한다'라고 설명할 수 있다. 그런데 이것은 엄마가 하는 일에 대한 또 다른 기술이 아니다. 그러나 설명은 재기술(redescription)인 경우가 많다는 점은 중요한 사항이다. ('왜 그는 커피를 마시고 있지?' '갈증을 해소하고 있잖아.')

따라서 인간의 행위에 대한 설명은 물리적 세계의 사건에 대한 설명과 전혀 다르다. 예컨대, 가스가 열을 받으면 왜 팽창하는가? 이에 대한 답은 이 사건에 대한 또 다른 기술이 될 수 없다. 그 답은 그 사태를 넘어서 그 뒤에 숨어 있는 자연법칙에서 찾아야 한다.

'아이는 왜 그렇게 행동하는가'라는 질문은 정상적으로는 그의 동기(motive)를 묻는 것이다. 그 동기는 아이가 그렇게 행동한 이유다. 때때로 재기술의 형태가 그의 동기가 될 수 있다('왜 그는 책에 뭔가를 쓰고 있지?' '그는 수능을 준비하는 중이오.'). 이와 달리 그의 동기는 재기술의 형태가 아닐 수 있다('왜 그가 손을 들었지?' '선생님의 이목을 끌고 싶어서요.').

이제까지 사람의 동기에 믿음이나 욕구가 어떻게 포함되는지를 살펴보았다. 요컨대 동기는 여러 가지 종류가 있고, 그리고 동기 안에서 믿음과 욕구가 나타나는 방식은 제각기 다르다.

흔히 아이의 행동은 이를 통해 그가 추구하는 미래의 목적으로 설명할 수 있다. '저 애가 왜 웃기고 있는 거야?' '여학생들에게 좋은 인상을 주고 싶어서 그렇겠지!' 이 설명에는 좋은 인상을 주고 싶은 그의 욕구, 그리고 좋은 인상을 줄 수 있는 좋은 방법은 웃기는 발언이라는 그의 믿음이 들어 있다. 물론 그 행동의 배경에 또 다른 믿음이나 욕구가 숨어 있을 수도 있다.

그러나 모든 동기가 이처럼 도구적인 것은 아니다. '아이가 왜 목청껏 노래를 부르지?' '이유는 없어. 그저 혼자서 신났나 봐.' '이유는 없어'라고 말하지만, 진짜 의미는 '또 다른 이유는 없어'다. 아이가 그처럼 신나게 노래하는 데에는 이유가 있고, 이 이유는 내재적이다. 아이는 노래 자체가 좋아서 부른다. 여기에는 '목적에 맞는 수단'이라는 믿음과 연결되는 이유가 없다.

이제까지 동기 개념의 복잡성을 부분적으로 밝혀 보았다. 나중에 더 보완될 수 있다. 아무튼 방금까지 도구적 동기와 내재적 동기를 구분했는데, 이것이 동기의 전부일까? '비-도구적이면서도 비-내재적인' 동기는 없을까? 이것은 부모와 교사에게 매우 중요한 질문이다.

3) 동기: 통속심리학

이 문제를 다루기 전에 먼저 유념할 사항이 있다. 그것은 '동기에 대한 너무 환원주의적 설명을 경계해야 한다'라는 점이다. 일부 철학자들에 따르면, '인간의 모든 행위는 욕구와 믿음의 합으로 설명될 수 있다'라고 주장한다. 사람들은 왜 그렇게 행동하는가? 그것은 그들이 Y를 원하고, Y를 얻는 수단은 X라고 믿기 때문이다. 그러나 이런 설명은 내재적 동기에 적용될 수 없다는 점을 앞서 지적했다. 일반적으로 말해서 이런 설명은 흔히 사람들이 놓이게 되는 복잡한 상황을 제대로 다루기 어렵다. 왜냐하면 동기에 관한 이야기에는 온갖 요인이 복잡하게 뒤섞여 있기 때문이다.

예컨대, 십 대 아이가 교실에서 마구 대들고, 의자를 팽개치고, 거친 말을 내뱉는다고 하자. 왜 그렇게 행동할까? 그의 몸에 큰 상처가 있는데 옆에 있는 학생이 심하게 건드렸기 때문이고; 그의 기분도 별로 좋지 않았으며; 가정 상황 때문이기도 하고; 또 반 아이들과 별로 못 어울리기 때문이다. 또 다른 이야기도 있을 것이다. 종합적으로 설명하자면 언급되어야 할 사항이 더 많을 것이다. 이 모든 사항이 그가 그렇게 행동한 이유에 들어갈 것이다. 따라서 동기는 몇 가지 기본 요소로 나누기 힘든 다양한 측면을 가진 아주 복잡한 것이다. 동기의 그런 측면을 아주 잘 밝혀 주는 사람은 소설가일 것이다. 소설가는 환원주의적 경향이 있는 철학자나 심리학자와 다르다.

교실의 교사와 가정의 부모는 이 이야기가 무슨 뜻인지를 금방 알아챌 것이다. 앞서 언급한 십 대 아이의 돌출 행동이 발생한 상황에 어느 정도 익숙한 교사나 부모라면 그것을 충분히 설명해 줄 수 있다. 바로 이 점에서 교사나 부모는 심리학자보다 더 나은 위치에 있을지도 모른다. 따라서 그들은 자신의 역량에 대해 더 큰 자신감을 가질 필요가 있다. 왜냐하면 동기의 이해는 행동과학이나 다른 전문 영역에 속하는 은밀한 문제가 아니기 때문이다. 동기의 복잡성을 제대로 파악하려면 일상적인 심적 개념, 즉 믿음, 욕구, 지각, 정서적 반응, 합목적적 수단, '자체를 위해 행함' 등을 섬세하게 적용할 수 있어야 한다.

그런데 '동기'라는 단어는 어딘가 정상적이지 않은 일이 벌어질 때 사용되기도 한다. '도대체 그가 자기 아들과 함께 자기 부인을 죽게 만든 동기가 뭐야?' 이와 달리 아주 일상적 행동에도, 비록 언급하지는 않지만 동기가 있을 수 있다. 예컨대, 아이가 전등을 켤 경우에 보통은 그의 동기에 관해 묻지 않는다. 그렇다고 그에게 동기가 없는 것은 아니다.[8] 너무 뻔해서 말하지 않을 뿐이다. 방 안에서 뭘 하려고 하는데 너무 어둡기 때문이었다. 여기서 동기는 행위의 이유와 관련된다. 아이의 행위의 이유에는 그의 욕구(핸드폰을 찾기, 잠자리에 들기, 애완용 쥐에게 먹이 주기), 그의 믿음(전등을 켜면 물건이 잘 보인다), 그리고 그 밖의 것들이 들어 있다.

이처럼 일상적인 경우에 교사와 부모가 아이의 행위를 이해하는 데에는 동기 전문가의 도움이 필요하지 않다. 전등을 켜려면 벽에 있는 스위치를 누르면 되므로 아이가 그런 행위를 하는 이유는 뻔하다.

그렇지만 전문가의 도움이 필요할 때가 있다. 예컨대, 아이의 자아 지각에 관한 심리학 연구는 교사에게 도움을 줄 것이다. 교실에서 학업 수행 수준이 낮은 것은 일반적으로 자신의 지능이 낮다는 생각, 즉 낮은 자기-존중감 때문이다. 이런 심리학적 연구 내용을 교사가 전혀 모르고 있을까? 교사는 경험을 통해서 많이 알고 있을 것이다. 심리학이 보여 주는 것은 '교사가 믿고 있는 사항이 특수한 지각이 통제된 상황에서도 확인된다'라는 점이다. 심리학 연구에는 교사가 이미 가지고 있는 생각을 강화하거나 명료화하는 것이 많다. 따라서 심리학은 교사의 자신감을 높여 주고, 교사의 자기 이해에 도움을 준다.

여기서 심리학과 철학의 공통점이 드러난다. 심리학과 철학에서 당연시하는 점은 실제 현장의 교사들은 자기 업무 수행에 필요한 심적 장치를 이미 갖고 있다는 것이다. 이는 일상 언어에서 사용되는 심적 개념에서 얻어지고,

문화 속에 살면서 체득되고, 소설을 통해 전해지며, 그리고 아이들, 파트너, 친구, 동료와의 일상적 교류에서 생기는 것이다. 철학은 그런 개념 장치를 더욱 명확하게 인식하는 데 도움을 줄 뿐이고, 심리학자는 특수한 종류의 (예컨대, 아이가 자신의 부족한 점에 대해 갖는) 믿음이나 태도를 밝혀 줄 뿐이다. 철학과 심리학은 화학자나 역사학자와 다르게 사람들이 전혀 모르는 사실을 밝혀 주는 것은 아니다. 철학과 심리학은 암시적인 것을 더 명시적인 것으로, 혼란된 것을 덜 혼란된 것으로 밝혀 줌으로써 도움이 되는 학문이다.

그러나 아이의 행위에서 어떤 것은 과학적 탐구가 밝혀 주는 요인으로만 설명될 수 있다. 뇌전증(epilepsy) 혹은 신체적 질병 때문에 나타나는 행동이 있다. 이 경우에는 동기의 영역을 벗어난다. 왜냐하면 아이가 졸도할 이유가 없기 때문이다. 그렇다고 해서 아이에게 그런 증세가 나타나는 데에는 아무런 이유가 없다는 말은 아니다. 여기서 이유는 원인을 가리킨다. 물이 일정한 온도에서 얼음으로 변하는 데에는 원인이 있는 것과 비슷하다. 물론 이런 이유가 있다고 해서 물이 이유를 갖는 것은 아니다.

아이에게 실제로 동기가 있는 경우, 그것이 너무 복잡한 것이라면 교사가 자신의 심리학적 지식에만 의존하기가 어려울 것이다. 예컨대, 성적 학대의 경우 아이의 배경에 복잡하게 뒤얽혀 있는 요인을 풀어내려면 전문 심리학자의 도움이 필요하다. 또 전문가들이 개입해서 동기 자체를 생리학적 원인이나 이와 얽힌 다른 원인으로부터 분리해야 할 경우가 있다. 예컨대, 아이의 행동이 부분적으로 약물에 기인하는 경우가 그렇다.

4) 동기: 내재적 동기와 외재적 동기

동기는 여러 가지 방식으로 분류할 수 있다. 교육적 관점에서 동기의 유형에 대해 살펴보자. 우선, 도구적 동기와 내재적 동기에 관한 논의를 확대시켜 보자. 앞서 다음과 같은 질문을 던졌다. 두 가지 동기밖에 없는가? '비-

도구적인 외재적 이유'가 있지 않을까?

아마 있을 것이다. 외재적 이유는 내재적 이유와 다르다. 내재적 동기란 그 자체를 위해서 하는 것이며, '다른 것을 위해서'와 무관하다. 아이는 음악 수업이나 연주회를 준비하기 위해서가 아니라, 그냥 즐거워서 피아노를 칠 수 있다. 피아노를 치는 즐거움, 그것이 목적이다. 외재적 이유는 그 활동의 외부에 놓여 있는 목적을 가리킨다. 외재적 이유에는 다음과 같이 세 가지 유형이 있다. 첫째는 도구적 이유, 둘째는 전체-부분 이유, 셋째는 과거로 향하는 이유다. 이를 하나씩 살펴보자.

첫째는 도구적 이유다. 어떤 행위 혹은 활동이 다른 목적을 위해서 대체될 수 있는 수단에 속할 때 도구적 이유가 나타난다. 예컨대, 교사가 박물관을 단체 관람할 계획을 짠다고 하자. 어떻게 갈까? 시내버스로? 여행사 버스로? 심사숙고 후 어느 하나로 정한다. 왜 그것을 타는가? 박물관에 가기 위해서다. 그런데 그 수단은 다른 것으로 대체될 수 있다.

둘째는 전체-부분(whole-part) 이유다. 어떤 행동이 더 큰 전체의 핵심적인 부분이 될 때 전체-부분 이유를 찾을 수 있다. 예컨대, 유치원에 가는 아이를 엄마가 껴안아 준다고 하자. 엄마는 왜 저렇게 행동하는가? 애정 표현을 위해서다. 이 행동은 엄마가 아이에게 애정을 표현하기 위한 것이다. 그런데 이 이유는 어떤 종류에 속하는 것인가? 여기서 포옹은 (뽀뽀나 다정한 말로 대체될 수 있는) 수단이고, 그 목적은 애정 표현이라고 하면서 포옹하는 것은 도구적 이유에 속한다고 말할 수 있는가? 그렇지는 않을 것이다. 오히려 애정 표현은 전체(사랑하는 관계의 유지)를 가리키고, 포옹은 그 일부라고 보는 것이 더 적절할 것이다. 이를 가리켜 전체-부분 이유라고 말할 수 있다.

전체-부분 이유는 드물지 않다. 인간의 삶에 의외로 많다. 앞선 사례에서 전체는 사랑하는 관계의 유지, 즉 애정 표현이지만 그 밖에도 다음과 같이 많다. i) 예술 작품을 만들고, 연주하고, 관람하는 것, ii) 번창하는 조직이나 집단(학교, 회사, 테니스 클럽, 국가)에 소속하는 것, iii) 바둑이나 당구 게임을 하는 것이다. 이런 것이 모두 전체에 속한다. 이에 대해 나중에 자세히 논할 것이다.

셋째는 전적으로 혹은 주로 과거로 향하는 이유가 있다. 예컨대, 학생들 사이에 몸싸움이 벌어지고 교사가 개입한다고 하자. '너, 왜 저 애를 때렸지?' '열나게 하잖아요. 내 일기를 훔쳐 봤어요.' 여기서 때리는 행동은 상처 입은 자존심에서 곧바로 나타난 직접적인 반응이다. 이는 미래의 어떤 목적을 위한 행동이 아니다. 나중에 그런 일을 다시는 하지 말라는 경고 행동도 아니다.

그런데 그런 정서(emotion) 중에는 미래, 과거, 현재를 향하는 것이 있고, 또 과거, 현재, 미래에 두루 걸친 것이 있다. 두려움, 희망은 미래를 향한 정서다. 분노, 슬픔, 가책, 부끄러움은 과거를 향한 정서다. 즐거움은 현재를 향한 정서다. 어떤 종류의 사랑은 과거, 현재, 미래에 걸쳐 있다. 그런데 정서는 아이에게 수동적인 영향을 미칠 뿐만 아니라, 아이가 무엇을 행하도록 동기를 일으킬 수 있으므로 동기의 범주와 부합된다.[9] 다시 말해서 정서는 아이에게 내재적 이유(기쁨)를 제공해 주며, 그리고 외재적 이유에 속하는 것으로는 도구적 이유(두려움), 전체-부분 이유(가족애, 조국애, 민족애), 그리고 과거지향적 이유(수치와 분노)를 제공해 준다.

이제까지 다양한 동기를 내재적 이유와 외재적 이유(도구적, 전체-부분, 과거지향적 이유)로 나누어 논의하였다. 그런데 이런 구분이 적절한가? 어떤 의미에서 모든 동기는 전체-부분 이유로 환원된다고 말할 수 있지 않을까? 이와 같은 의문을 품는 사람은 아마도 다음과 같이 생각하기 때문일 것이다. 예를 들어, 피아노를 그 자체를 위해서 연주하는 경우에 '즐거움을 위해서'가 이유의 고리에서 최종 이유는 아닐 것이고; 즐거움을 위해 피아노를 연주하는 것은 삶의 다른 영역과 단절되지 않고, 내재적 목표나 외재적 목표로 가득한 폭넓은 삶의 일부일 것이며; 또 버스를 타고 박물관에 가는 것과 비슷하게, 그 이면에는 개인의 삶 전체와 어떤 식으로 닿아 있는 더 큰 연결고리가 있을 것이다.

이와 같은 생각은 '모든 동기는 전체-부분 이유다'라는 점을 제대로 밝혀줄 수 있는가? 그렇게 생각하기는 어려울 것 같다. 물론 일부 사람은 자신의 인생을 자기가 창조하는 예술 작품처럼 대할 수가 있고; 그런 사람은 그림이나 시가 그런 것처럼, 그의 삶의 각 부분이 서로 결합하여 조화로운 전체를 이룬다고 생각할 것이며; 그런 사람에게 있어서 즐거움을 위한 피아노 연주는 그 자체가 목적이 아니라 더 조화로운 삶의 일부일 것이다. 그러나 이런 식으로 자아를 창조하는 사람은 별로 없을 것이다. 다시 말해서 피아노를 치는 것은 그 자체로만 즐기는 일이고; 그의 삶의 일부일 뿐이며; 그의 삶 전체에 공헌하는 것이라고 보는 사람은 거의 없을 것이다. 다시 말해서 '그것이 즐거워서'라는 이유이면 충분하지 그 밖의 이유는 불필요하다고 생각할 것이다.

이제까지 내재적 동기와 외재적 동기의 여러 유형을 분석적으로 구분했다. 이들이 제각기 따로따로 나타나는 경우는 드물 것이다. 아이가 피아노를 칠 때, 일부는 즐거움을 위해서, 일부는 음악 시험을 위한 연습에서 할 것이다. 이처럼 아이가 행하는 일에는 여러 동기가 뒤섞인 경우가 많을 것이다.

2. 동기와 교육

1) 동기를 이해하기

인간이 어떤 행위를 할 때, 거기에는 내재적 이유와 외재적 이유가 있다. 그 이유는 상황을 보면 곧바로 파악할 수 있다. 왜 아이가 쟁반에 접시와 수저를 놓는지, 왜 아이가 수업 중에 이상한 질문을 하는지, 왜 교무실에서 교무부장이 그 의자에 앉아 있는지는 그냥 파악할 수 있다. 가정이나 교실을 잘 모르는 사람은 헷갈릴 것이므로 그렇게 행동하는 아이나 교사와 관련된 사항, 즉 그들의 욕구나 믿음을 파악할 필요가 있다.

때때로 함께 사는 사람조차 헷갈릴 수 있다. 왜 아이가 성질을 부리고 저런 행동을 하는지, 또는 아이가 말하는 이유가 과연 진짜인지를 잘 모를 때는 이와 관련된 믿음과 욕구를 제대로 파악할 필요가 있다. 왜 저 아이는 조용히 포도만 먹고 있을까? 만일 날마다 과일을 먹어야 살이 빠진다고 믿기 때문이라는 점을 알게 되면 특이한 행동을 설명해 주는 믿음과 욕구가 밝혀질 것이다. 더욱 심각하고 이해가 안 되는 사태는 전문 심리학자의 도움이 필요하다. 여기서도 설명의 패턴은 비슷하다. 예컨대, 정신적으로 문제가 심각한 아이의 경우에 그의 마음에 들어 있는 특수한 믿음 체계를 파악하고, 그가 진정으로 원하는 바를 알아야 할 것이다.

물론 여기서도 윤리적 문제가 발생한다. 타인이나 동료의 동기를 알아내는 것이 옳은 경우는 언제인가? 그것이 그들의 프라이버시를 침해하는 경우는 언제인가? 이는 마음의 철학에서 다룰 수 없는 문제다.[10]

2) 동기를 부여하기

교사의 가장 큰 관심은 학습 활동에 아이가 몰두하도록 동기를 일으킬 방법이다. 교사는 아이를 학교 공부에 몰입시킬 방법을 다양하게 알고 있어야 한다. 그런 방법은 좋은 수업 계획에 들어갈 것이다. 그러나 무관심한 아이, 아예 알려고 하지 않는 아이, 학교와 관련된 일은 여하튼 싫어하는 아이가 있으면 교사는 어떻게 해야 할 것인가?

이는 실천 문제에 속한다. 가장 큰 도움을 줄 사람은 아무래도 현장의 실천가다. 그러나 철학자는 구체적인 방안의 수립에 필요한 개념 틀(conceptual framework)을 갖추는 데 도움을 줄 수 있다. 이를 네 가지로 살펴보자. i) 예비 사항, ii) 동기 부여 방법, iii) 아이의 믿음, iv) 아이의 욕구가 그것이다.

(1) 예비 사항

동기를 부여하는 것은 아이가 어떤 활동에 종사하게 만드는 일이다. 이렇게 되려면 아이에게 어떤 활동을 해야 할 의미 있는 이유를 제공해야 할 것이다. 예컨대, 아이가 대수 방정식을 열심히 공부하기를 바랄 때 교사는 '네가 수학 교사가 되려면 대수를 공부해야 할 필요가 있다'라고 말한다. 그런데 수학 교사가 되고 싶은 욕구가 아이에게 없다면 그런 말은 도움이 안 된다. 아이에게 제시되는 이유는 그가 대수를 공부하도록 만들 수 있는 것이어야 한다. 그에게 의미 있는 이유가 되어야 한다.

어떤 활동을 내재적, 외재적 욕구와 새롭게 연결시키는 것만으로는 아이의 동기를 유발하지 못할 수 있다. 다시 말해서 아이의 믿음에 작용해야 할 필요가 생길 것이다. 예컨대, 여중생이 보수가 많은 직업을 원하고 있고, 이를 위해 과학을 잘해야 함을 알고 있지만, 과학이 남학생의 과목이라고 믿는다면 과학 공부를 소홀히 할 것이다. 이런 믿음이 바뀌어야 여중생은 과학 공부에 전념하게 될 것이다.

동기를 유발한다는 것은 어떤 행동을 할 이유가 생기게 하는 것이다. 예컨대, 중국어의 어순을 아이가 학습하기를 원하는 교사는 여러 가지 과제를 그에게 제시할 것이다. 바로 이런 과제에 몰두하도록 아이에게 동기가 부여되어야 한다.

여기서 목적과 관련된 문제가 다시 나타난다. 동기 유발은 좋을 때도 있고, 나쁠 때도 있다. 그것이 좋을지 나쁠지는 결국 학습되는 것이 바람직한가에 달려 있다. 이는 마음의 철학을 벗어나서 교육목적의 철학에 속하는 문제다.[11)]

(2) 어떻게 동기를 부여할 것인가?

동기 유발이란 아이가 어떤 행동을 해야 할 의미 있는 이유를 그에게 제공하여 그 활동에 몰두하게 만드는 것이다. 그런 이유는 대체로 욕구와 믿음의 합인 경우가 많다. 그렇다면 부모나 교사에게는 능동적인 태도가 필요할 것이다. 부모나 교사는 그 활동을 아이가 이미 가지고 있는 욕구나 믿음과 연결해 주어야 하고, 필요한 경우에는 이런 욕구나 믿음 자체를 바꾸어야 한다. 그뿐만 아니라 아이에게 중요한 욕구나 믿음이 있으면 이를 어느 정도 이해해 주어야 한다. 일반적인 관점에서 개별적 특성을 무시하면 안 될 것이다.

이렇게 보면 동기 부여는 아이의 심적 구조에 대한 능동적, 개별적 개입이다. 그런데 자연을 중시하고, 문화를 경시하는 사람들은 그것을 거부하는 경향을 보인다. 일부 아동 중심 이론가들은 다음과 같이 믿는다. 만일 사랑이나 자긍심에 대한 아이의 필요가 적절한 수준에서 충족되기만 하면 시간이 흐르면서 아이는 자신의 이해와 미적 경험을 심화시키는 일에 저절로 흥미가 생길 것이고; 이타심이 나타나는 발달 단계에 아이가 들어가기 전에는 그에게 비-이기적 관점이 생길 것으로 기대하지 말아야 할 것이다. 그러나 이처럼 뒤로 물러서서 자비로운 자연의 길이 열리도록 방임하는 것은 교육과 거리가 멀다고 생각된다. 아무래도 교육이란 형성시키기, 개입하기, 문화적 실천에 입문시키기가 될 수밖에 없을 것이다.[12] 요컨대, 아이에게 동기를 일으키는 일은 그의 믿음이나 욕구에 관심을 집중함으로써 비로소 가능하게 될 것이다.

(3) 아이의 믿음

보통의 경우, 인간은 욕구(D)를 충족시키기 위해 활동(A)에 몰두한다. 예컨대, 정원을 다듬기 위해 풀을 벤다. 여기에는 당연한 것으로 여기는 몇 가지 믿음이 들어 있다. A는 D를 충족시키는 한 가지 방법이고; 그는 A를 할 수 있고(풀을 벨 힘이 있거나, 풀 베는 기계를 사용할 줄 알며); A를 하는 데 필요한 노력을 기울일 수 있으며(너무 피곤한 상태가 아니며); A는 그가 마땅히 해야 할 활동이며(손질하는 것은 자기 정원이지 남의 것이 아니고); 어쩔 수 없는 외부의 방해가 없다(정원이 비에 온통 젖은 상태가 아니다).

이런 믿음은 자명한 것이라서 구태여 언급하지 않게 된다. 그래서 동기를 말할 때, 행위자의 믿음은 생략한 채 그의 욕구에만 주목하게 된다. 그러나 이런 평범한 믿음 중에서 어떤 것이 빠진다면 동기 유발은 실패하게 될 것이다. (D를 위해) A를 하려는 행위자의 욕구가 아무리 강할지라도, 만일 그가 'A는 자기의 능력 밖이다', 혹은 'A는 아무도 이룰 수 없다', 혹은 'A는 잘못된 일이다'라고 믿는다면 그에게는 A를 해야 할 이유가 충분하지 못해서 결국 못하고 말 것이다. 그것을 행하려면 그의 믿음이 적절하게 바뀌어야 한다.

믿음은 과제의 학습에서도 중요하다. 예컨대, 아이가 실제로 수영 배우기를 좋아한다면 친구랑 수영장에 (여름철에는 바다로) 갈 것이다. 그런데 욕구가 상당히 강할지라도, 만일 그가 '난 운동 같은 것은 잘하지 못해', '내 키보다 깊은 데 가면 가라앉고 말 거야' 하고 믿는다면 수영 교습을 꺼릴 것이다. 그렇다면 아이의 동기 유발은 i) 아이를 방해하는 믿음을 제대로 이해한 후에 ii) 그런 믿음이 근거 없는 것임을 그가 깨닫도록 도와주는 일이다.

(4) 아이의 욕구

사람에게는 적절한 욕구가 필요하다. 앞서(199쪽) 욕구를 기반으로 삼아 동기의 유형을 구분했다. 이는 동기를 일으키는 일에도 그대로 적용될 수 있다. 외재적 동기와 내재적 동기를 구분했고, 외재적 동기는 순전히 도구적 동기, 전체-부분 동기, 과거지향적 동기로 구분했다. 이 중에서 과거지향적 동기는 아이의 동기 유발에 활용하기가 어려울 것이다. 아이가 공부하게 만들려고 복수, 분노, 슬픔을 동원하려고 애쓰는 교사는 드물 것이다. 교육에서 훨씬 중요한 것은 다른 유형의 동기다.

① 순전히 도구적인 동기

얼마 전까지만 해도 라틴어는 영국에서 대학 입시의 필수 요건이었다. 라틴어를 공부하도록 학생들에게 동기를 부여한 것은 무엇인가? 이는 옥스퍼드 대학이나 캠브리지 대학에 입학하려는 욕구였다. 만일 라틴어가 산스크리트어로 바뀐다면 그들은 이것을 배우는 데 몰두할 것이다. 라틴어 공부는 이런 뜻에서 대체 가능한 활동이다.

요즈음 라틴어의 인기는 사라졌다. 학교나 대학에서 학생들은 과목/전공을 선택할 때 월급을 가장 많이 주는 직업을 중시한다. 예컨대, 회계학에는 흥미가 없어도 그 보상을 노리고 힘들여 공부한다. 만일 사회학이나 언론학이 엄청난 소득을 보장해 주고, 회계학이 그렇지 못하다면 선택은 또 달라질 것이다.

순전히 도구적인 동기는 훨씬 더 어린아이의 동기 유발에도 나타난다. 초등학생이 철자법을 열심히 배우는 것은 교사가 철자법을 중시하고, 이를 잘하는 아이를 칭찬해 주기 때문이다. 만일 그 교사가 올바른 철자법을 부르주아의 취향이라고 보고, 그 대신 창의적 글쓰기를 더 인정해 준다면 아이는 이런 쪽으로 기울 것이다.

동기를 유발하려고 보상과 처벌의 기대 심리를 활용하는 사람들이 많다. 이들이 깨달아야 할 점이 하나 있다. 학습 활동은 학습자에게 보상이 더 많거나 혹은 처벌이 더 적을 가능성이 있는 것으로 늘 바뀌기 마련이라는 점이다.

이와 달리 아이가 학습해야 할 것, 즉 영속적이고 대체 불가능한 심적 장치가 있을 것이다. 이는 아이가 살아가면서 계속 활용해야 하는 것이다. 읽고, 쓰고, 셈하는 능력이 그런 것이다. 또 타인을 존중하고, 사회가 어떻게 돌아가는지를 이해하고, 예술과 자연 속의 미적 성질에 반응하는 능력도 그럴 것이다.[13] 교육적 학습에는 그처럼 영속적이고 대체 불가능한 것이 많다.

우리는 그처럼 영속적이고 대체 불가능한 종류의 학습에 대해—그것이 무엇이든지 간에—아이가 적절한 태도를 갖추기를 바란다. 다시 말해서 아이가 그런 학습을 영속적이고 대체 불가능한 것으로 볼 수 있기를 바란다. 그런 학습이 마치 대체 가능한 것처럼 여기게 하는 동기에 아이가 의존하지 않는 것이 더 나을 것이다.

그러나 이런 반론도 통하지 않을 때가 있다. 아주 어린아이는 처음에는 부모의 인정을, 나중에는 교사의 인정을 받는 쪽으로 행동하고 싶을 것이다. 만일 이런 동기가 해롭지 않은 것이 되려면 다음과 같은 조건이 갖추어져야 한다. i) 학습 활동은 영속적이고 대체 불가능한 심적 장비와 관련된 것이어야 한다. ii) 될수록 일찍부터, 아이는 도구적이지 않은 이유에서 그런 활동에 몰입하도록 장려되어야 한다. 예를 들어, 아이가 글을 읽게 될 때 그는 먼저 부모로부터 좋은 피드백을 얻기 위해서 하다가, 나중에는 읽는 것 자체를 즐거워하거나, 혹은 읽는 활동을 '타인과 비슷한 사람이 되는 것'의 일부로 보아야 할 것이다.

만일 아이가 순전히 도구적인 동기에 의존하게 되면 권위에 의존하는 행동이 나타날 위험이 생긴다. 이런 경우에 아이가 어떤 행동을 하는 이유는 그가 그렇게 하는 것을 타인이 원하기 때문이며, 그리고 타인이 다른 행동을 원한다면 아이는 또 다른 행동을 하고 말 것이다. 이는 순전히 도구적인 동기가 아닌 다른 형태의 동기로 바뀌어야 함을 암시한다.

② 내재적 동기

어떤 활동이 흥미로워서 혹은 그 자체가 즐거워서 거기에 몰두하도록 아이를 이끌어 갈 수 있다. 어린아이는 이야기 듣기, 그림 그리기, 게임 놀이하기 등을 좋아한다. 더 큰 아이는 수학 및 역사 자체에 매혹되어 거기에 몰입하게 된다.

내재적 동기를 가치 있게 여기는 교사가 많을 것이다. 이는 이해할 만한 일이다. 그런데 내재적 동기가 가치 있는 데에도 여러 가지 이유가 있다. 첫째, 내재적 이유는 학습 활동에 헌신적으로 몰입하는 데 도움을 주기 때문이다. 쓰기를 배우는 아이는 글자 형태를 그리면서 큰 희열을 느낄 수 있다. 왜냐하면 교사의 능력에 따라서 글자는 모자, 계단, 혹은 다른 사물과 연관될 수 있기 때문이다. 그러나 아이가 글자를 그리는 것 자체에 대해 평생토록 내재적 흥미를 갖기를 바라는 교사는 없을 것이다. 아이에게는 그런 활동이 그 자체로서 즐거운 것으로 보일 수 있겠으나, 교사가 보기에 쓰기의 가치는 그것이 다른 목적으로 이어질 가능성에 따라 달라진다. 때가 되면 아이의 흥미는 다른 목적으로 이동해야 한다.

둘째, 내재적 동기가 가치 있는 것은 자유로운 사회의 교육목적과 연결되기 때문이다. 자유로운 사회의 교육목적은 다양하다. 하나는 내재적으로 흥미 있는 일단의 활동으로 아이를 입문시킴으로써 그중에서 자기 인생의 주요 관심사로 삼고 싶은 것에 선택/집중하게 만드는 일이다. 여기에 포함되는 것으로는 스포츠 활동/관전, 공예 활동 등으로부터 역사 공부, 정원 가꾸기, 예술 등에 이르기까지 많은 종류가 있다. 행복한 삶에서 중요한 것은 자신에게 중요한 활동에 전심으로 몰입하는 일이다.[14] 만일 아이가 한두 가지 활동에서 전심으로 몰입하는 느낌을 겪은 후에는 다른 활동 영역에서도 그와 같은 느낌을 원할 것이다. 이처럼 교육은 열정의 발산과 깊은 관계가 있다.

그런데 특별한 열정도 없이 학교를 졸업하는 학생들이 너무 많다. 이를 막으려면 어떻게 해야 하는가? 학교 교육의 최우선 과제는 i) 아이가 내재적 동기를 일으키는 활동의 즐거움을 학교에서 경험하도록 도와주어야 한다. 청소년이 되어서도 그런 즐거움이 줄어들지 않도록 도와주어야 한다. ii) 더 넓은 범위의 활동에서 내재적 동기를 경험하도록 만들고, 이 중에서 자신이 선호하는 활동을 선택함으로써 주체적 인간으로 성장하도록 도와주어야 한다.

중등 교육과정은 이와 같은 목적을 달성하는 데 얼마나 적합한 것인가? 어떤 부분은 거의 무관한 것처럼 보인다. 예컨대, 외국어(말하기와 읽기) 학습의 내재적 측면은 실용적 측면과 비교해 볼 때 별로 중요하지 않다. 수학은 일부 사람에게는 그 자체로서 즐거운 것이나, 그런 사람은 소수에 불과하다. 우리는 이처럼 제한된 매력을 가진 것에서 모든 학생이 내재적 기쁨을 느낄 것으로 기대해야 하는가? 이렇게 해야 할 타당한 이유는 별로 없는 것 같다. 그렇다고 해서 교사가 그런 반응을 목표로 삼지 말라는 뜻은 아니다. 설령 그런 목표에서 성공하지 못한 학생들이 많이 나타날지라도 교사로서 크게 고심할 문제는 아니라는 뜻이다.[15] 모든 아이가 폭넓은 범위에서 내재적으로 홍미 있는 활동을 경험하고 또 이해할 수 있다면 앞서 말한 자유로운 사회의 교육목적은 달성된 것으로 간주할 수 있다. 여기서 수학의 즐거움을 이해하지 못하는 아이가 상당히 많을 수 있다. 그렇지만 예술 활동은 수학과 다르다. 어른을 중심으로 말하면, 실제로 거의 모든 사람이 광범한 예술영역의 어느 분야에선가 내재적 홍미를 느끼며 살아가고 있다.[16]

교사가 내재적 동기에 의존하는 것만으로 충분할까? 그렇지는 않을 것이다. 예컨대, 수학뿐만 아니라 역사, 문학, 음악, 과학 등을 그 자체로 사랑하는 중등 학생들이 있지만, 이런 활동들 사이에 아무런 연결도 없고, 이런저런 활동에 쏠리면서 즐거움을 느낀다고 하자. 이것도 좋은 성과일 수 있지만, 정말 좋은 일인가?

여기에 빠진 것이 있다. 평가라는 요소가 빠졌다. 평가는 이런저런 활동이 자신에게 얼마나 중요한가를 비교하는 것이다. 아이가 어느 정도 통합된 인격체가 되려면 그런 평가가 필요하다. 평가가 빠지면 아이의 삶에서 서로 연결되지 않은 활동들이 산만하게 나타날 것이다. 아이가 여러 가지 활동에 그 자체를 위해서 몰두하는 것만으로는 불충분할 것이다. 어느 시점에 이르면 어떤 활동에 몰입하는 아이의 이유 속에는 그 활동이 아이의 마음 전체에서 차지하는 역할에 대한 언급이 포함되어야 할 것이다.[17] 여기서 우리의 관심은 또 다른 동기로 넘어간다.

③ 전체-부분 동기

전체-부분 동기는 다시 세 가지로 구분할 수 있다. 이는 '미완의 작업 완수', '사회적 동기', '자아 창조'다. 먼저, 미완의 작업 완수가 어떤 의미에서 전체-부분 동기가 되는지부터 살펴보자.

첫째, 미완의 작업을 완수한다는 것이 무슨 뜻인가? '가치의 파편화'라는 훌륭한 논문에서 토마스 네이글(Thomas Nagel, 1979)은 다음과 같이 말한다.

> 만일 당신이 에베레스트산을 오르거나, 아리스토텔레스의 형이상학을 번역하거나, 바흐의 평균율을 연주하거나, 아미노산을 합성하려고 작심했다면 한번 시작한 그 일을 계속 추진하는 것은 놀라운 중요성을 가진다. 그것은 부분적으로 이미 쏟아부은 시간과 에너지를 정당화시켜 주는 일이고, 거기에 쏟아부은 힘과 시간이 헛되지 않게 하는 일이다. 그것은 부분적으로 이미 시작한 일이라면 기어이 완수하는 그런 사람이 되려는 욕구다. 그러나 어떤 이유이든간에 그런 일은 일단 우리가 그것을 시작한 다음에는 그 이전에는 필요하지 않았던 점을 우리에게 독자적으로 요구한다.[18]

여기서 네이글이 언급한 사례는 모두가 전체-부분 동기에 속한다. 에베레스트산을 '등반하는 과정'은 그 자체로서 보람된 일임은 분명하지만, 이것은 등반가가 등반의 이유로 제시할 수 있는 유일한 혹은 주된 이유가 아니다. 그의 마음에는 '정상 등정'이라는 최후의 성취가 자리를 잡고 있으며, 그리고 지금 그가 하는 일은 그 전체 과업의 일부분이 된다.

네이글의 사례는 모두 굉장한 것이고, 일상적인 일은 아니다. 그렇지만 부모와 교사는 일상적인 상황에서도 네이글이 전하는 말의 힘을 느낄 수 있다. 예를 들어, 레고 트럭을 만들기, 소설 읽기, 역사 프로젝트, 글쓰기, 과학 실험 등을 완수하려는 욕구, 혹은 욕심은 모든 아이에게 강력한 동기가 될 수 있다.

특히 그런 동기는 완수하는 일이 완결된 전체일 경우에 아주 강할 것이다. 이런 사례로는 미적 작품의 완성을 들 수 있다. 그뿐 아니라 레고 트럭을 완성하는 것이나 『태백산맥』을 완독하는 것도 완결된 전체다. 이와 달리 역사 프로젝트는 완결적이지 못하고, 제한적이다. 왜냐하면 역사 프로젝트의 범위는 수업의 현실적 사정 때문에 임의로 한정될 수밖에 없기 때문이다. 숙제로 내주는 수학 문제도 마찬가지다. 숙제의 완수가 동기를 일으킬 수 있겠으나, 풀어야 할 문제가 그 자체로서 내적 완결성을 갖는 것은 아니기 때문이다.

아이의 동기가 전체–부분 방식에 의해 유발되고 있는 경우, 아이는 어떤 활동을 이미 시작했을 것이다. 그렇다면 그 활동을 시작하도록 아이의 동기를 일으킨 것이 있을 것이다. 그것은 어떤 것인가? i) 전적으로 도구적인 이유, ii) 내재적 이유 중 어느 하나일 것이다. i)의 경우, 교사는 책 읽기를 망설이는 아이에게 칭찬이나 인정의 욕구를 활용함으로써 책을 처음 몇 쪽이나마 읽어 보도록 달랠 수 있다. 만일 아이가 읽기를 시작한다면 더 이상의 자극이 없이 그 책을 끝까지 읽을 것으로 교사는 기대할 것이다. ii)의 경우, 아이는 과학, 음악 등의 교과에 사로잡힘으로써 어떤 프로젝트에 끼어들 것이다.

둘째, 사회적 동기를 살펴보자. 아이가 읽기를 배우려고 하는 이유는—읽기 학습이 어떤 일인지를 몰라도—아마 그것이 주변 아이들과 비슷하게 되는 일이라는 막연한 느낌 때문일 것이다. 주변 아이들도 마찬가지로 이상한 형태(의 글자)로 무엇을 하는지를 몰라도 초보자들의 무리에 끼어들고 싶은 마음에서 그것을 배우려고 할 것이다.

이런 '사회적 동기'는 교육자에게 특히 흥미로운 것이다. 교육과정에는 이런 방향에서 접근할 수 있는 활동이 많기 때문이다. 예컨대, 초등학교 학급에서는 교실 벽에 붙이려고 이런저런 동물을 그리느라 바쁠 때가 생긴다. 아이들은 곰/강아지 그리기를 그 자체로서 즐기는 데 그치지 않고 모두가 끼어드는 공동체 활동의 일부로 그것을 즐길 것이다.

이런 공동체의 규모는 다양하다. 예컨대, 중등학교에 다니는 아이는 역사 수업을—과학이나 수학 수업에서도—한국 시민의 자격을 갖추는 일로 보도록 장려할 수 있다. 학교 밖에서도 다양한 '사회적 실천'이 있고, 이를 중심으로 수많은 공동체가 생긴다. 축구를 좋아하는 아이는 프로축구팀 응원단의 일원으로, 혹은 축구 클럽 회원으로 자신을 생각할 것이다. 시를 사랑하는 아이는 여러 세기와 여러 대륙에 걸쳐 서로 연결되는 시인과 독자의 공동체를 느끼면서 성장할 것이다. 이 아이는 시인들의 작품을 내재적 즐거움만을 위해서가 아니라, 그런 공동체의 주요 구성원으로서 읽게 될 것이다.

이와 같은 '사회적' 동기가 작동하려면 아이는 먼저 그런 공동체나 집단에 소속되는 일에 관심을 가져야 한다. 이것도 교육의 목적과 관련되는 문제다.[19] 아이가—가족, 친구, 지역사회, 국가/민족 공동체, 혹은 전체 인류의 차원에서—공동체를 구성하는 타인의 잘삶에 대해 관심을 쏟으면서 성장해야 한다고 주장하려면 이렇게 주장할 수 있는 근거를 제시해야 할 것이다.

이런 생각을 가진 부모와 교사는—동정, 사랑, 충성, 신뢰, 평등[20] 등과 같은—이타적 관심을 일으키는 태도, 정서, 믿음 등이 아이에게 발달하도록 애쓸 것이다. 그런 이타적 관심이 근본적인 동기를 제공해 줄 것이다. 이런 근본적인 동기가 생기게 되면 구체적인 교육활동에서 교육자가 더 활용할 수 있는 동기의 범위가 넓어질 것이다. 그렇게 되면 아이는 (자신의 세속적 성공이나 행복에만 더 집착하는, 혹은 개인주의적 기질이 강한 부모나 교사가 사로잡혀 있는) 순전히 도구적인, 혹은 내재적 동기에 얽매이지 않게 될 것이다. 그뿐만 아니라, 공동체적 전통이 강한 동아시아 국가에서 뚜렷하게 볼 수 있는 '학습에 대한 지극한 열정'이 비로소 그런 차원에서 제대로 이해가 될 것이다.

'사회적' (전체-부분) 동기는 바르게 사용되기도 하고, 그르게 사용되기도 한다. 구소련의 어떤 청소년은 공산주의 이념에 물들게 되고, 그 이념이 동기가 되어 자기 부모를 밀고하였다. 또 종교 집단에 맹신하는 어느 청년은 가출 이후로 소식이 끊겨 버린 그를 어렵사리 찾아내어 가정으로 되돌아오라고 간청하는 부모를 그의 종교 단체에 신고하고 도망치기도 하였다. 또 폭력집단의 요구 때문에, 혹은 대중매체가 조작한 여론 때문에 이상한 동기에 사로잡힐 수 있다. 그렇다면 사회적 동기가 바람직할 경우는 언제인가? 그것이 지나친 경우는 언제인가? 이에 대한 성찰은 학생 교육뿐만 아니라 교사 양성에서도 강조해야 할 사항일 것이다.

셋째, 자아 창조를 살펴보자. 자아 창조도 어떤 의미에서 미완의 과업이다. 이는 청소년이나 다른 연령층이나 마찬가지다. 앞서[21] 지적했듯이, 내재적 이유에서 스포츠, 록 음악, 과학 등의 광범한 활동에 몰두하는 것만 가지고는 불충분할 것이다. 다시 말해서 아이가 몰두하는 개별 활동은 '자신이 무엇이 될 것인가'에 관한 총체적 그림과 연결되어야 한다. 이처럼 연결되도록 아이의 동기를 불러일으킬 책임은 부모와 교사에게 있다. 왜냐하면 먼저 아이가 자기 자신을 전인(whole person)으로 배려할 줄을 알게 되어야[22] 부모와 교사의 자극에 반응을 보일 수 있기 때문이다.

자아 창조라는 (전체-부분) 동기에 과도하게 의존할 가능성도 없지 않다. 인간의 삶은 예술 작품의 일부 특성을 공유할 수 있어도, 모든 특성을 공유할 수는 없는 것이다. 예를 들어, 아이가 스쿠버다이빙을 좋아하는 것은 그 자체로서 큰 가치가 있을 것이다. 그렇지만 스쿠버다이빙의 가치를 그 아이의 전반적 욕구 구조 속에서 그것이 차지하는 역할에서만 찾을 수 있는 것은 아니다. 이런 동기에 호소하려는 경향이 교사나 청소년 지도자에게 종종 나타난다. 그러나 자신이 종사하는 한정된 활동에 청소년이 갇히게 하는 일이 없도록 해야 할 것이다. 이와 달리 아이가 햄릿처럼 자아의 통일성에 대해 과도한 성찰에 빠지는 일이 없도록 유의할 필요도 있다.

④ 언젠가 그 이유를 알게 될 것이다.

교사에게는 퍽 오래된 동기 유발 방식이 있다. 이는 앞서 언급한 세 가지 방식과는 별개의 것이다. 예컨대, 수학에서 꽤 어려운 내용을 가르치느라 애쓰는 수학 교사가 많을 것이다. 그들은 다음과 같이 말하기도 한다. '왜 이걸 배워야 하는지를 지금은 이해하지 못할 거야. 그러나 언젠가 그 이유를 알게 되고 기뻐할 것이다.' 이런 말에 아이가 흔들리게 될 수 있다. 어째서 그럴까?

그 핵심은 믿음에 있다. 아이는 교사가 가장 잘 안다고 믿는다. 믿음뿐 아니라 욕구도 끼어든다. 아이는 교사가 가장 잘 안다고 믿는다면 이는 무엇에 대한 믿음인가? 이는 '아이가 해야 할 좋은/옳은 것이 무엇인가'에 대한 믿음이다. 아이는 자신의 앞날을 위해 좋은 길을 찾기를 원할 것이고, 그 길을 잘 아는 사람은 교사라고 믿을 것이다. 십 대 초반의 아이라면 자신이 앞으로 잘 될 수 있는 진로에 대한 상상이 막연할 것이다. 그런 점에 대해 권위 있게 아는 사람의 지시를 아이는 따르게 될 것이다. 이는 이해할 만한 일이다.

여기서 근본적으로 문제가 생긴다. 교사는 아이에게 가장 좋은 것이 무엇인지를 정말 아는가? 좋은 삶에 대한 전문가가 정말 있는가? 아마 없을 것이다.[23] 물론 어떤 맥락에서는 '언젠가 그 이유를 알게 될 거야'라고 권위 있게 말할 만한 확실한 근거가 교사에게 있을 수 있다. 예컨대, 문해력이나 기초 수학을 미리 배워 둔다면 나중에 아이에게 기쁜 일이 생길 것이다.

그러나 불확실한 영역에서는 학교나 교사가 실수를 범할 수 있다. 이런 실수는 과거에 라틴어, 그리스어, 혹은 성경 구절의 암기 학습에서 나타났다. 현재는 중등학교 교육과정의 일부에서도 그런 실수가 나타나고 있다. 그런데 '교사의 지혜에 대한 아이의 신뢰'가 언제나 '교사의 분명한 발언'에만 의존하는 것은 아니다. 때로는 학교 풍토가 그런 신뢰를 조장할 수 있다. 여하튼 교사가 권장한 길로 학생이 나아감으로써 손해를 볼 수 있는 것처럼, 교사가 가지 말라고 말린 길을 학생이 가지 않음으로써 손해를 볼 수 있다. 이 두 가지 측면에서 학교나 교사는 얼마나 많은 실수를 저지르고 있는가?

3) 동기를 발달시키기

동기 자체가 교육의 내용에 들어가야 한다. 다시 말해서 아이는 '무엇이 좋은 행위의 이유(reasons for action)인지'를 이해해야 한다. 이렇게 이끌어 줄 책임은 부모와 교사에게 있다.

아주 어린아이는 처음에는 동물과 아주 비슷하게 어떤 (생득적) 욕구에 따라 행동한다. 차츰차츰 필수적인 언어와 개념이 발달하면서 아이는 '이유에 따른 행위'를 하게 된다. 예컨대, 아이는 아이스크림이 냉장고에 들어 있다고 믿고 있고, 아이스크림이 먹고 싶으면 냉장고를 열 것이다. 아이는 '왜 냉장고를 열었는지'를 어른에게 말함으로써 자신의 암묵적인 욕구 구조와 믿음 구조를 드러낼 것이다.

욕구는 변화한다. 아이의 성장 과정에서 부모는 아이의 욕구 구조와 믿음 구조가 더 복합적인, 더 적절한 형태로 확충되도록 도와줄 것이다. 그럼으로써 i) 기존의 욕구는 더 분화된다. 예컨대, '신체적 움직임을 좋아하기'가 배구 혹은 스케이트 타기로 구체화될 것이다. ii) 새로운 욕구가 추가된다. 예컨대, 악기를 연주하기, 수학적 증명을 만들기, 잡담하기 등이 추가될 것이다. iii) 바람직하지 못한 욕구는 없어지고, 수용 가능한 욕구들은 서로 연결된다. 그럼으로써 수단–목적 관계 혹은 부분–전체 관계와 같은 복합적, 위계적 욕구 구조가 형성될 것이다.

믿음도 변화한다. 아이는 여러 영역에서 더 많은 정보를 얻고, 그중 많은 것이 행위의 이유 속에 포함될 것이다. 틀린 혹은 근거 없는 믿음은 제거될 수 있다. (예컨대, 아이가 크면 또래 집단의 인정을 받으려고 담배를 피울지 모른다. 이 믿음은 타당한 것인가? 만약 흡연이 인정을 얻기 위한 수단이라면 그것은 정말 좋은 수단인가? 또래 집단의 인정을 얻는다는 것이 왜 중요한가?) 수용될 수 있는 믿음은 더 정교한 사고–틀 안에서 논리적으로 연결된다. 이와 같은 믿음의 구조화는 실제로 이런 점에서 꽤 부족한 아이에게는 이상적인 일이 될 것이다.

이처럼 욕구 구조와 믿음 구조가 확충되면 더 많은 점이 필요할 것이다. 아이가 가지고 있는 여러 욕구가 서로 갈등하는 경우라면 행위의 동기가 될 만한 욕구를 선택해야 할 것이고, 또 이를 받아들이는 법도 배워야 할 것이다. 아이는 담배 피우기를 원하지만 건강하기도 원한다. 여기서 아이는 자신의 건강 욕구가 흡연 욕구를 이겨 내기를 바라는 상위 수준의 욕구를 습득할 필요가 있다. 아이가 크면서 욕구가 늘어나게 되면 아무래도 더 많은, 더 힘든 욕구 갈등에 직면할 것이다. 아이가 어릴 적에는 곁에 있는 부모와 교사가 그런 갈등의 해결을 도와줄 수 있다. 아이는 이런 일을 차츰 넘겨받아서 무엇을 해야 할 것인지를 자율적으로 판단해야 한다.

4) 동기에 대한 이해를 발달시키기

'자기의 동기를 이해하는 것'과 '타인의 동기를 이해하는 것'은 서로 다를 것이다. 대체로 나의 동기는 내가 안다. 예컨대, 내가 왜 친구에게 이메일을 보내는지, 내가 왜 광주로 가는 표를 예매하는지를 나는 안다. 낯선 사람이 그렇게 하는 것을 내가 보는 경우, 나는 그가 왜 그렇게 하는지를 곧바로 알지 못한다. 그가 말하는 이유를 들어 보아야 한다.

이 주장은 두 가지 방향에서 더 수정될 필요가 있다. i) 내가 나의 동기를 늘 제대로 아는 것은 아니다. 예컨대, 어떤 어른이 '어느 여성의 지적 풍모에 끌린다'라고 스스로 말하긴 하지만, 사실은 '그녀에게 성적으로 이끌린다'라는 자아 인식을 지우려고 온갖 이유를 찾고 있는지도 모른다. ii) 타인의 동기가 늘 불투명한 것은 아니다. 옆집 사람이 더운 날씨에 정원에 물을 뿌린다면 잔디가 마르면 안 된다는 것을 그냥 직감할 수 있다. 구태여 궁리할 필요는 없다.

여기서 동기 교육을 위한 길이 새롭게 열린다. 우선, 문화적 배경이 중요하다. 이웃이 정원에 물을 뿌릴 때, 스마트 폰을 누를 때, 슈퍼마켓에서 카트를 꺼낼 때 무슨 생각으로 그렇게 하는지는 누구나 짐작한다. 관련된 배경이나 사정을 모두가 이해하기 때문이다. 그러나 다른 문화에서 건너온 이방인은 무슨 까닭인지를 처음에는 알기가 힘들 수 있다.

아이는 이방인과 비슷하다. 어떤 기념식의 영상을 보면서 아이가 묻는다. 왜 이때면 저 곡을 꼭 연주해요? 엄마는 왜 그날이 오면 '님을 위한 행진곡'을 연주하는지, 그 곡의 제목을 왜 그렇게 붙였는지, 그 가사에 담긴 뜻이 무엇인지를 설명해 줄 것이다. 엄마는 아이를 민중가요를 사랑하는 (자신을 비롯한) 사람들이 공유하는 이해의 지평으로 차츰 입문시킬 것이다.

아이는 자기가 속한 문화의 동기 구조(motivational structure) 속으로 입문될 필요가 있다. 그 동기 구조는 이윽고 그에게 제2의 천성이 될 것이다. 그러나 그 이상의 교육이 필요하다. 이를 네 가지로 나누어 살펴보자.

첫째, 아이 자신의 무의식적 동기에 관한 것이다. 이는 정신병리학과 연관된 심층의 억압이 아니라, 일상적인 자기기만(self-deception)을 가리킨다. 아이는 스스로 인정하기 힘든 동기가 자신에게도 생길 수 있음을 인식해야 한다. 이를 위해 문학이야말로 풍부한 자원을 제공해 줄 것이다.

둘째, 갈수록 좁아지는 다문화 세계와 관련된 것이다. 타 문화에서 살다가 건너온 사람들의 행동을 이해하는 능력이 갈수록 더 요구되고 있다. 아이는 타인들이 당연시하는 문화적 배경이 어떤 것인지를 배워야 한다. 또 아이는 자신의 문화적 지평에서 벗어나는 것을 꺼리지 말아야 한다. 정형화된 틀에서 벗어나야 비로소 이국적인 것에 더 친근해질 수 있다.

셋째, 문화적 지평을 공유하는 사람들의 동기에 관한 것이다. 정원에 물뿌리는 사람, 혹은 스마트 폰을 사용하는 사람의 동기는 투명하지만, 다른 동기는 그렇지 않다. 겉으로 그럴듯하게 남을 속이면서 사는 사람들이 너무 많다. 사실을 왜곡하는 언론 기자, 사기꾼 예술가, 엉터리 평론가, 친근한 척하면서 기만하는 판매인/광고인에게 속지 말아야 한다. 이에 대처할 수 있는 지적 준비가 필요하다.

넷째, 처음에는 확인하기가 어려운 동기가 있다. 왜 저 친구가 갑자기 나에게 친절하게 대할까? 세월호 사건 때 왜 대통령은 그렇게 행동했을까? 왜 대통령은 그런 사람을 그 자리에 앉혔을까? 여기서도 필요한 지적 자원이 있을 것이다. 아마도 인간의 일반적 본성에 대한 섬세한 이해, 그리고 한국의 보수적 정권이나 특정 세력의 특성에 대한 역사적 이해가 필요할 것이다.

이런 점을 살펴볼 때, 자신과 타인의 동기를 제대로 이해하려면 치밀해야 할 필요가 있다. 현대 사회에는 수많은 제도가 있으며, 또 제각기 이유가 있겠지만, '동기의 상황'을 단순하게 정형화된 형태로 제시하는 경향이 많다. 연속극, 케이블 TV, 광고, 유튜브에 등장하는 사람들을 보면 그중에는 돈, 섹스, 권력, 인정, 안락, 안전에 대해 거의 단기적 욕구에 집착하는 사람들이 많다. 예를 들면, 나치 정권이 유대인에게, 스탈린이 정치적 적대자에게, 일본인이 항일 조선인에게 그랬던 것처럼 정치적으로 불온한 집단을 조작하고, 이들에게 조잡하고 비열한 동기를 뒤집어씌우는 일이 반복된다. 이런 위험 상황에 대비하려면 아이는 극히 미묘하고 복잡한 동기의 세계 속으로 입문될 필요가 있을 것이다.

이와 같은 교육을 옹호하는 이유가 있다. 왜냐하면 그것이 외재적으로 유익하기 때문이다. 다시 말해서 그런 교육은 아이의 좋은 삶을 위해서, 혹은 아이의 시민적 역할을 위해서 유익한 도구이기 때문이다. 물론 내재적 측면도 들어 있다. 우리 모두에게 타인의 동기는 그 자체가 매력의 대상일 수 있다. 가십, 역사책, 희곡, 소설, 영화, 탐정만화에서는 그런 점을 활용한다. 아이가 이런 즐거움을 누리도록 부모와 교사는 고려해야 할 것이다.

3. 요약

이제까지 길게 논의한 바는 크게 두 가지로 정리할 수 있다. 첫째, 동기란 무엇인가? 둘째, 동기의 교육적 의미는 무엇인가?

첫째, 동기는 무엇인가? 이를 알려면 먼저 행위가 무엇인가를 알아야 한다. 인간의 행위에는 이유가 들어 있고, 이 행위의 이유가 바로 동기다. 이

속에는 그의 믿음과 욕구가 들어 있다. 따라서 동기를 이해하거나, 부여하거나, 발달시킬 때는 행위와 연관된 믿음과 욕구가 중요한 것이다.

동기는 여러 가지 유형으로 구분된다. 동기는 내재적 동기와 외재적 동기로 구분되고, 그리고 외재적 동기는 순전히 도구적인, 전체-부분적인, 과거지향적인 동기로 세분된다. 이 중에서 과거지향적 동기를 제외한 두 가지 동기가 교육적으로 어떤 의미가 있는지를 밝혔다.

둘째, 동기가 교육에서 왜 중요한가? 이를 네 가지 측면에서 밝혔다. 동기를 이해하는 것, 동기를 부여하는 것, 동기를 발달시키는 것, 그리고 동기에 대한 이해를 발달시키는 것이 중요하다.

- 타인의 동기를 이해하려면 타인의 행동과 연관된 믿음과 욕구를 이해해야 한다. 그리고 타인의 동기를 이해하는 것은 그의 프라이버시와 관련된 윤리적 문제를 일으킬 수도 있다.
- 동기를 부여하는 일에서는 다음의 네 가지 사항이 중요하다. i) 동기 부여는 어떤 활동을 아이의 내재적, 외재적 욕구 및 믿음과 연결시키는 일이다. 이런 동기 부여의 가치는 학습 내용의 가치에 달려 있다. 따라서 동기 부여는 교육목적 문제와 연결된다. ii) 동기 부여는 어떤 활동을 아이의 욕구 및 믿음과 연결시킬 뿐만 아니라 그의 욕구와 믿음을 변화시키는 일이다(이때 아이의 욕구와 믿음의 개별적 특성을 인정할 필요가 있다). 여기서 교육의 형성적, 개입적, 실천적 특성이 드러난다. iii) 동기 부여는 아이의 학습을 방해하는 믿음이 무엇인지를 제대로 이해하고, 그런 믿음에는 근거가 없다는 점을 이해시킬 필요가 있다. iv) 교육적으로 중요한 동기는 순전히 도구적인 동기, 내재적 동기, 전체-부분 동기이며, 이 중에서 전체-부분 동기에는 미완의 작업 완수, 사회적 동기, 자아 창조가 포함된다. 이런 동기에 제각각 어떤 가치와 한계가 있는지를 자세히 지적했다.

- 동기를 발달시키기는 교육의 내용에 포함되는 것이다. 아이는 무엇이 좋은 행위 이유인가를 이해해야 한다. 이를 위해 부모와 교사가 어떤 역할을 할 수 있는지를 지적했다.
- 아이가 자신과 타인의 동기를 이해하도록 도와주려고 할 때, 부모나 교사가 유의할 사항을 언급하였다. 그것은 무의식적 동기, 문화적 배경 차이, 동기에 감추어져 있는 기만과 왜곡, 지적으로 이해할 필요가 있는 동기 등 네 가지 사항이다.[24)]

제 9 장

정서

1. 정서란 무엇인가?
2. 정서 학습
3. 사랑에 대해서
4. 요약

1. 정서란 무엇인가?

1) 정서는 느낌인가?

정서(emotion)는 무엇인가? 먼저, 정서에 속하는 것을 몇 가지 들어 보자.[1] 부끄러움, 자부심, 시기심은 정서에 속한다. 또 증오, 분노, 질투, 두려움, 불안, 희망, 동정, 사랑, 겸손 등도 정서에 속한다. 그럼 정(탐)욕은 정서인가? 굶주림, 갈증은? 육체적 충동은? 이것이 정서가 아니라면 왜 아닌가?[2]

정서에 속하는 것에는 어떤 공통된 특성이 있다. 느낄 수 있다는 점이 그것이다. 정서가 느낌(feeling)이라면, 정서 교육은 느낌의 교육이다. 두려움, 정욕, 고통, 굶주림, 갈증은 모두 느낌이다. 그러면 두려움의 느낌과 고통의 느낌은 서로 다른가, 아니면 비슷한가?

먼저, 두려움(fear)을 살펴보자. 두려움이라는 정서와 연관된 느낌은 무엇인가? 예컨대, 아이가 칼을 든 남자를 길에서 맞닥뜨리게 되면 두려움을 느낄 것이다. 그를 보자마자 두려운 느낌이 마음에 생기고, 이 느낌은 그가 도망가게 할 것이다.

이런 설명은 신체(의 세계)에서 시작하고, 신체에서 끝난다. 다시 말해서 이 설명은 남자의 칼을 든 모습이 아이의 눈에 띄는 것에서 시작하고, 그리고 곧 도망가는 다리 근육의 움직임에서 끝난다. 그 사이에 심적 사건이 생긴다. 즉, 눈에서 신경을 통해 뇌로 전달되는 것이 두려움의 느낌을 일으키고, 이 느낌이 뇌의 다른 부분에 영향을 미침으로써 다리 근육에 신호를 보낸다.

이런 (데카르트적) 설명에서 두려움이라는 정서는 느낌으로 나타난다. 이것은 고통이나 굶주림의 느낌과 거의 똑같다. 고통의 사례를 보자. 예컨대, 꽃밭에서 놀던 아이가 장미 가시에 찔렸다고 하자. 이는 아이에게 고통의 감각을 일으키고, 가시를 빼내게 만든다. 가시에 찔린 것처럼 벌에 쏘임, 치통, 두통에도 각기 독특한 감각(sensation)이 있다. 부끄러움, 당황, 분노도 마찬가지다. 그런데 고통스러운 감각만 아니라, 유쾌한 감각도 있다. 기쁨, 사랑, 자부심과 같은 정서에는 각기 유쾌한 감각이 있다. 또 양지바른 곳에 누워 있음, 쓰다듬어 줌, 가려운 곳을 긁어 줌 등도 유쾌한 경험이다.

이렇게 볼 때, 고통이나 굶주림의 느낌을 두려움이나 분노의 느낌과 똑같은 것으로 보아도 괜찮을 것처럼 보인다.

2) 정서는 교육이 가능한가?

심적 활동에서 고통이나 다른 감각을 제외하고는 모두 교육이 가능하다.[3)] 다시 말해서 믿음이나 지각(perception)은 가르침이나 배움을 통해 수정되지만, 치통은 그럴 수 없다. 통증을 다루는 것은 의사의 일이고, 교육자의 일이 아니다. 만일 정서가 감각의 일종일 뿐이라면 정서를 발달시키는 일은 불가능할 것이다.[4)]

이 말에 수많은 교육자가 공감할 것이다. 교육은 지적 사업이다. 교육은 아이의 사고력을 기르고, 이해를 심화/확대시키며, 각자의 믿음에 대해 비판하도록 만든다. 그러나 느낌(감정)은 바뀔 수 없고, 교육의 대상이 될 수 없는 것으로 보인다. 물론 느낌이 변하지 않은 상태에서 그것을 참아 내거나 드러내지 않도록 할 수는 있다. 다시 말해서 아이가 자신의 감정을 드러내지 않도록, 혹은 초조, 슬픔, 당황의 기색을 보이지 않도록 가르칠 수 있다. 여기서는 감정의 표현이 억제될 뿐이고, 감정은 그대로 남아 있다.

그렇다면 정서가 교육에 따라 변할 수 있다는 점을 밝혀낼 수 있는가? 아이가 느끼는 불안이나 공감과 같은 정서를 그것의 표현을 억누르는 것에서 그치지 않고 그 자체를 변화시킬 수 있다는 점을 어떻게 밝혀낼 수 있는가?

3) 정서의 대상

칼을 든 남자를 맞닥뜨린 아이의 두려움을 다시 살펴보자. 그 상황의 특징은 아이가 그 남자를 두려워한다는 것이다. 이 두려움은 무엇에 대한 두려움 혹은 무엇을 두려워함이지 그냥 두려움일 수 없다. 두려움에는 두려워하는 무엇이, 즉 두려운 어떤 것이 있다. 아이는 강도를, 자신에 대한 타인의 평판을, 알 수 없는 것, 혹은 외계인이나 번데기를 두려워한다. 말하자면 두려움은 지향적 대상, 혹은 대상 지향성을 갖는다.[5)]

지향적 대상이 꼭 실재하는 것은 아니다. 아이가 두려워하는 외계인은 실재하지 않는다. 아이는 유령이나 귀신을 두려워할 수 있다.

아이가 무엇을 두려워하고, 그냥 두려워할 수 없는 것처럼, 아이는 어떤 것에 안도감을 느끼지 그냥 안도할 수 없다. 아이는 무엇에, 혹은 누구에 공감하는 것이지 그냥 공감할 수 없다. 두려움, 안도감, 공감, 사랑, 분노는 대체로 무엇을, 혹은 누구를 향한 정서다.

그렇다면 모든 정서가 대상을 지향하는가? 잠깐, 다음과 같은 경우를 살펴보자. 예컨대, 십 대 아이가 어느 날 아침에 깨어난다. 모든 게 캄캄하다. 우울한 상태에 빠져서 헤어나기가 어렵다. 자신의 사회적 관계, … 자기의 시험 성적, 자신의 장래 전망과 같은 어떤 특별한 것 때문에 우울한 것이 아니라 그저 우울할 뿐이다. 이런 경우에는 '정서가 지향적 대상을 갖는다'라는 주장의 반대 사례가 되는가? 꼭 그렇지는 않은 것 같다. 이런 경우를 살펴볼 때, 정서는 엄밀한, 즉 경계가 확실한 개념이 아니다. 정서는 그 경계가 희미해서 다른 것과 뚜렷하게 구분되지 못할 수 있다. 그 경계선의 언저리에-앞서 말한 우울처럼-대상이 불확실한 정서가 있을지 모른다. 그것을 정서라고 부를지 그냥 기분(mood)이라고 부를지가 불분명할 것이다.

그렇지만 희미한 영역이 있을지라도, '정서는 대상을 갖는다'라고 말할 수 있다. 우울한 느낌에도 대상이 있다. 특별한 대상이 없이 우울한 것은 오직 어떤 상황에서, 아마도 어떤 생리학적 원인이 작용하는 경우에 나타날 것이다. 분명한 어떤 것, 예컨대 친구의 건강에 관한 나쁜 소식, 학위청구논문 발표장에서 서툴렀던 발표, 이성 친구와의 헤어짐 등에 대해 우울한 느낌이 생길 수 있다.

이런 점에서 정서는 감각과 똑같은 것이 아니다. 기쁨(환희), 자부심, 사랑, 분노와 같은 정서는 치통, 위통, 쓰다듬어 주는 느낌과 같은 감각과는 다르다. 다시 말해서 그런 정서는 굶주림이나 갈증으로 느끼는 고통스러운 감각이라든가, 탐욕에 뒤따르는 괴롭고도 달콤한 감각과는 분명히 다르다. 이런 감각에는 지향하는 대상이 없다. 따라서 그것은 교육을 통해서 달라질 수 없다. 이와 달리 정서는 교육될 수 있다. 이는 정서에 들어 있는 지향성 때문일 것이다.

앞서 언급했듯이, 지향적 대상이 꼭 실재하는 것은 아니다. 유령과 같이 실재하지 않는 대상을 아이는 두려워할 수 있다. 또 아이는 (거의 확실히) 실재하기 어려운 대상을—복권 당첨자가 되는 것, 혹은 천국에서 영생하는 것을— 희망할 수 있다. 다른 정서도 마찬가지다. 아이는 미처 저지르지도 않은 행동 때문에 죄책감을 느끼고, 모욕적이라고 상상한 것을 두고도 화를 낼 수 있고, 그리고 기독교의 신을 사랑할 수도 있다.

4) 정서와 생각

이런 이야기는 정서 교육과 어떤 관계에 있는가? 제1장에서 말했듯이, 대상을 향하는 심적 상태에는 개념이 들어 있다. 만일 아이가 무엇을 두려워한다면 거기에는 그것을 특성화(개념화)하는 방식이 분명히 들어 있다. 아이는 그것을 어떤 식으로 보거나, 어떤 것으로 인식할 것이다. 앞선 사례에서 아이는 칼을 든 남자를 두려워한다. 바로 이 '칼을 든 남자'라는 개념이 아이가 대상을 특성화하는 방식이다. 이렇게 특성화하지 않고 그 남자를 대머리로,

점퍼를 입은 사람으로, 야구광으로 기술할 수 있다. 그러나 이는 두려워하는 그 아이가 그의 두려움의 대상을 기술하는 방식과 다른 것이다. 여기서 중요한 것은 아이가 그를 '칼을 든 남자'로 본다는 점이다. 왜 그런가?

그것은 생각 때문이다. 두려움에는 다른 정서와 마찬가지로 지향하는 대상에 관한 특별한 생각이 들어 있다. 칼을 든 남자에 대한 두려움에는 '그가 나에게 해를 입힐 수 있다'라는 생각이 들어 있다. 만일 아이가 교사를 두려워한다면 그는 어떤 식으로, 예를 들어 자신을 조롱함으로써 자신에게 해를 입힐 수 있는 사람으로 생각한다. 일반적으로 말해서 X에 대한 두려움에는 'X가 자신에게 해를 입힐 수 있다'라는 생각이 들어 있다.

그렇다면 다른 정서는 어떠한가? 앞서 희망을 언급했다. 만일 아이가 무엇을 희망한다면 그것에 관한 어떤 생각이 들어 있다. 만일 아이가 변호사 시험에 합격하기를 희망한다면 합격은 그에게 좋은 것이라는 생각이 당연히 들어 있다. 일반적으로 말해서 어떤 사람이 X를 희망하는 경우에 그는 X를 그의 관점에서 바람직한 것으로, 그리고 미래에 일어나거나 일어나지 않을 것으로 생각한다.

화를 내는 경우도 마찬가지다. 만일 아이가 무엇에 대하여—예컨대, 자기 동생이 자기가 보고 있는 만화책에 주스를 흘린 것, 혹은 밖에 나가서 놀지도 못하게 된 것에 대하여—화를 낸다면 그런 것이 자신을 짜증나게 만든다는 생각이 있을 것이다. 또 아이가 무엇에 대하여 자부심을 느낀다면 그것을 자신의 성취로—학교에서 만들어서 집에 가져온 작품으로, 혹은 가시에 찔려도 울지 않은 것으로—생각한다는 뜻이다. 아이는 자신과 가까운 사람이나 조직의 성취라고 생각하는 것, 예컨대 집에 새로 설치한 어항, 혹은 기아 타이거즈팀에 대해 자부심을 느낀다. 또 아이가 죄책감을 느낄 경우, 자신이 나쁜 (죄가 될) 일을 저질렀다거나 혹은 도덕적 한계선을 넘었다고 생각한다. 또 아이가 수치심을 느낄 때, 그는 자신이 개인적 혹은 공동체적 기대 수준에 미치지 못한 것으로 생각한다.

그 밖에도 동정, 연민, 경멸, 사랑, 슬픔, 기쁨 등의 정서가 있고, 거기에는 그와 연관된 생각이 들어 있다. 더 이상 열거할 필요가 없을 만큼 원리는 분명히 밝혔을 것이다.

정서와 정서가 서로 구분되는 것은 각각의 특징적인 생각 때문이다. 물론 다른 점에 의해서도 정서는 서로 구별된다. 두려움과 분노를 비교해 보자. 두 정서는 극단적일 경우, 그 신체적 느낌이 전혀 다르게 나타난다. 두려움은 떨림, 호흡곤란과 연결되지만, 분노는 뜨거운, 부글부글 끓는 감각과 연결된다. 이에 따라서 정서가 아이의 표정, 자세, 행동으로 나타나는 방식이 달라진다. 두려움은 창백해지고, 움츠러들고, 도망치는 것으로 나타나며, 분노는 벌겋게 달아오르고, 찌푸리고, 뛰쳐나가고, 되받는 것으로 나타난다. 생리학적으로 본다면 두려움, 분노 및 다른 정서 간의 현저한 차이는 화학적 분비물로 나타난다.

물론 그런 차이의 양상이, 다시 말해서 그 신체적 느낌, 표현, 행동, 생리학적 현상 등이 확실하지 않을 수 있다. 어떤 정서 상태의 신체적 감각은 미미한 수준이어서 확인하기도 어려울 수 있다. 예컨대, 다음 주에 날씨가 더 좋아질 것을 은근히 희망하면서도 그 여부에 대해 별로 민감하지 않을 수 있다. 또 모든 정서가 늘 외적 표현이나 행동으로 나타나는 것도 아니다. 아이는 부끄러움을 감추거나, 즐거움을 혼자서만 느낄 수도 있다. 경멸과 싫증, 혹은 연민과 동정의 차이를 생리학적으로 밝혀내기가 어려울 수도 있다.

그렇다면 정서를 확인하는 열쇠는 생각이다. 이 점은 두 정서가 가까운 것일 때, 더 분명하게 드러난다. 화와 분노를 구별해 주는 것은 무엇인가? 앞서 지적한 신체적 느낌, 표현, 행동, 생리학적 현상 등으로 두 정서를 구별하기는 어렵다. 두 정서에서 겉으로 나타나는 것, 행동하는 것, 감각 등은 비슷할 것이다. 그런데 화를 낸다고 해서 꼭 분노하는 것은 아니다. 빽빽한 지하철을 타고 퇴근할 때 누가 내 구두를 밟으면 화가 날 수 있으나 분노하기는 어렵다. 분노는 나의 일상이 뒤틀리는 것에 멈추지 않고 이를 뛰어넘는다. 분노에는 도덕적 비난이 담겨 있다. 예컨대, 아이가 그의 교사에게 분노할 때 그 이유는 자신이 사고를 쳤다고 교사가 비난하지만, 교사가 자신을 잘못 본 것으로 생각하기 때문이다. 교사가 자신에게 잘못한 점이 있다고 생각하기 때문에 아이는 분노한다.

그러므로 정서는 그 안에 담긴 생각에 따라서 구분될 수 있다. 도덕적 정서에는 도덕적 개념이 담긴 생각이 들어 있고, 비도덕적 정서는 그렇지 않을 것이다. 죄책감과 분노는 도덕적 정서에 속한다. 죄책감은 그릇된 일이라고 생각되는 것과 연결된다. 분노는 타인이 잘못한 것이라는 생각 때문에 나타나고, 죄책감은 자신이 그릇된 일을 저질렀다는 생각 때문에 나타난다. 비도덕적 정서로는 두려움, 희망, 슬픔, 자부심이 있다. 이런 정서는 도덕적 의미의 그릇됨을 가리키지 않는다.

또 정서는 시간에 따라서도 구분된다.[6] 예컨대, 과거를 향한 정서가 있다. 분노는 타인이 내 속을 뒤집어 놓았다고 생각하기 때문에 생긴다. 죄책감은 자신이 그릇된 일을 저질렀다고 생각하기 때문에 생긴다. 이와 비슷하게 수치, 당황, 슬픔도 과거를 향한 정서에 속한다. 이와 달리 미래를 향한 정서, 즉 희망, 두려움, 불안이 있다. 물론 온갖 정서가 이런 식으로 명확하게 구분되는 것은 아니다. 기쁨, 즐거움은 (BTS의 앨범을 듣는 것처럼) 현재를 향할 뿐만 아니라, (좋은 소식을 들은 것처럼) 과거를 향할 수 있다. 자부심은 과거의 성취에 대한 것이지만 늘 그런 것도 아니다. 아이는 자신의 도덕적 올바름에 대해—스스로 지켜왔고, 또 앞으로 계속 지켜갈 특성이라고 생각하면서—자부심을 느낄 것이다. 복수의 감정에는 이미 발생한 어떤 사건 때문에 장차 행할 (수 있는) 어떤 것에 관한 생각이 담겨 있다.

그런데 정서 중에는 기본적으로 자기 자신을 가리키는 것이 있다. 죄책감을 느끼는 사람은 자신이 뭔가 그릇된 일을 저질렀다고 생각한다. 자부심을 느끼는 사람은 자신이 (혹은 자신과 밀접한 관계에 있는 사람이) 뭔가 좋은 일을 했다고 생각한다. 이와 비슷하게 수치심, 당혹감, 가책도 자기를 가리키는 정서(self-referring emotion)에 속한다. 혐오는 약간 다르다. 혐오는 자신의 부끄러운 행동에 대해서뿐만 아니라, 타인의 그런 행동에 대해서도 느낄 수 있다.

또 정서와 연관된 생각은 유쾌한 것과 불쾌한 것으로 구분할 수 있다. 유쾌한 생각에서는 어떤 사태가 좋고 바람직한 것으로 보인다. 불쾌한 생각에서는 어떤 사태가 나쁘고 바람직하지 못한 것으로 보인다. 사랑, 기쁨, 희망, 자부심은 유쾌한 생각이 담긴 정서다. 분노, 연민, 슬픔, 두려움, 불안, 수치, 경멸은 유쾌하지 못한 생각이 담긴 정서다. 이와 달리 생각은 같을지라도 정서가 다를 수 있다. 쌤통(Schadenfreude)과 동정이 그런 것이다. 어떤 사람이 곤란한 지경에 빠져 있다는 생각은 같을지라도, 동정하는 사람은 그것을 안타깝게 여기고, 쌤통인 사람은 그것을 달갑게 여긴다.

5) 까치는 수치심을 느낄 수 있나?

정서는 인간만 가질 수 있는 것이 아니다. 다른 동물도 최소한 몇 가지 정서를 갖는다. 예컨대, 두려움은 고양이, 개, 토끼도 타고난다. 두려움은 임박한 위험에 대처하는 데 유익한 생물학적 메커니즘이다. 두려움의 정서는 어떤 생각과 연결되는 것이다. 신호 인지가 가능한 동물은[7] 포식자가 자신을 해칠 수 있다는 생각을 가질 것이다.

그러나 동물의 두려움에는 인간에게서 찾아볼 수 있는 풍부한 함의가 없다. 예컨대, 동물의 미래관은 최소한의 것에 그치고, 기껏해야 아주 가까운 미래로 제한된다. 이와 달리 인간은 수년 후에 벌어질 일, 가령 죽음에 대해서도 두려워할 수 있다. 또 위험에 대한 인간의 관념은 동물의 그것보다 훨씬 정교하다. 예컨대, 인간은 신체적 손상과 심리적 손상을 모두 두려워한다. 두 가지 위험은 더욱더 세분될 수 있다. 게다가 인간은 어떤 종류의 손상을 자신의 행복관에서 중요한 것으로 간주한다.

인간의 정서는 발생학적으로 볼 때, 다른 동물과 공유하는 본성에 뿌리를 두고 있다. 물론 모든 정서가 다른 동물에게 그대로 적용되는 것은 아니다. 왜냐하면 동물에게는 개념이 없고, 따라서 개념에 의존하는 생각도 없기 때문이다. 개와 까치에게는 자아라는 개념이 없고, 따라서 수치심과 자부심처럼 자아를 가리키는 정서를 느낄 수 없다. 또 타자라는 개념이 없는 동물은 사랑, 경멸, 동정을 느끼지 못한다. 또 도덕성이라는 개념이 없는 동물은 죄책감, 분노를 느낄 수 없다.

6) 발현적 정서와 지속적 정서

아이가 스스로 성취했다고 여기는 어떤 것이 있을 것이다. 가령, 아이는 교내 학예발표회에서 상을 받은 것으로 자부심에 벅찰 수 있다. 여기서 아이가 느끼는 정서는 현재의 경험이다. 그런데 그런 자부심은 몇 분이나 몇 시간이 아니라 오랫동안 지속할 수 있다. 그런 느낌을 현재 시점에서 경험하지는 않을지라도, 자신의 성취뿐 아니라 자기의 외모와 성격에 대해 자부심을 가질 수 있다는 뜻이다. 이 아이는 자부심이 있는 사람이다. 설령 잠을 자고 있을 때에도 마찬가지다.

다른 정서도 그렇게 구분할 수 있다. 강도의 공격적 행동에 맞닥뜨릴 때 두려움을 느꼈던 사람은 혹시 강도를 만나지 않을까 하고 늘 두려워할 수 있다. 또 타인이 방금 내뱉은 말에 대해 경멸감을 느낀 사람은 그에 대한 경멸감을 여러 해 동안 품고 살아갈 수 있다.

여기서 두 가지의 심적 현상이 드러난다.[8] 즉, '발현하는' 심적 현상과 '지속하는' 심적 현상이 그것이다. 이 구분은 정서에도 그대로 적용된다. 한편으로 (사랑하는, 미워하는, 즐거워하는, 동정하는, 가책하는) 정서적 경험이 있고, 다른 한편으로 (사랑하는, 미워하는, 즐거워하는, 동정하는, 가책하는) 정서적 성향이 있다.

그뿐만 아니라 정서와 연관된 '생각'에 대해서도 발현적 대 지속적 구분이 적용될 수 있다. 피해를 겪지 않을까 하고 늘 두려워하는 아이는 칼을 든 남자로부터 위협을 받을 수도 있다는 지속적 믿음을 갖고 있을 것이다. 물론 이 믿음이 늘 의식적으로 마음에 떠오른다는 말은 아니다. 아이가 칼을 든 남자를 맞닥뜨리는 순간, 그에게 생기는 (발현적) 두려움에는 이 사람이 지금 나에게 위험할 수 있다는 (발현적) 판단이 들어 있다. 이렇게 판단한다면 자신에게 그가 위험하다는 점을 당연히 믿을 것이다. 판단은 믿음에 의존하기 때문이다. 물론 아무 판단도 내리지 않을 때에도 어떤 믿음은 그대로 있을 것이다.

7) 정서, 감각, 욕구, 행위

만일 정서가 생각 속에만 존재하는 것이라면 그것은 대뇌 현상에 그칠 것이다. 그러나 그런 것 같지는 않다. 예컨대, 아이가 (양심의) 가책을 느낀다면 이는 도덕적으로 그릇된 일을 저질렀다는 냉정한 판단으로 끝나기가 어렵다. 가책을 느낀다면 속이 불편해지고, 낯이 뜨거워지고, 심한 고통을 겪을 것이다. 정서는 전형적으로 신체적 감각(physical sensation)을 수반한다.

대체로 그렇다는 말이다. 언제나 그렇다는 말은 아니다. 가벼운 가책에도 아이는 억눌릴 때가 있고, 전혀 찔리지 않을 때가 있다. 마음의 언저리에 걸쳐 있는 어떤 정서는 신체적 감각도 별로 없이 그저 생각으로만 남을 수 있다.

신체적 감각은 아이에게 나타난다. 아이는 그것에 수동적이다. 이 점 때문에 정서를 전적으로 수동적인 것으로 여기는 사람들이 있다. 그러나 그렇지 않다. 전부는 아니지만, 많은 정서가 행위나 욕구와 연결된다. 어떤 것을 두려워하는 아이나 동물은 그것으로부터 도망가기를 원하거나, 그것을 피하려고 한다. 이와 반대로 화가 난 아이는 되받아치고 싶을 것이고, 또 동정심을 느낀 아이는 위로하고, 지원해 주고 싶을 것이다. 정서와 행위가 이처럼 연결되는 것은 '정서는 동기가 될 수 있다'라는 점에서 드러난다.[9] 두려움, 복수심, 감사, 사랑, 증오 때문에 행위가 나타날 수 있다. 이는 굶주림, 갈증과 같은 (정서가 아닌) 것 때문에 행위가 나타나는 것과 마찬가지다.

그렇지만 정서를 느낄 때마다 (그에 반응하여 뭔가를 하려는) 욕구 혹은 행위가 뒤따르는 것은 아니다. 행위는 억제될 수 있다는 뜻이다. 전쟁터에서 두려움에 사로잡혀 돌처럼 굳어질지라도 이를 이겨 낼 수 있다. 도망가기를 원할 수 있지만 이를 억누를 수 있다. 또 너무 큰 슬픔에 사로잡히면 뭔가를 하고 싶은 욕구가 아예 사라져 버릴 수 있다.[10]

2. 정서 학습

'정서가 교육될 수 없다'라는 생각은 무의미한 것이다. 만일 정서를 그저 감각으로만 환원시킨다면 그런 생각이 나올 수 있다. 왜냐하면 통증이나 건장한 신체는 배움과 가르침으로 달라질 수 있는 것이 아니기 때문이다. 이와 달리 아이의 정서 생활에는 부모와 교사가 관여할 수 있는 여지가 많다. 그것은 대체로 아이가 자기의 행위, 표정, 혹은 다른 신체적 표현을 스스로 통제하도록 도와주는 일이다. 예컨대, 두려움 때문에 탈출하고 싶은 위험한 상황에서도 아이는 자기 자리를 꿋꿋이 지키도록 단련될 수 있다. 또 내면으로 느끼는 경멸이나 분노를 겉으로 드러내지 않도록 아이는 단련될 수 있다.

정서에는 감각이 포함되지만, 감각만으로 환원될 수 없다. 정서에는 대상에 관한 생각이 들어 있으므로 정서 교육이 가능하다. 정서에 들어 있는 생각은 그것이 판단과 같은 발현 상태이든 혹은 믿음과 같은 지속 상태이든 간에 배움과 가르침을 통해 바뀔 수 있다는 말이다.

그러나 정서에는 생각 이외에 또 다른 것이 들어 있다. 다시 말해서 정서는 감각, 신체적 표현, 욕구, 행위와 연결되는 것이다. 감각에 대해 교육자가

할 수 있는 일은 없어도, 그 밖의 것에서는 할 수 있는 일이 많다. 슬픔의 표정/표출을 억제하거나, 드러내거나, 흉내를 내도록 할 수 있다. 행위도 마찬가지다. 따라서 표현, 행위, 욕구는 섬세하게 다듬어질 수 있다. 이런 점에서 정서 교육은 성격(인격) 교육의 한 부분이다.[11)]

1) 생각이 핵심이다.

정서의 핵심은 생각이고, 생각은 교육이 가능한 부분이다. 예컨대, 어둠을 두려워하는 아이는 (침실의) 어둠을 어쩐지 두려운 것으로 본다. 어둠에 대한 어떤 믿음이 의식적으로 생각되지는 않아도 아이에게 들어 있다. 아이가 잠자려고 할 때 그 믿음은—창문 뒤에서 뭔가 어른거리는 것 같다는, 혹은 어둠 속에 귀신이 숨어 있는 것 같다는—생각이나 판단으로 선명하게 되살아날 것이다.

여기서 알 수 있듯이, 정서는 지향적 현상이다. 정서는 대상을 향한다. 그 대상은 실재할 수 있고, 실재하지 않을 수 있다. 앞선 사례의 대상은 어떤가? 아이가 어둠을 두려워한다는 말은 아이가 그 어둠을 자신이 이해하는 방식으로, 즉 보이지 않아도 자신에게 해를 입힐 것들이 가득한 곳으로 두려워한다는 뜻이다. 이처럼 대상이 더 구체화되면서 두려움과 관련된 아이의 생각이, 즉 '보이지 않는 위험한 귀신이 거기서 어른거린다'라는 믿음이 (때로는 판단으로 굳어져) 드러나게 된다.

여기서 두려움의 대상은 실재하지 않는다. 귀신으로 가득한 어둠이란 없다. 그런 것이 있다는 아이의 믿음은 틀린 것이다. 아이가 이를 파악한 후, 이에 대한 자신의 지각을 바꾼다면 아이의 생각은 현실과 부합될 것이다. 이렇게 만드는 것이 부모가 교육자로서 할 일이다.

정서 교육의 이런 측면은 아이가 (자연 세계, 수학, 인간사 등에 대해 가질 수 있는) 틀린 혹은 근거 없는 믿음을 '참된, 증거 있는, 더 적절한 믿음'으로 바꾸는 일과 비슷하다. 그렇지만 주로 사실만을 가르치는 교육자는 정서 발달이 마치 교육이 불가능한 것처럼 생각할지도 모른다. 이런 생각이 틀렸음은 분명하다. 왜냐하면 정서 교육은 아이를 사실로 이끌어 주는 것이기 때문이다.

그렇다면 정서 교육은 어떻게 행해지는가? 예컨대, '어둠은 어둠일 뿐이고 거기에는 아무것도 없다'라는 점을 아이에게 간단히 확인시켜 준다면 이로써 충분할 것이다. 물론 아이의 지각이 바뀌는 데 시간이 걸릴 수 있다. 아이가 엄마의 말이 참말인지를 상당히 의심하고, 혹시 무슨 일이 생기지 않을까 하고 두려워하는 습관이 있다면 아이의 지각은 쉽게 바뀌지 못할 것이다. 그렇지만 결과야 어떻든 학습이란 환상이 현실로 교체되는 일이다.

정서 교육은 아이가 의존하는 틀린, 근거 없는 믿음이 없어지게 함으로써 어떤 대상에 대한 그의 감정이 사라지도록 도와주는 일이다. 인종차별 금지 교육도 이런 식으로 가능할 것이다. 만일 아이가 타 집단의 아이를 증오하고 경멸한다면 이는 타 집단 아이의 지능 부족, 범죄적 성향, 탐욕 등에 관한 틀린 믿음에서 비롯된 것일 수 있다.

어찌 보면 어둠에 대한 두려움을 없애는 것은 부모의 몫이고, 인종차별을 극복하게 도와주는 교육은 교사의 몫이다. 아이가 자라면서 '믿음을 비판도 없이 수용하면 안 된다'라는 생각에 익숙해진다면 그는 정서적 태도에 들어 있는 믿음에 관심을 집중하게 되고, 그리고 그런 믿음이 믿을 만한 것인지를 (학급토론을 통해서) 검토하게 될 것이다. 그럼으로써 개인적 삶이나 시민적 삶에서 아이는 정치가, 선동가, 광고주, 언론 기자 등에게 정서적으로 휩쓸리는 일이 없을 것이다.

이런 정서 교육은 어디까지 나아갈 수 있을까?

아이는 자신의 질투나 시기심의 근거를 잘 검토할 수 있으나, 그렇지 못할 수도 있다. 아이는 선동가들이 쏟아내는 온갖 칭송과 증오를 꿰뚫어 볼 자세를 갖출 수도 있고, 그렇지 못할 수도 있다. 이처럼 아이가 일상적 삶에서 대면하게 되는 정서적 조작은 더욱 은밀한 것으로 발전할 수 있다.

상업적 광고는 대체로 시기심(envy)에 호소한다. 이 점을 살펴보자. 예컨대, 광고를 시청하는 아이들이 최고급 승용차를 운전하는 젊은 연예인을 바라보면서 그의 사회적 안락, 부, 그의 멋진 연인을 자신도 소유하기를 바란다고 하자. '나도 이런 것을 소유하면 좋겠다'라는 믿음은 기본적으로 틀린 것도 아니고, 근거가 없는 것도 아니다. 그것은 불합리한 믿음이 아니다.

그런데 광고주는 또 다른 점을 암시한다. 만일 아이가 젊은 연예인처럼 최고급 승용차나 명품을 구매하고 소유한다면 그와 똑같이 상류층에 낄 것이고, 다른 이익도 함께 누릴 것이다. 그런데 이런 믿음이 틀린 것이라는 점은 확실할 것이다. 최고급 승용차나 명품을 구매하고 소유하는 것이 상류층에 끼는 데 효과적인 도구라는 믿음은 거의 틀린 것이다. 이처럼 '틀린 도구적 믿음'을 아이가 골라내고 또 평가할 수 있도록 학교에서 도와줄 필요가 있다.

이야기가 나온 김에 '시기심에 대한 호소'를 잠깐 더 살펴보자. 최고급 승용차를 운전하거나 명품을 소유하는 사람들에 대한 시기심을 가리켜 비합리적 정서라고 단정할 수는 없다. 반면에 어둠에 대한 두려움은 비합리적 정서라고 볼 수 있다. 그렇지만 그 시기심에는 의문스러운 사항이 더 있다. 그것은 시기심과 연결된 성공(한 삶) 혹은 행복(한 삶)의 그림에 관한 것이다. '성공이나 행복이 돈과 매력에 달려 있다'라는 암시는 의문스러운 사항이다.

여기서 우리는 다음을 확인한다. 정서에 대한 평가는 그 진리 여부 혹은 근거 여부뿐만 아니라 그 윤리성의 여부에 따라 달라질 수 있다. 이것도 정서 교육의 중요한 측면이다.

이제까지 정서에 들어 있는 생각(믿음과 판단)에 대해서 교육자가 할 수 있는 일을 살펴보았다. 다시 말해서 그 생각이 의문스러운 것일 때 아이가 그것을 의심해 보고 또 그것을 바로잡도록 하는 데 교육자가 어떤 도움을 줄 수 있는지를 살펴보았다. 그러나 정서 교육의 범위는 그보다 더 넓다. 정서 교육은 아이를 어떤 종류의 인간으로 형성시키는 일이다. 따라서 추론 능력

외에도 아이에게 중요한 것이 또 있을 것이다.

2) 욕구, 행위, 미덕, 표현

정서에는 생각뿐만 아니라 그 이상의 것이 들어 있다. 정서에는 욕구가 들어 있다. 그렇기 때문에 정서는 행위의 동기가 될 수 있다. 예컨대, 분노의 느낌에 복수하려는 욕구가 들어갈 수 있다. 성적 사랑에는 사랑하는 사람과 함께 있고 싶은 욕구가 들어갈 경우가 많다.

이뿐만 아니라 정서에는 표현이 뒤따른다. 슬픔에는 전형적으로 웃음이 사라진 얼굴, 처진 입술, 느린 동작이 수반된다. 부끄러움은 빨개진 얼굴, 머리를 감싸는 것으로 표현된다. 이런 표현이 없이 그런 점을 느낄 수도 있지만, 늘 그렇기는 어렵다.

정서 교육에서 부모와 교사는 아이의 욕구, 행위, 표현이 형성되는 것을 도와줄 것이다. 이 모든 것은 생물학적 뿌리를 갖고 있으나, 문화적 규범에 크게 의존한다. 아이를 키울 땐 어디서나 생물학적으로 타고난 욕구, 즉 두려워서 도망가고, 분해서 되받아치려는 생물학적 욕구를 늘 세심하게 다룬다. 아이가 느끼는 두려움을 이겨 내고, 그것에 굴하지 않도록 늘 가르친다. 이런 가르침의 구체적 형태는 문화에 따라 달라진다. 그렇지만 모든 문화 속에는 어떤 욕구를 갖거나 혹은 버리는, 그리고 상황에 따라 어떤 행위를 하거나 혹은 참아 내는 적절한 성향을 아이에게 길러 주는 고유한 방식이 들어 있다. 아이가 자라면서 배우는 반응은 구체적 상황에 더 민감해질 것이다.

일반적으로 개구리나 쇠똥구리, 어둠, 혹은 수염이 많은 남자를 보고 아이가 도망치는 일이 없도록 가르친다. 이런 것 자체는 두려운 것이 아니므로 아이가 그런 것에 두려움을 전혀 느끼지 않도록, 따라서 도망가지 않도록 가르친다. 그러나 벌통 근처의 꿀벌이나 말벌, 목줄이 풀린 개, 달리는 버스와 자동차, 잔인한 이웃 등은 전혀 다르다. 아이는 그것을 조심하고 아예 피하는 것이 좋다는 점을 배워야 한다. 어떻게 그것을 배우는가는 경우마다 다를 것이다. 꿀벌 특히 말벌을 다루는 훈련이나 장비가 없다면 위험할 것이다. 버스나 자동차는 길을 건널 때 조심한다면 위험하지 않다. 목줄이 풀린 개는 애완용이라면 두렵지 않을 것이다.

물론 민감하게 대응하는 것은 이보다 더 복잡한 일이다. 그렇다고 해서 아이가 '무엇을 원하고, 어떻게 행해야 하는가'에 관한 명확한 규칙을 온갖 영역에서 배워야 한다는 말은 아니다. 아무튼 아이의 학습은 상황의 차이에 더 민감해질 것이다. 아이는 신체적 두려움에 대해서는 어린 시기부터 어떤 경우에 어떤 방식으로, 무엇을 느끼거나 원하고, 어떻게 행할 것인가를 배울 것이다.

그렇지만 아이가 '어떻게 행하고 생각할 것인가'에 대해서 분명한 지도가 필요하다. 숲에서 꽃을 따다가 거미를 보고 놀란 아이에게 엄마는 '두려워하지 마!'라고 말한다. 아이는 어떻게 해야 하는가? 두려움에 어떻게 대처하는가? 엄마의 말은 무슨 뜻인가?

아마 '거미가 두려워도 물러서지 마! 그 자리에서 두려움을 참아야지! 거미를 손으로 치워 버려!' 이런 뜻일 것이다. 무엇인가 이겨 내라는 말이다. 그것이 최상의 조언은 아닐 수 있다. 독거미만 아니라면 숲에서 보는 거미는 해롭지 않다는 점을 아이에게 분명히 전달해 주는 것이 더 좋을 것이다. 이를 악물고 버티고, 극복해야 할 두려움은 별로 많지 않다. 거미와 비슷한 경우라면 두려움이 사라지게 해야 한다.

그런데 아이는 신체적 손상만을 두려워하지 않는다. 심리적 두려움도 있다. 아이는 '무슨 말을 해야 할까', '다른 사람이 나를 어떻게 생각할까', '혹시 다른 사람의 감정을 건드린 것은 아닐까' 하고 두려워할 수 있다. 아이는 맥락에 따라서 어떻게 하는 것이 적절한 행위인지를 배울 필요가 있다.

따라서 정서 교육은 인성교육, 인격교육, 혹은 덕 교육과 중복된다. 덕은 바람직한 인성적 자질로서 여러 가지 상황에 민감한 것들이 많다. 이런 덕의 사례로는 공정, 관용, 관대, 친절, 신중, 자(기확)신 등이 있다.

용기는 두려움, 절망과 같은 정서를 느끼고 다루는 방식을 조절하는 덕이다. 이와 달리 신체적 욕구를 조절하는 덕이 있는데, 절제가 그런 것이다. 절제는 먹을 것, 마실 것, 섹스에 대한 생득적 욕구를 관리하는 것을 도와준다. 음식에 대해서 절제한다는 것은 어떤 시간에, 어떤 경우에, 어떤 양으로, 어떤 것을 먹는 것이 적절한가를 배우는 일이다.

절제를 제외한 대부분의 덕은 정서의 관리를 도와준다. 용감한 사람은 신체적, 심리적 두려움을 적절하게 관리하는 사람이다. 선량함은 자신의 분노를 조절함으로써 어디서 또 언제 분노를 느끼고 행동하는 것이 적절한가를 분간한다. 인간은 동정, 슬픔, 기쁨, 비난을 그와 같이 민감하게 관리할 줄을 알아야 한다.[12]

여기서 정서의 표현과 관련된 논의로 넘어가자. 상황에 따른 민감성은 여기서도 중요하다. 때때로 가정 안에서 용납되거나 기대되거나 하는 일들이 있다. 예컨대, 아이는 자기 친구의 불행(한 일)에 대한 슬픔을 드러낼 수 있다. 그러나 슬픔을 드러내는 것이 적절하지 못할 경우가 있다. 이를 모두 배워야 한다. 그뿐만 아니라 아이는 슬픔을 자기의 얼굴이나 자세에서 어느 정도로 드러내도 괜찮은지를 배워야 한다. 이에 관한 공식적인 정해진 방식은 없다. 일상적 경험을 통해서, 또 사례를 통해서 조금씩 배울 수밖에 없다.

그런데 정서의 표현에서 또 배워야 할 것이 있다. 그것은 실제로 느끼지도 않는 정서를 표현하는 것이다. 예컨대, 농담, 게임, 사건 설명, 스토리텔링 등에서 아이는 정서의 표현을 배운다. 이것은 연극 교육에서 핵심이다.

이제까지 정서 교육의 여러 가지 측면을 생각, 욕구, 행위, 표현 등으로 살펴보았다. 실제로 아이를 키울 때, 이런 측면은 복잡하게 서로 얽혀있을 것이다. 각각의 측면은 어떤 바람직한 인성(적 자질)을 습득하는 일의 일부가 된다. 이런 인성으로는 문화에 따라 조금씩 다르겠지만, (수치심에 기반을 둔) 유머 감각; (성적 사랑, 친밀성, 우정, 시민적 동정심, 미래 세대에 대한 존중심 등)

이타적 관심의 여러 형태; 절제된 낙관성; 명랑한 성질; 슬픔을 적절히 달래기 등이 있을 것이다. 정서와 관련된 그와 같은 성향은 그 자체만으로 고정된 현상이 아니고 복잡하게 서로 얽혀있는 것이다. 그런 성향들은 한 인간의 인격 전체에서 일정한 부분을 차지한다.

3) 정서를 이해하기

이제까지 정서 교육의 다양한 측면을 살펴보았지만, 그것만 있는 것은 아니다. 그 밖에도 '타인의 정서를 이해하기'와 '자신의 정서를 이해하기'가 더 있다.

먼저, '타인의 정서를 이해하기'를 살펴보자. 아이는 다른 사람들이 언제 슬퍼하고, 자긍심이 가라앉고, 마냥 기뻐하고, 향수에 젖고, 비탄에 잠기는지 등을 알아야 한다. 아이는 그것을 어떻게 알게 되는가? 처음에 아이는 사람들이 행동으로 보여 주는 정서 언어, 즉 표정과 몸짓을 통해서 타인의 정서를 알게 된다. 또 아이는 사람들이 처한 상황, 그리고 그들의 가치(모욕이나 분노를 느끼는 점, 복권에 당첨되어 기쁨을 억누르지 못하는 점)에 대해서도 주목하는 것을 배워야 한다. 이처럼 직접 경험을 통해서 타인의 정서를 이해하기 시작한 후에야 비로소 아이는 대화와 문학을 통해서 그런 이해를 확대하고 다듬어 갈 수 있다.

다음으로 '자신의 정서를 이해하기'를 살펴보자. 아이는 자신의 정서에 관해서 혹은 자신의 정서로부터 배울 필요가 있다. 처음에 아이는 타인과의 상호작용을 통해서 자신이 무엇을 느끼는지를 인식한다. 예컨대, 아이의 부모가 아이의 상황이나 반응을 보면서 그에게 '두려워할 필요가 없다'라고 말해주거나 혹은 '너를 슬프게 하는 것이 무엇인가'를 물어볼 수 있는데, 이를 통해 아이는 정서 개념의 의미를 파악하고, 그 정서 개념을 그와 비슷한 상황에 적용하는 것도 배우게 된다.

이렇게 보면 정서는 자아 인식의 열쇠다. 아이가 느끼는 것과 아이가 중시하는 것은 서로 연관성이 있다. 아이는 TV 뉴스를 시청하면서 절망적 상황에 빠진 타인을 보고 연민을 느낀다. 아이가 이런 연민을 성찰할 때, 자신이 비교적 편안하고 넉넉하게 사는 만큼 운이 좋은 사람이며, 따라서 이것에 스스로 만족할 줄 알아야 한다는 깨달음에 도달할 수 있다.

그런데 특이한 사례가 있다. 아이는 자기가 아는 사람이 어려움에 빠질 때, 뜬금없이 쾌감을 느낄 수 있고, 이런 자신에 대해 놀랄 수도 있다. 아이는 자기 내면에—평소에는 인식하지 못했던—어두운 측면이 있음을 깨달을 것이다. 이처럼 새로운 자아 인식에 이르게 하는 것이 이중적인 정서다. 하나는 쌤통(Schadenfreude)이고, 다른 하나는 (이것의 영향을 받는) 자기에 대해 놀라움을 느끼는 것이다. 이런 사례는 정서의 세계가 참 복잡함을 알려준다. 정서는 다른 정서를 대상으로 삼아서 생겨날 수 있다. 다시 말해서 아이는 다른 사람에게 보여 주는 공감에 대해 자랑스러워하거나, 혹은 무시를 당한 느낌에 대해 부끄러워할 수 있다.

인간은 자신에게 실제로 있는지도 몰랐던 어떤 정서 때문에 놀라기도 한다. 특히 부정적 정서, 다시 말해서 '갖는 것' 자체가 도덕적으로 잘못이라고 생각되는 정서에 놀라기도 한다. 극단적인 경우, 아이는 자기 아버지나 어머니에 대한 지독한 증오심을 억누르거나 잊어버리려고 몸부림을 칠 것이다. 또 아이가 자라면서 배운 어떤 가치 때문에 자기보다 더 행복한 사람을 시기하는 쪽으로 자신도 모르게 아주 비뚤어질 수 있다. 아이의 인성에 자기도 모르는, 혹은 일부만 아는 측면이 있음은 놀랄 일이 아니다. 이런 측면에 대한 타인의 반응은 아이가 그런 점을 의식하게 만드는 데 도움을 줄 수 있다. 또 아이가 스스로 자신의 정서적 반응이나 혹은 관련된 생각에 대해 성찰하게 된다면 그런 점을 의식하는 데 도움을 얻을 수 있다.

아이의 모든 정서는 가치와 연관되는 것이다. 그러므로 정서는 결국 자아 이해에 일정하게 기여하는 것이다.[13] 그런데 일부 정서는 더 직접적으로 그렇게 된다. 특히 죄책감, 수치심, 자부심과 같이 '자신을 가리키는 정서(emotions of self-reference)'가 그렇다. 이런 정서에 들어 있는 생각은 근본적으로 자신을 가리킨다. 그것은 자기 자신에 관한 생각이다. 수치심을 느낄 경우, 이에 대한 성찰은 자신이 미처 도달하지 못했다고 스스로 판단하는 어떤 개인적 표준을 다시금 깨닫게 할 수 있다.

4) 정서와 언어 학습

아이는 정서 개념을 이해할 필요가 있다. 아이는 슬픔, 희망, 분노, 동정심 등이 무엇인지를 차츰 알아 가야 한다. 이를 위해서는 그런 개념을 가리키는 단어를 알아야 한다. 아이가 이런 단어를 i) 자신과 타인의 행위 및 표현의 맥락에서, ii) 정서 언어가 사용되는 상황에서, iii) 정서에 수반되는 감각을 스스로 경험하면서 사용하도록 가르칠 필요가 있다.

다시 말해서 아이가 어떤 정서를 갖거나 느끼려면 그 정서에 들어 있는 생각을 가져야 하고, 그러려면 그런 생각이 담긴 개념을 이해해야 한다. 만일 아이가 적절한 개념 장치를 갖추지 못한다면 정서를 갖거나 느끼기 힘들 것이다. 도덕에 관한 개념이 전혀 없는 아이는 도덕적 죄책감이나 도덕적 분노를 경험할 수 없고, 자아 개념이 아직 없는 아이는 부끄러움이나 자부심을 느낄 수 없다. 물론 개념 학습이 '전부 아니면 전무'의 문제는 아니다. 아주 어린아이에게도 자아라는 개념이 상당히 있을 것이고, 또 성취라는 개념을 어느 정도 파악하고 있으면 조금이나마 자부심을 느낄 수 있다.

3. 사랑에 대해서

정서에 관한 지금까지의 설명은 기본적인 것에 그친다. 교육과 관련해서 더 보완할 사항이 많을 것이다. 특히 사랑과 관련해서 그렇다.[14] 예를 들면, 아이는 어떤 교과를 배우든 간에 그 교과에 대해 애정이나 애착을 가져야 한다. 이렇게 되면 아이는 배워야 할 과학, 체육, … 역사를 사랑하고, 교과 공부를 더 잘하기를 원하고, 교과에 대한 식견도 깊어지고, 그 분야에 관심을 더 쏟고, 그 분야가 더 발전하기를 원할 것이다. 이를 위해 교사와 부모가 해야 할 역할이 무엇인지를 폭넓게 생각해 볼 필요가 있다.

사랑은 학교 교과를 초월한다. 아이에게는 과학에 대한 사랑뿐만 아니라, 그가 이해하는 과학적 세계에 대한 사랑이 생길 수 있다. 아이에게는 풍경화에 대한 사랑뿐만 아니라, 풍경 그 자체에 대한 사랑이 생길 수 있다. 아이는 소설과 시에 빠져들 뿐만 아니라, 여기서 다루는 인간의 본성에 매혹될 수 있다. 이런 사랑과 비슷한 것이 바로 즐거움이라는 정서다. 아이가 학습을 즐기고, 학습에 몰두하는 것은 학교 교육과정의 포괄적 목적에 속할 것이다. 그런데 이런 목적은 과연 교육 현장에서 얼마나 진지하게 받아들이고 있는가? 학교 교육과정은 사실적 지식 및 기능의 습득에 치우쳐 있는데, 이는 정서가 아주 메마른 내용이 아닌가?

또 아이의 감정을 순화시키는 일에서 예술, 특히 문학이 중요하다. 이는 어떤 역할을 가리킬까? 이에 대해 더 많은 관심과 논의가 필요할 것이다.[15] 예술과 문학은 아이가 인습적 반응에서 벗어나고; 타 집단과 타인에 대한 고착된 정서에 도전하고; 작품 속의 인물이 보여 주는 자부심, 사랑, 시기심 등을 세밀하게 파악하도록 도와줄 것이다. 그렇다면 예술이 아이의 감정에 미치는 영향은 전반적으로 어떠한가? 혹시 소설, 영화, 연속극, 그림, 만화, 오락에서 천박한 인습적 태도와 감정을 오히려 강화하는 경우는 없는가?[16]

4. 요약

이 장에서 논의한 사항을 다음과 같이 정리할 수 있다.

정서란 무엇인가? 정서는 느낌이지만, 그저 느낌일 뿐이면 교육은 불가능해진다. 그런데 정서에는 늘 지향하는 대상이 있고, 이 대상에는 개념이 들어 있으며, 이 개념과 연관된 생각이 거기 담겨 있다. 그런 생각에 따라 정서는 확인되고, 분류되고, 또 교육될 수 있다.

정서는 어떻게 배우는가? 정서에 들어 있는 생각은 배움과 가르침을 통해서 달라질 수 있다. 예컨대, 정서 교육은 아이가 의존하는 틀린, 근거 없는 생각이나 믿음을 바로잡아 줌으로써 어떤 대상에 대한 그의 감정이 사라지거나 생기도록 도와줄 수 있다. 이런 정서 교육에서 부모와 교사는 아이의 욕구, 행위, 표현이 형성되는 것을 도와준다. 그뿐만 아니라 정서 교육은 타인의 정서뿐 아니라 자신의 정서를 이해하도록 도와준다. 요컨대, 아이가 어떤 정서를 갖거나 느끼게 하려면 그 정서에 들어 있는 생각을 품게 하고, 그 생각에 담긴 개념을 이해하게 하고, 그 개념을 가리키는 단어를 적절하게 사용하도록 가르쳐야 한다.

정서는 사실과 기능을 주로 가르치는 학교에서 소홀히 다루어진다. 그러나 아이들이 학습을 즐기고, 학습에 몰두하게 하는 것은 학교 교육과정의 중요한 목적일 것이다. 또 교과 학습에 대한 즐거움, 애착, 사랑은 그 교과의 대상이 되는 세계와 인간에 대한 사랑으로 이어질 것이다. 학교에서 경시되고 있는 예술과 문학의 가치를 정서 교육과 관련지어 중시할 필요가 있다. 정서 교육에서 중요한 사항은 '아이가 어떤 인간으로 형성되는가' 하는 점이다.

표 감각, 지각, 정서의 차이

	감각(내적, 신체적 감각)	지각(지각 경험)	정서
사례	사례: 갈증, 굶주림, 아픔, 가려움, 두근거림, 목에 걸림, (다리가) 젖음	사례: 봄, 냄새, 들음, 맛봄, 만짐	사례: 두려움, 희망, 시기심, 흥분, 부끄러움
기관 (organ)	감각 기관은 없음. 치아로서 치통을 느끼는 것이 아님(치아에서 통증을 느낌).	지각 기관이 있음. 눈, 코, 귀, 혀, 피부 예컨대, 더 잘 듣기 위해서 귀를 기울일 수 있음.	정서 기관은 없음. 두려움을 더 느끼기 위해 움직일 수 있는 기관은 없음.
소재 (locus)	치통의 소재는 치아임; 목구멍에서 걸림; 떨림, 호흡곤란; 다리에서 젖음.	눈으로 보는 것이지 눈에서 보는 것은 아님.	부끄러움을 느끼는 곳은 없음. 나는 나의 뺨에서 부끄러움을 느끼지 못함. 나의 뺨이 뜨거워지는 느낌에서 부끄러움을 짐작함.
정보	감각은 자기 신체에 관한 정보를 제공해 줌: 내 손이 아픈 것을 느낌으로써 A4 용지에 베인 것을 알았다.	지각은 외부 세계에 관한 정보를 제공해 줌: 그의 숨소리가 급변하는 것을 듣고 나는 그의 죽음이 가까웠음을 짐작했다.	정서는 내면 상태에 관한 정보를 제공해줌: 시기심이 솟구침을 느낄 때 나는 내가 그녀를 사랑하고 있음을 깨달았다.
표현 형식	굶주림은 먹을 것을 찾는 행위로 나타남.	보는 것, 듣는 것은 특정 행위와 연결되지 못함.	두려움은 특정 행위로 연결됨. (우울처럼 특정 행위로 나타나지 않는 것은 기분이라고 함)
시간	격렬한 통증을 순간적으로 느낄 수 있었다.	폭발하는 소리가 몇 초 동안 들렸다.	깊은 슬픔, 열렬한 사랑의 경우, 시간을 특정하기가 어렵다.
대상	감각의 대상은 없음: 배가 고프거나 이가 아픔.	지각의 대상이 있음: 무엇을 듣거나 보거나 함.	정서의 대상이 있음: 무엇을 부끄러워하거나 두려워함.

* 앤서니 케니의 견해(Anthony Kenny, 1992, 54-56)를 필자가 정리한 것임.

제 10 장 자아

1. 자아를 찾아서
2. 자아와 교육
3. 요약

1. 자아를 찾아서

이제까지 심적 활동의 특수한 측면에 속하는 개념, 믿음, 발달, 지능, 사고, 상상, 동기, 정서를, 그리고 각각의 교육적 의미를 살펴보았다. 이런 여러 가지 측면은 다양한 방식으로 서로 연결된다. 여러 측면이 한데 모이면 어떤 전체를 이룰 것이다. 그것을 가리켜 우리는 무엇이라고 말하는가?

이것은 교육과 연관성이 깊은 문제다. 교육에 관한 관심이나 논의에서 흔히 놓치기 쉬운 주제가 '전인으로서의 아이(the whole child)'다. 전통적으로 학교의 교육과정은 국어, 수학, 과학, 역사, … 체육 등과 같은 특수한 교과를 중심으로 구성되고, 또 운영되고 있다. 그러다 보면 '전인으로서의 아이'는 잊히기 쉽다. 이 책에서도 이제까지 심적 활동의 특수한 측면을 여러 가지로 살펴보느라 '전인으로서의 아이'를 미처 다루지 못했다.

이제 이 문제를 제대로 다루어 보자. 심적 활동의 여러 측면을 한데 묶어주는 전체(단위)를 가리켜서 무엇이라고 부를 것인가? 전인, 인격, 자아? 어느 이름으로 부르든 간에 그것은 무엇인가?

여기서 데카르트의 관점으로 되돌아가 보자. 데카르트에 따르면, 심적 활동의 모든 부분은 하나로 모인다. 즉, 그들을 통합하는 요인은 비-물질적 실체, 혹은 실체적 마음, 혹은 영혼이다. 이것은 이승에서 물질적 신체에 묶여있고, (데카르트적 관점을 종교적으로 해석하면) 신체가 사멸한 후에도 살아남는다. 이런 실체 안에서 심적 활동, 즉 합리적 사고가 일어난다. 이 실체가 곧 자아, 인격, 아이와 똑같은 것이다.

데카르트에 따르면, 인간은 누구나 그런 실체를 갖는다. 더 정확히 말하면, 인간은 그런 실체다. 그러나 그런 실체(적 자아)가 있다고 가정하려면 이를 뒷받침해 줄 근거가 있어야 한다. 가령, 그런 실체의 증거를 찾기 위해서 자기 자신을 들여다볼 수 있다. 그러면 '그런 것이 거기에 있다'라는 증거를 찾을 수 있는가? 흄(Hume)에 따르면, 거기서 그런 실체는 찾을 수 없다. 왜냐하면 인간의 내면에서 보이는 것은 그저 특수한 경험이기 때문이다. 거기에는 예컨대, 코로나19에 대한 어떤 생각, 돼지 삼겹살에 대한 어떤 후각적 이미지, 화가 나서 떨리는 어떤 느낌, 이런 것이 있을 뿐이다. 아무리 열심히 찾아도 이런 것을 담아 놓을 어떤 그릇은 보이지 않는다.

그렇다면 자아는 무엇인가? 흄이 생각하는 것처럼 자아는 그런 경험의 연속에 지나지 않는 것인가? '나'라는 것은 경험의 총합일 뿐인가? 교육자들이 말하는 '전인으로서의 아이'는 결국 특수한 심적 항목들의 집합일 뿐인가?

그렇지는 않은 것 같다. 그런데 그렇지 않다고 말할 근거는 있는가? 자아가 그릇이나 용기가 아니고, 또 그릇에 담거나 채워지는 것도 아니라고 한다면 자아는 무엇인가? 자아는 무엇으로 존재하는 것인가?

그런데 흄을 따르기도 어색한 것 같다. 거기에는 이유가 있다. 왜냐하면 인간의 내면에서 보인다고 흄이 말하는 모든 특수한 경험은 독립된 실체로 취급될 수 없는 것이기 때문이다. 그것들은 자체적으로 실재하는 것이 아니다. 다시 말해서 나의 마음의 내용물을 들여다볼 때 거기에 들어 있는 생각, 이미지, 감각 등은 그 자체로서, 즉 독립적으로 실재하는 것으로 보이지 않는다.

더 구체적으로 말해 보자. 예컨대, 고통이라는 특수한 느낌, 즉 아이의 오른쪽 턱에서 느끼는 치통을 놓고 말해 보자. 아이는 숲에서 폭포를 발견하는 것처럼 치통을 발견하는 것이 아니다. 폭포는 따로 있지만 치통은 아이에게 딱 붙어 있다. 다시 말해서 아이가 느끼는 치통은 아무나 느끼는 치통이 아니다. 그것은 엄마의 치통도, 아빠의 치통도 아니고, 아이의 치통이다. 이와 똑같이 아이의 느낌, 기억, 생각 등은 생길 때부터 이미 아이를 가리키는 '나'라는 이름이 붙게 된다. 아이가 돌아볼 때 보는 것은 '나는 양심의 가책으로 괴로워한다', '나는 어머니를 생각하는 중이다', '나는 다음 주 일기예보를 살펴본다'라는 점이다.

지금까지 우리가 찾고 있는 것은 무엇인가? 그것은 사고, 욕구, 감각, 이미지 등과 같은 특수한 심적 현상을 한데 묶어 줄 어떤 통합적, 통일된 요인이다. 만일 특수한 심적 현상이 자체적으로 생길 수 없는 것이라면 이제 그 통합적, 통일된 요인을 '나'에서 찾은 것인가?

여기에 아까보다 더 나아진 점이 있는가? 주변에서 중심으로 이동한 것 같은데, 흄에서 다시 데카르트로 되돌아온 것처럼 보인다. 그렇다면 데카르트가 말하는 비-물질적 자아로 되돌아간 셈인가?

그렇지는 않다. 우리는 '모든 경험은 누구의 경험이다'라는 점에 도달했다. 경험은 나의 것, 너의 것, 그의 것, 혹은 다른 사람의 것이다. 이는 발현적인 심적 현상뿐만 아니라 지속적인 심적 현상에도 똑같이 적용되는 점이다. 나의 믿음, 나의 능력, 나의 성향도 내가 반성할 수 있는 대상에 속한다는 뜻이다. 예를 들어, 내가 나의 고질적인 자신감 부족 때문에 고민한다면 이것은 다른 사람의 문제가 아니라 나의 문제라는 말이다.

또 우리에게 어떤 심적 현상이 있다면 당연히 그것을 우리가 가지고 있다는 사실에 대해 아무 때나 반성할 수 있다. 다시 말해서 우리가 '나는 … 하다'라고 생각하는 것은 아무 때나 당연한 일이다. 빈칸에는 '내 권리를 원한다', '야구가 전혀 재미없다고 생각한다', '메스꺼움을 느낀다'와 같은 심적 속성이 들어간다.

마침내 우리는 한 가지 사항에 도달하였다. 이는 '심적 현상은 주체를 요구한다'라는 점이다. 이 주체를 가리키는 단어가 '나'다. 그런데 이 주체를 실체라고 착각할 필요는 없다. 다시 말해서 데카르트의 자아는 실체 혹은 심적 실체였지만, 일상 용어인 '나'가 반드시 어떤 실체를 가리킨다고 생각할 이유는 없다. 그렇게 생각한다면 그것은 실체와 주체를 혼동하는 것이다.

이 이야기는 맞는가? 만일 내가 어떤 '것'이 아니라면 이는 '내가 아무것도 아니다'라는 뜻인가?

이런 생각에는 뭔가 잘못된 점이 있는 것 같다. 왜냐하면 나는 나 자신에게 정말 실질적인 것으로 보이기 때문이다. 이런 확신을 과연 철학적 논변이 무너뜨리고, '나는 경험 가능성의 논리적 전제일 뿐이고 그밖에 아무것도 아니다'라는 점을 나에게 납득시킬 수 있겠는가?

'나는 그점보다 더 실질적인 것이다'라고 확신하는 데에는 이유가 있다. 왜냐하면 나는 나에게 생각, 감정, 욕구뿐만 아니라 몸무게, 팔다리, 머리카락까지 귀속시킬 수 있기 때문이다. 다시 말해서 나는 '나는 행복을 느낀다'라는 점뿐만 아니라, '나는 61Kg 밖에 안 된다', '나의 두 다리는 멀쩡하다', '나는 대머리가 아니다'라는 점에 대해서도 생각할 수 있다.

그렇지만 이런 물리적 속성을 내가 소유할지라도, 나는 그저 내 몸일 수만은 없을 것이다. 왜냐하면 비-물리적 현상이 나에게 귀속될 수 있기 때문이다. 만일 내가 그저 몸일 뿐이라면 어떻게 (심적인 것이 아닌) 몸에서 (상상이나 믿음과 같은 비-물리적) 심적 현상이 나타날 수 있겠는가?

뛰어넘을 수 없는 난관이 어디나 있다. 따라서 '자아'라는 주제는 철학자뿐만 아니라 보통 사람들에게도 아주 신비로운 것처럼 보인다.[1] '나'라는 단어가 지적 심연을 암시하는 것 같다. 앞서 제기한 질문을 다시 꺼내 보자. '나는 그저 내 몸일 수 있는가?' 여기서 '내 몸'이라는 단어는 '그 몸이 내가 소유하는 어떤 것이다'라는 점을 가리킨다. 만약 내가 그것을 소유한다면 나는 당연히 그것과는 구별되는 어떤 것, 즉 그 소유자일 것이다. 그렇다면 나는 그저 나의 몸일 수 없다. 왜냐하면 내가 그저 나의 몸일 뿐이라면 나는 그것의 소유자가 될 수 없기 때문이다.

'나 자신'이라는 단어도 복잡하기는 마찬가지다. '나는 거울 속의 나 자신을 본다'라고 말할 때 내가 바라보는 대상, 즉 '나 자신'은 무엇인가? '나 자신'은 바라보는 '나'와 같은 것인가?

정말 피곤한 이야기의 연속이다. 사람들이 철학을 꺼리는 것도 당연할 것 같다. 생각을 정리하는 데 도움이 되기는커녕, 머리가 돌아 버리게 만드는 철학에 왜 기웃거려야 하는가?

그러나 그냥 포기할 수는 없다. 왜냐하면 가능한 해결책이 곧 나타날지 모르기 때문이다. '인간은 무엇이냐면 몸이다'라는 견해로 되돌아가자. 여기서 부딪힌 문제는 이것이다. 만일 우리가 정말 몸이고, 따라서 심적인 것이 아니라면 어떻게 '비-심적인' 것에서 심적 활동이 생길 수 있는가?'

그런데 물질주의를 신봉하는 철학자들(materialists)은 그것을 난감하게 여기지 않는다. 그들에 따르면, 인간의 생각은 생리학적 수준에서, 그리고 궁극적으로 물리학적 입자와 과정의 수준에서 발생하는 사건들의 연속으로 환원되거나 동일시될 수 있다. 따라서 '몸에서 생각이 생겨날 수 있다'라는 아이디어에 대해 그들은 만족한다.

그런데 우리가 물질주의자는 아니라고 해 보자. (그 이유는 제1장, 그리고 제11장에 들어 있다) 그런 우리는 '몸이 생각할 수 있다'라는 아이디어를 받아들일 수 있는가? 이것은 '심적 현상은 물리적 대상에 귀속될 수 없다'라는 가정에서 생긴 질문이다. 이런 가정은 데카르트로부터 내려온 것인데, 과연 참인가?

어째서 '몸은 심적 속성을 가질 수 없다'라고 가정하는가? 우리가 데카르트처럼, (모든 실재를 상호 배타적으로, 즉 물질 영역과 심적 영역으로 구분하는) 이원론적 형이상학에서 출발한다면 '주로 물질적 특성을 갖는 몸은 심적 특성까지 가질 수 없다'라는 결론에 도달하기가 쉬울 것이다.

데카르트(1596~1650)는 다윈(1809~1882)이나 멘델(1822~1884)보다 더 앞선 시대를 살았다. 또 데카르트가 '순수한 심적 실체'의 존재를 옹호했던 이유는 그 당시의 기독교적 문화 때문이다. 그러나 우리가 살아가는 이 시대는 종교적 선입견으로부터 자유로울 뿐만 아니라 진화론적으로 인간의 삶을 생각하는 데 익숙하다. 요즈음 우리는 세상을 다르게 볼 수 있다.

우리는 '순전히 물질적인 것이 있다'라는 점을 안다. 예를 들어, 바위, 불, 천둥, 구름 등의 본성에 대한 종합적인 설명은 이론적으로 물질과학이 제공해 줄 것이다. 그러나 식물이나 동물과 같은 생물학적 유기체에 대해서는 어떻게 말할 것인가? 이를 모두 순전히 물리적인 것으로 취급할 수 있는가? 그 중 어떤 것은 종류가 다른 실체로 취급해야 될 것인가?

우리가 아는 것처럼 식물과 동물은 목적론적 현상에 속한다. 바위와 다르게 식물과 동물은 씨에서 출발하여 성숙이라는 최종 상태를 향해 발달하는 것이다. 이것만으로 식물과 동물이 순전히 물리적인 실체가 아닌, 혹은 그 이상의 존재가 되지는 못할 것이다. 아무튼 다음과 같이 생각할 이유는 있다.

> 유기체는 계통발생적 연결고리의 어느 불확실한 지점에서 목적론적 피조물이 되었을 뿐만 아니라 목적론적 성과를 낳을 수 있는 의식을 소유하는 피조물이 되었다. 동물 유기체는 진화론적 이야기의 어느 불분명한 지점에서 자신을 형성하는 살아 있는 몸이 죽을 위기에 빠져서 도망가야 할 바로 그 순간에 고통을 느끼기 시작했고; 또 주변 환경에서 먹이 혹은 포식자와 같은 것을 보거나 듣기를 시작했다(JW, 182).

이는 다음과 같은 뜻이다. 의식이 없었던 (그 본성은 이론상으로 순전히 물리적 용어로 기술될 수 있는) 유기체가 점진적으로—처음에는 초보적 형태의, 나중에는 더 정교한 형태의—의식을 가질 수 있는 유기체로 진화했다는 말이다. 이렇게 진화한 유기체는 여전히 물리적 실체이긴 하지만 단순한 물리적 실체가 아니다. 그것은 감각, 지각, 욕구가 가능한 물리적 실체다. 이런 진화론적 변화의 점진적 특성을 고려할 때, (비-물리적 동물과 불멸하는 영혼(인간)을 구분했던 데카르트의 형이상학처럼) 물리적인 것과 비-물리적인 것을 서로 단절적으로 양분해야 할 이유는 없는 것 같다.

이렇게 말한다고 해서 진화론적 선사(pre-history)에 대한 앞선 설명이 반드시 옳다는 뜻은 아니다. 지금까지 알려진 바를 두루 생각해 보면 이런 설명이 대체로 맞는 방향에 있는 것처럼 보인다는 뜻이다. 그렇지만 이것이 핵심 사항은 아니다. 핵심은 경험적인 것이 아니라 개념적인 것에 있다. 다시 말해서 '그저 물리적이기만 한 것이 아니라 심적 특성도 가질 수 있는 물리적인 것'이라는 개념에 대해 어떤 의미를 부여할 수 있는가를 밝히는 일이 그 핵심이다.

여기서 신비하지 않은 의미의 자아로 나아갈 수 있겠다. 나는 무엇이고, 너는 무엇이며, 아이는 무엇인가? 모두가 기본적으로는 생물학적 유기체, 즉 인간이다. 일부 동물처럼 인간은 다양한 형태의 의식을 가질 수 있다. 그런 동물은 다음과 같은 의미에서 의식의 주체다. 예컨대, 고양이 네로는 다른 고양이와 싸우다가 피를 흘리면서 고통을 느끼는, 그리고 주인이 부르는 소리를 알아듣는 (경험을 하는) 유기체이며, 이 두 가지 경험은 그에게 속한다. 고양이 네로의 모든 심적 활동은 인간의 심적 활동과 마찬가지로 똑같은 주체에 속한다는 의미에서 통일적이다.

드문 예외도 있겠지만 인간은 그보다 훨씬 풍부한 의미를 가진 주체일 것이다. 인간은 찢긴 피부에서 고통을 느낄 뿐 아니라, 그 고통을 느낀다는 점도 스스로 인식한다. 인간은 '나는 아프다'라는 생각까지 할 수 있다. 그런 것을 경험할 뿐 아니라 지속적인 심적 현상도 가질 수 있다. 다시 말해서 인간은 다음과 같은 생각을 가질 수 있다. 나는 잠자고 싶다; 나는 그녀의 말 때문에 속상하다; 나는 네가 잘못했다고 여긴다.

인간은 경험의 통일적 주체일 뿐 아니라, 자신이 그런 존재라는 점도 안다. 인간은 스스로 꿈꾸고 걱정할 뿐 아니라, 자신이 듣고, 맛보고, 기억하고, 추측하고, 계획하는 존재라는 점도 안다. 다른 동물은 행동할 수 있지만, 그렇게 행동하는 것이 자신이라는 점은 미처 깨닫지 못한다.

이런 점에서 인간은 다른 동물을 초월한다. 어떻게 해서 인간은 그렇게 되는가? 그것은 개념 때문이다. 고양이 네로는 고통을 느끼지만, 고통의 개념을 갖지는 못한다. 이와 달리 인간은 모어를 배우면서 고통의 개념을—일반적으로는 배앓이 혹은 손가락 통증과 같이 더 제한된 형태를 통해서—습득한다. 이런 방식으로 인간은 또 다른 심적 개념을 배우고, 또 사용한다. 즉,

생후 3년이나 4년이 되면 아이는 자신과 타인의 경험에 대해서 '하고 싶은', '만지는', '꿈꾸는', '관해서 생각하는', '슬픈'과 같은 단어를 사용하는 데 별로 어렵지 않다.

방금 이야기한 것처럼, 아이는 심적 개념을 획득하면서 이와 동시에 그런 개념을 자신과 타인에게 귀속시키는(ascribe), 즉 적용하는 것도 배운다. 앞서 말했듯이, 고통과 지각은 자체적으로 독립적 현상으로 나타나지 않고 누군가의 고통과 지각으로 나타난다. 심적 개념의 학습은 경험의 주체라는 개념, 즉 '나', '너', '그'라는 개념의 학습과 함께 이루어진다.

그러면 고양이, 개와 같은 동물에 대해서도 '자아를 갖는다', 혹은 '자아다'라고 말할 수 있는가? 그 여부는 이 말을 어떻게 이해하는가에 따라 다를 것이다. 만일 '자아'를 '자신이 경험의 주체임을 인식하지는 못한다'라는 약한 의미로만 사용한다면 그렇게 말해도 문제가 없을 것이다.

그러나 '자아' 혹은 '인격'에는 자아 인식이라는 요소가 더 들어 있다. 다시 말해서 '나는 가고 싶지 않아', '너의 생각은 뭐야'와 같은 언어 표현을 사용함으로써 자신이나 타인에게 심적 속성을 귀속시킬 수 있는 존재가 되어야 비로소 '자아' 혹은 '인격'이라고 말할 수 있다.

이 견해에 따르면, 아주 어린아이나 조금 더 큰 아이는 자아, 혹은 인격이 되는 것을 배우는 중이다. 물론 더 깊고 더 넓은 의미에서 '인격'이 되는 것은 평생 배워야 할 과정이다. 그렇지만 앞서 언급했듯이, 간단한 언어 표현에 능숙해진다면 첫 단계에 들어선 셈이나 다름이 없다. 신생아는 이런 의미에서 아직 인격은 아니지만 인격이 될 수 있기 때문에 정상적인 인격체에 부여하는 여러 가지 권리를, 예컨대 신체적으로 학대를 받지 않을 권리를 분명히 갖는다. 만일 아이가 욕구, 고통 등을 경험한다면 아직 자아 인식은 없을지라도 인격으로서의 자격은 분명히 있다.[2)]

2. 자아와 교육

교육사상이라는 영역은 오랫동안 그리고 아직도 데카르트적 자아 개념이 지배하는 곳이다. 이렇게 된 것은 데카르트 탓만이 아니다. 플라톤도 인간이 불멸의 영혼이며, 인간의 특징적 활동은 실재의 본질에 관한 합리적 사고에 몰두하는 것이라고 주장했다. 그러나 이런 견해를 명확하게 표현하고 그 이유까지 밝혀낸 인물은 데카르트였다. 따라서 이런 광범한 사상적 흐름을 가리켜 데카르트적이라고 말할 수 있다.[3)]

데카르트적 자아관은 오늘날의 학교 교육에 뚜렷이 남아 있다.[4)] 인간의 불멸성과 연관된 부분은 일부 종교계, 학교를 제외하면 거의 없어졌지만, '교육은 기본적으로 이론적 합리성의 발달이다'라는 아이디어는 세계적으로 학교 교육과정의 큰 틀이다. 따라서 아이의 마음은 사실과 이론으로 채워져야 할 그릇으로, 그리고 최악의 경우에는 온갖 것을 채워 넣어야 할 용기로 간주되었다. 더 계몽되었다고 하는 교육제도에서도 아이의 마음은 마음의 내적 엔진(합리성)이 작동하도록 사실과 아이디어를 끊임없이 넣어 주어야 할 (심적 세척기 혹은 심적 세탁기와 같은) 기계처럼 취급했다.

'마음의 최고 수준의 발휘는 몸으로 실존하는 인간으로부터 가장 거리가 먼 것, 즉 가장 추상적인 것이다'라는 플라톤-데카르트적 가정은 여전히 막강하고, 학교 교육과정에도 분명히 깔려 있다. 이런 가정은 과학 안에서는 생물학보다 물리학이, 일반적으로는 역사나 문학보다 자연과학이, 그리고 의무교육의 후기 단계에서는 (필수이지만 일부 학생에게는 무의미한) 추상적 수학이 떨치는 더 큰 위세에서 나타난다.[5)]

데카르트적 자아관이 미친 영향이 또 있다. 학교는 실천적 추론보다는 이론적 추론에 더 큰 애착을 보인다.[6)] 다시 말해서 아이가 좋은 삶을 살아가도록 도와주는 일보다는 진리 추구에 몰두하도록 만드는 일에 더 큰 애착을 갖는다.

그렇다면 데카르트적 자아관은 무엇으로 대체할 수 있는가? 자아의 발달에 관한 대안적 설명은 가능한가? 존 화이트는 한 가지 대안을 제시한다(JW, 184). 존 화이트는 자아의 발달을 세 가지 단계로 밝힌다. 여기서 발달은 자동사가 아니라 타동사로 주로 쓰인다. '발달하다'보다 '발달시키다'가 더 적절한 이유는 자아의 발달이 식물이나 동물의 신체가 성장하는 것과 다르기 때문이다. 자아는 씨(앗)에서 성숙한 표본으로 저절로 발달하지 않는다. 최소한 초기 발달 단계에서 부모와 교사는 아이를 발달시킨다.[7] 아이에게 생기는 변화는 가르침과 배움의 산물이다. 물론 아이가 더 자라나면 자기 학습의 주체가 될 여지는 더욱 커질 것이다.

1) 제1단계: 자아의 탄생

신생아는 다양한 능력을 지니고 태어난다. 신생아는 고통이나 유쾌의 감각을 느끼고; 음식이나 음료에 대한 욕구를 갖고; 개념을 습득할 수 있는 (아직은 잠재된) 능력이 있고[8]; 듣고, 보고, 맛볼 수 있으며; 두려움이나 흥분과 같은 정서적 반응을 초보적으로 보이고; 팔, 다리 및 신체의 다른 부분을 움직일 수 있다.

아이의 부모는 자아 발달의 첫 단계에서 그런 원초적 능력을 길러 줌으로써 아이가 작은 인격으로 자라도록 도와준다. 특히 아이에게는 어떤 사물을 다른 것의 신호로 보는 능력이 있다. 부모는 이를 기반으로 삼아[9] 아이가 언어를 이해하고, 또 언어를 사용하도록 장려한다. 일단 아이가 '나' 혹은 다른 인칭 대명사를 사용하고, 또 여러 가지 심적 용어를 사용하게 되면서 앞서 언급한 대로, 인간다운 모습을 지닌 특수한 인격체(personhood)로 변해 간다. 이와 동시에 아이는 주변 세계 또는 좋은 행동과 관련된 개념을 더 많이 습득하게 된다.

아이는 세계에 대해서, 그리고 세계 속의 사물, 사건, 사람에 대해서 자신의 관점을 갖게 된다. 이는 심적 개념을 사용할 수 있는 능력과 더불어 생길 것이다. 심적 개념은 지향성을 갖는다.[10] 아이는 '…을 듣다', '…이 두렵다', '…하고 싶다', '…을 꿈꾸다'와 같은 표현을 배우면서 …에 지향적 대상을 집어넣는 것도 함께 배운다. 즉, 아이는 '벨 소리가 들려요', '잠을 자고 싶지 않아'라고 말할 수 있다. 아이는 그 대상을 개념화한다. 대상의 개념화는 아이의 개념 틀 안에서, 동원 가능한 자원을 통해서 이루어진다. 아이는 때때로 어떤 것의 이름을 틀리게 말하고, 틀린 믿음을 가질 수 있으므로 이런 결함이 아이의 개념화에서 나타날 경우에는 이를 바로잡아 줄 필요가 있다.

아이의 초기 양육에서 아이는 '실제로 사물이 어떤 것인가'에, 혹은 최소한 '공적 합의 속에서 사물이 어떤 것인가'에 더 가까워지게 이끌어 주는 지각 방식과 사고방식으로 입문되어야 한다. 문화적 배경에 따라 다르겠지만, 그런 공적 합의 중에서 어떤 것은 적절한 과정을 거쳐서—특히 가정교육에 이은 형식 교육을 통해서—도전을 받을 수도 있고, 그렇지 않을 수도 있다. 다시 말해서 세계에 관한 전통적 믿음은 과학적 이해를 통해서 더 깊어지고, 그리고 타인에 대한 고착되고 정형화된 이해는 더 섬세한 것으로 바뀔 수 있다. 아이는 사물이 어떻게 존재하는가에 관해서 점점 더 객관적인 그림을 갖게 될 것이다.

그러나 이것이 초기 교육의 전부일 수 없다. 아이의 모든 지향적 상태와 경험이—실재에 대한 공적 지각과 딱 들어맞음으로써 여지가 전혀 없이—통제될 수는 없다. 이는 실천적으로 혹은 개념적으로 볼 때 불가능한 일이다. 예컨대, 음식과 음료에 대한 태도를 보면 아이의 선호는 제각기 다르게 발달한다. 나물이나 김치를 좋아하는 아이와 이를 싫어하는 아이가 생긴다. 좋은 것, 싫은 것이 딱 갈라지는 것도 아니다. 좋아하는 것과 아주 좋아하는 것, 싫어하는 것과 아주 싫어하는 것이 나누어진다. 또 똑같은 대상에 대한 시각적 지각의 차이를 보더라도 개가 아이에게 불러일으키는 연상은 제각기 다르다. 어릴 적부터 개와 함께 자란 아이, 개에게 물릴 뻔한 아이, 개에 관한 비디오를 많이 본 아이는 그것을 어떻게 보는가? 이는 과거 경험에 따라 부분적으로 다를 것이다. 만일 모든 아이의 배경 경험이 똑같다면 관점의 주관적 차이가 없어지겠지만, 아이가 사는 지역, 아이의 나이, 가족 안에서 아이의 위치, 그리고 종교적, 문화적 배경 등이 모두 다르므로 관점의 주관성은 제거될 수 없는 것이다.

관점의 주관성을 제거하기를 바라는 사람들이 없지 않다. 이들은 도대체 어떤 사람인가? 동질적인 사회를 추구하는 이데올로기에 빠진 사람들은 주관적 관점을 제거하기를 원할 것이다. 이와 달리 자유로운 사회에서 살아가는 대다수의 사람은 그렇지 않을 것이다. 인간은 다른 동물과 달리 제각기 세계를 다르게 지각하고, 똑같은 주제에 대해서도 제각기 다른 믿음을 갖고 또 표명하며, 그리고 다른 사람들의 다양한 관점을 그 자체로서, 혹은 우리의 믿음이나 판단과 관련된 것으로서 귀중하게 여길 수 있다.

그러기에 우리는 아이의 상상력을 장려하는 것이다. 관점의 차이는 과거 경험의 수동적 영향 때문에 생기는 것이 아니라 아이의 자발적 착상과 '~으로 봄(see-as)' 때문에 생길 수 있는 것이다. 예를 들면, 아이는 두꺼비를 마술에 걸린 왕자로 보고, 또 구름을 산맥으로 봄으로써 관점의 차이를 드러낼 수 있다.[11]

따라서 '인격이 됨'에는 객관적 측면과 주관적 측면이 있다. 아이의 사고는 어느 정도까지는 실재에 더 가까워져야 하겠지만, 자신의 독자적 반응을 위한 여지도 남겨 두어야 할 것이다.

언급해 둘 사항이 더 남아 있다. 이는 자아의 사회적 성격에 관한 것이다. 데카르트의 자아는 제2장에서 보았듯이, 비-사회적 원자다. 다시 말해서 자신의 존재는 확신하면서도 타인의 존재는 애당초 의심하는 자아다. 그러나 생물학적 유기체인 신생아는 문화적으로 중립적인 상태에 있다가도 자아 발달의 제1단계가 끝날 즈음, 심적 개념 및 자아/타인이라는 개념을 사용하게 되면서 사회적 세계로 진입한다.

제3장과 제4장에서 본 것처럼, 개념은 공적 현상이다. 개념은 아이의 내면에서 생물학적 방식으로 발달하는 것이 아니다. 아이는 개념의 의미와 적용을 지배하는 공적으로 합의된 규칙과 기준을 배워야 한다. 또 틀리게 배울 때는 교정되어야 한다. 왜냐하면 제1단계에서 자아가 된다는 것은 (근본적으로 사회적 성격을 가진) 기초적 개념-틀을 소유하는 일이기 때문이다. 시간이 흐르면서 아이는 자기 자신을 공동체의 구성원으로, 즉 언어를 공유하고, 동일한 기초적 개념 구조를 가지고 살아가는 구성원으로 보게 될 것이다.

2) 제2단계: 자아 이해의 출현

제2단계에서도 아이는 자아, 혹은 인격이 됨을 배운다. 제2단계는 제1단계와 시간적으로 중복될 수 있으나 개념적으로는 구별할 수 있다. 제1단계의 아이는 '나는'이라는 주어에 '…하기를 원하다', '…을 보다'라는 술어를 붙일 수 있다. 이 단계에서 아이의 의식은 외부로, 즉 욕구와 지식의 대상을 향한다. 그러나 아이의 의식은 아직 반성적이지 못하다. 말하자면 자신을 향하지 못한다. 반성은 제2단계의 정체성이다. 여기서 아이는 자신의 행위, 자신의 지각, 자신의 상상, 자신의 믿음에 관해서 생각할 수 있게 된다. 부모와 교사는 아이가 그렇게 하도록 장려한다.

이런 일이 구체적으로 어떻게 일어나는가? 이는 경험적 문제이므로 철학의 범위를 벗어난다. 그러나 우리는 일상적인 경험으로 그것을 알고 있다. 아이가 예컨대 양쪽 신발 끈을 함께 묶은 채 담에서 뛰어내리는 장난을 하거나, 혹은 친구에게 거칠게 대할 때는 부모로부터 꾸중을 듣는다. 부모는 아이가 자기의 행위에 주목하고, 그것이 나쁜 짓임을 깨닫게 만든다. 또 명백한 실수는 아니겠지만 근거가 빈약한 발언을 하고나서 꾸중을 듣기도 한다. 예컨대, 아이가 '선생님이 자신을 멍청하다고 여기기 때문에 그를 싫어한다'

라고 말하면 아이의 아버지는 '정말? 왜 그렇게 생각하지?'라고 묻는다.

자기의 행위와 믿음은 수정되거나 정당화될 필요가 생긴다. 이는 아이가 자기의 행위와 믿음에 관해서 관심을 쏟도록 만들 것이다. 그러나 그런 필요성만으로 자아 성찰의 측면에서 많은 성과가 생길 수 있지만 그렇지 못할 수도 있다. 왜냐하면 행위와 믿음이 실제로 아이의 것이라고 할지라도, 그것이 '자신의 것'이라는 점보다는 오히려 다른 점에 대해서 아이가 더 관심을 쏟기 때문이다. 예를 들어 보자. 아이가 친구에 대한 거친 행위를 그만두는 것은 아마 '자기 부모가 옳다고 여기는 행동'을 하기를 원하기 때문일 수 있다. 다시 말해서 아이가 자기의 행위를 바꾸기는 하지만 '친구에게 그렇게 대하는 나는 얼마나 못된 인간인가!'라는 생각은 안 생길 수 있다.

그렇지만 이런 경우도 아이의 성장 과정에서 그런 자아 평가가 자리를 잡을 수 있는 기반이 된다. 부모가 그런 사태를 다루는 방식에 따라서 아이가 그런 방향으로 나아가는 데 도움을 얻을 수 있다. 다시 말해서 부모는 아이가 스스로 행한 일에 대해서 부끄러움을 느끼게 함으로써 아이에게 자신을 가리키는 정서가 생기도록 만들 수 있다.[12] 여기서 아이의 관심은 자신을 향하게 된다. 즉, 자신이 저지른 행위, 그리고 자신이 따라야 할 이상적 표준, 이 둘 간의 격차에 대해서 관심을 쏟게 된다.

믿음에 대한 성찰도 마찬가지다. 자신의 믿음에 대한 성찰은 아이를 자아 성찰로 이끌거나, 이끌지 못할 수 있다. 아마 그렇지 못할 때가 많을 것이다. 특히 성찰의 주제가 자아 성찰에 부적합한 것이면 그럴 것이다. 예컨대, 아이가 '바닷물이 들어온다'라고 말할 경우, '왜 그렇지?'라고 물으면 그는 '밀려오는 해조류 때문'이라고 대답할 것이다. 이와 달리 아이가 자신의 믿음에 관해서 생각할 경우, 자신이 거기에 깊이 개입될 것이다. 예컨대, 아이가 자신의 인종/지역 차별적 태도를 인지하게 된다면 '어째서 나는 그런 생각에 빠지게 되었을까?' 하고 부끄럽게 여길 수 있다. 자신의 믿음에 관한 생각이 아이의 자아 성찰을 촉진할 경우는 대체로 그 믿음이 자기와 무관하지 않고 자신의 행위, 가치, 욕구, 태도와 연관될 때다.

그런데 자아 성찰은 특수한 행위나 믿음에서 멈추지 않을 것이다. 자아 성찰은 전반적으로 현재에서 먼 과거 혹은 먼 미래로 뻗어 갈 수 있다. 아이가 커서 성인이 되면 지나온 삶에 대한 회상이 많아질 것이다. 이 회상은 아무렇게나 모인 덩어리로 떠오르지 않을 것이다. 물론 느닷없이 떠오를 수는 있다. 그러나 앞서 언급했듯이, 인간의 행위는 원자와 같은 현상이 아니다. 그것은 수단-목적 관계로 긴밀하게 연결되는 것이며, 더 좁게 혹은 더 넓게 기술될 수도 있다.[13] 이처럼 연결되기 때문에 자아관은 유지되고, 또 발달할 수 있다.

아이는 자신의 지나온 삶에 대해서 자신의 틀을 부여한다. 자신에게 일어난 일은 여러 해에 걸친 이야기로 엮어진다. 모든 이야기가 그렇듯, 자신에 관한 이야기는 아무래도 선택적일 수밖에 없다. 또 그것은 내적 정합성을 갖지 않을 수 없다. 왜냐하면 각 부분이 이해될 수 있는 방향으로 서로 연결되기 때문이다.

그렇다고 해서 그런 이야기가 모두 참이라는 말은 아니다. 아이는 자기를 좋게 드러내려고, 연극적 효과를 내려고, 혹은 유머를 위해서 사실을 윤색할 수 있고, 실제로 그렇게 한다. 차라리 잊어버리고 싶은 사건은 설명에서 빠뜨릴 수 있고, 실제로 그렇게 한다.

아이는 자신의 과거에 대해 얼마나 객관적일 수 있는가? 이것은 교육목적으로서 얼마만큼 장려해야 하는가? 이 문제는 마음의 철학이 아니라 윤리학에 속한다.[14] 여기서는 기억과 자아 발달[15]의 긴밀한 연관성을 강조하고자 한다(JW, 189). 아이가 인격이 되려면 자기 과거에 대한 객관적인 혹은 윤색된 그림이 당연히 있어야 한다. 이런 면에서 알츠하이머병은 지독한 질병이다. 왜냐하면 병이 진행되어 기억이 사라지면 자기가 누구인지에 대한 감각조차 모두 사라지기 때문이다.

기억이 남아 있어야 자아가 될 수 있다. 그것도 특정한 종류의 기억이 남아 있어야 한다. 예컨대, 시험을 치를 때는 조선왕조의 연대, 암모니아의 화학적 구성, 자동차 브레이크 사용법 등을 기억해야 하지만, 이를 모두 잊어도 자아는 확실할 것이다. 그러나 자기의 삶에 관한 기억을, 예컨대 광주에서 살았던 사실(혹은 가정된 사실)에 대한 기억이나, 1980년대 민주화 항쟁 때 발생했던 비극적 상황(혹은 추정된 상황)에 대한 기억을 모두 잊어버린다면 자아는 희미해질 것이다. 물론 틀린 기억도 있겠지만 모두 그렇지는 않을 것이다.

또 '자아가 됨'에는 미래, 즉 자신의 미래에 관한 생각도 포함될 것이다. 미래는 죽음으로 끝나기 때문에 죽음에 대한 인식이 자아 개념에 스며드는 것은 당연하다. 인간이 미래의 죽음을 의식하지 못한다면 인격이 될 수 없다. 흔히 인간은 자기의 삶이 죽을 때까지 펼쳐질 것으로 생각한다. 그런데 인생 계획을 좋아하는 사람들은 자신의 미래를 가능한 한 상세하게 그려보려고 노력한다. 이와 달리 인생사가 펼쳐지는 그대로 받아들이고 살아가는 느긋한 사람들도 있다. 그러나 아무리 느긋할지라도 자신의 노력으로써 성취해야 할 목표는 몇 가지 가지고 살아야 할 것이다.

그러므로 아이가 인격이 되도록 기르려면 그 아이가 자기 존재를 과거와 미래라는 시간적 차원에서 인식하도록 가르쳐야 한다. 이 일을 어떻게 해야 할 것인가? 이것도 윤리학이나 교육목적론과 관련된 문제다.[16)]

예컨대, 아이가 자신의 과거에 관한 이야기를 스스로 만들 때 거기에 환상적인 에피소드를 집어넣으려고 한다면 이를 어디까지 허용해야 하는가? 만일 최대한의 진실성을 요구하려고 한다면 그렇게 하는 이유는 또 무엇이라고 밝힐 수 있겠는가? 이런 경우, 아이를 유명한 시인이나 (사실을 가지고 자유롭게 노는 것을 우리가 이성적으로 수용하고 즐기는) 유명한 이야기꾼에 견주어 볼 것인가? 또 아이가 자기의 삶에서 괴롭거나 곤혹스러운 부분을 잊으려고 한다면 그것을 이겨 내야 한다고 독려할 것인가, 혹은 억누르고 사는 것이 더 이로울 것인가?

취업 걱정에 시달리는 사회에서 그렇듯 우리는 미래를 위해 우리 아이를 인생 설계자로 길러 내야 하는가? 이와 별도로 아주 특수한 종류의 목표를 추구하도록 아이를 길러 내야 하는가? 만일 아이가 자신의 목표를 스스로 선택하도록 해야 한다면 이를 위해 어디까지 어떻게 준비시켜야 하는가?

개인의 미래에 관한 이런 문제는 교육목적에 관한 현대 교육철학에서 거론되고 있는 중이다.[17] 그렇지만 개인의 과거와 관련된 문제는 교육목적에 관한 논의에서 별로 다루지 않는 편이다.

이 모든 이야기는 정서 교육에 관한 제9장의 논의와 연결된다. 거기서 보았듯이, 정서는 시간과 연결된다. 과거를 향한 정서에는 분노, 자부심, 가책이 있고, 미래를 향한 정서에는 희망, 두려움이 있다. '인격이 됨'은 시간과 관련된 일이므로 시간과 관련된 정서 교육은 자아의 총체적 발달에서 아주 중요한 역할을 할 것이다. 이는 결코 놀라운 일이 아니다. 정서 교육은 자아 발달에 중요하다.

아이의 과거를 채우는 사건들은 그의 개인적 서사에 그냥 무덤덤하게 끼어 있는 것이 아니다. 과거의 사건들은 당시에 아이가 지녔던 정서적 태도에 의해, 다시 말해서 그가 느꼈던 수치, 분노, 아쉬움 등의 감정에 의해 물든 채로 기억된다. 또 아이는 과거의 어느 시점에서 미래를 향해 느꼈던 감정을, 예컨대 장래 직업에 대한 불안, 혹은 사회주의적 신세계에 대한 동경을 기억한다. '인간의 자아상이 그처럼 정서에 물들어 있다'라는 점을 아이가 문학이나 자기의 경험을 통해 확인하게 된다면 더 진실하고 더 풍부한 자아 이해로 나아가는 데 도움을 얻을 것이다.

'자아를 가리키는 정서(self-referring emotion)'로서 수치심, 자부심, 죄책감, 가책 등은 모두가 과거로 향하는 정서다. 아이의 삶에서 그런 정서를 일으킨 사건에 대한 성찰은 아이가 자신의 가치관을 더 분명히 이해하고, 더 심층적인 자아 이해로 나아가는 데 도움이 될 것이다. 또 교사와 부모는 아이가 자신의 희망, 자신의 두려움, (불확실한 미래에 대한) 자신의 막연한 불안에 대해서 더 많은 관심을 쏟도록 장려할 수 있다.

여기서 또다시 알 수 있듯이, 정서 교육은 원자론적 방식으로, 다시 말해서 이런저런 지각, 믿음, 태도를 따로따로 발달시키는 일로 생각할 수 없다. 다시 말해서 희망과 절망, 예감, 실존적 불안에 초점을 둘 경우, 부모와 교사는 아이가 자신의 미래관을 살펴보고, 또 이를 통해 자신을 알도록 도와줄 수 있다.

즐거움(joy)은 과거나 미래가 아닌 현재를 향한 정서다. 인간은 기본적으로 시간의 존재로서 현재의 경험에 몰두할 수 있다. 과연 그래야 하는가? 이는 별개의 문제다. 물론 인간은 현재에 거주한다. 인간의 상상, 회상, 고통 및 다른 발현적인 경험은 현재 시점에서 일어난다. 그러나 인간의 관심은 과거나 미래에 집중될 수 있다. 왜냐하면 근본적으로 불확실하고 분주한 세상을 살아갈 아이들이 신중한 준비를 통해서 그런 세상에 대처하지 못한다면 미래가 그들을 완전히 삼켜 버릴 수 있기 때문이다.

현재에 몰두하는 것과 미래나 과거에 사로잡힌 것 사이에서 어떤 균형을 잡아야 할 것인가? 여기에도 '좋은 삶'에 관한 윤리적 문제가 들어 있다. 이는 교육의 목적에 관한 철학적 문제다. 여기서도 이런 문제가 있음을 지적하고만 넘어간다.

3) 제3단계: 인간의 본성에 대한 성찰

앞에서 자아 발달의 두 단계를 다음과 같이 설명했다.

제1단계: 신생아는 마음의 차원에서 보면 의식의 중심을 가지고 삶을 시작한다. 의식의 중심으로서의 자아라는 관념은 아직 없을지라도 아이는—'나', 그 밖의 인칭 대명사, 그리고 심적 현상을 가리키는 단어 등을 사용하는 언어 학습을 통해서—그런 자아관을 차츰 형성해 간다.

제2단계: 아이는 '나'라는 단어를 처음에는 자아의식이 없이 사용하지만, 이런 단어 사용은 제2단계에서 자신에 대한—자기의 행위, 믿음, 정서 그리고 (더 넓게는) 자기의 과거와 미래에 대한—성찰에 필요한 개념 장치를 아이에게 제공해 준다.

자아 성찰은 그다음 단계에서도 계속 이어질 수 있다. 즉, 더 추상적인, 더 고차원적인 사고의 유형이 나타날 수 있다. 제2단계에서 아이의 생각은 자신에게 특수한 문제에 관한 것이었다. 이제 더 고차원적 단계에서 아이는—자신과 다른 사람을 동등하게 대우하는 관점에서—자신이 무엇인가를 생각한다. 여기서 아이는 한 명의 인간일 뿐이다. 또 생각의 주제는 인간의 일반적 본성이다. 이때 아이는 대다수의 사람이 친숙하게 느끼는 특별한 정서를 공유하게 될 것이다. 다시 말해서 아이는 '우주에서 자기 자신의 존재와 이 세계의 존재를 인식할 수 있는 존재는 인간뿐이다'라는 낯선 느낌을 공유할 것이다. 이런 정서는 아이가 예술과 철학에 깊이 몰입하게 만든다.

인간의 본성에 대한 아이의 성찰은—대화, 일상적 실천, 그리고 학문적 연구를 바탕으로 삼아—다양성과 공통성의 측면에서 여러 가지 형태로 뻗어 나갈 것이다. 아이의 이런 성찰을 위해서 문학, 역사, 심리학은 인간의 다양성에 관한 폭넓은 사례, 그리고 인간의 공통성에 대한 확실한 이해를 제공해 줄 것이다. 특히 철학은 심적 개념들의 상호 연관된 구조에 대한 명확한 이해를 제공해 준다.

이것이 고차원적 사고에 몰두하는 능력이다. 이는 모든 아이를 위한 교육목적에 얼마나 포함되어야 하는가? 이것도 윤리학과 교육목적론의 영역에 속하는 문제다. 이런 문제는 다음과 같은 것이다. 예컨대, 인간의 공통성은 (민주시민 교육의 핵심 가치인) 정치적 평등과 어떻게 연결되어야 하는가? '인간이 무엇인가'에 관한 성찰은 내재적 (가치가 있는) 목적으로 권장되어야 하는가? 이에 관한 철학적 사고는 중등 교육과정 속에서 공통 필수 요소로 포함되어야 하는가, 아니면 철학적 사고에 이끌리는 아이들에게만 허용되어야 하는가?

3. 요약

이 장에서 논의한 사항을 다음과 같이 정리할 수 있다.

자아는 무엇인가? 심적 활동의 여러 가지 측면은 서로 연결되면서 전체를 이룬다. 이 전체 단위를 인격, 전인, 자아 등 어떤 이름으로 부르든 간에 그것은 어떤 것인가? 데카르트는 그것을 비-물질적 실체, 실체적 마음, 혹은 영혼이라고 불렀다. 이는 인체가 사멸한 후에도 살아 있는 실체다. 과연 그런 실체의 근거를 인간의 내면에서 찾을 수 있는가? 흄에 따르면, 그런 실체는 보이지 않고 특수한 경험만 보일 뿐이다. 그렇다면 경험의 연속이 곧 자아인가? 그렇지는 않다. 심적 현상은 늘 누군가의 경험으로 나타난다. 이런 심적 현상은 주체를 요구한다. 이 주체가 바로 '나'다. 나는 나의 몸의 소유자이고, 그저 몸일 수만은 없다. 또 물리적 대상인 나의 몸에서 나의 심적 경험이 나타날 수 있다. 이는 진화론적으로 설명할 수 있다. 즉, 인간은 의식이 없는 유기체에서 의식이 있는 유기체로 진화했다. 또 인간은 의식의 주체일 뿐만 아니라, 자신이 그런 존재라는 것까지 인식한다. 요컨대, 인간은 심적 개념을 배우고, 또 '나', '너', '그'라는 개념도 배우고, 그리하여 자신이나 타인에게 심적 속성을 귀속시킴으로써 자아의식을 가질 수 있는 존재로 진화했다.

그러나 데카르트의 자아관은 여전히 학교 교육에 깊이 새겨져 있다. 이에 따르면, 교육은 이론적 합리성을 발달시키는 일이고; 아이의 마음은 사실과 이론으로 채워져야 하고; 교과가 추상적일수록 더 중요한 것이며; 학교는 실천적 추론보다 이론적 추론을, 그리고 좋은 삶보다는 진리의 추구를 중시하고 있다. 이처럼 데카르트의 자아관이 교육에 미치는 영향력은 아직도 막강하다.

데카르트적 자아관의 대안으로 존 화이트의 자아관이 제시되었다. 존 화이트에 의하면, 주체적 자아는 세 단계를 거쳐 발달한다. 인간이 태어나면 경험의 통일적 주체로 살아간다. 제1단계에서 자아는 의식의 중심으로 자리를 잡으면서 언어를 배우고, 나 그리고 다른 인칭 대명사를 사용함으로써 세계에 대한 자신의 관점을 형성한다. 이렇게 탄생하는 자아는 데카르트의 전통에서 말하는 원자론적 실체가 아니고, 사회적 세계에서 살아가는 주체다. 제2단계에서 자아에 대한 성찰이 나타난다. 자아 성찰은 자신의 믿음과 행위뿐만 아니라 자신의 과거/현재/미래로 넓혀 간다. 여기서 정서는 자아 이해가 발달하는 데 중요한 역할을 한다. 제3단계에서 인간의 본성에 대한 성찰이 나타난다. 인간은 자신을 일반적 인간으로 보고, 인간의 일반적 본성을 성찰한다. 인간은 자신의 특수한 문제에 대해 성찰하는 것을 뛰어넘어 '인간의 일반적 본성이 무엇인가'를 성찰하게 된다.

제 11 장 몸

1. 마음과 몸의 관계

우리는 여러 가지 심적 현상과 그 교육적 의미를 제1장에서 제10장까지 살펴보았다. 심적 현상에 관한 이와 같은 구체적 논의가 교육적으로 흥미롭고 유익했을 것이다. 왜냐하면 아이의 마음을 폭넓게 이해하는 일이 교육에 도움을 주기 때문이다.

그런데 현대 심리철학에서 주로 다루는 문제는 심신 문제, 즉 마음과 몸의 관계다. 마음은 몸과 어떻게 연결되는가? 두뇌와는 어떻게 연결되는가? 마음과 두뇌는 같은 것인가? 마음의 모델은 컴퓨터인가? 이런 문제가 심리철학에서 주로 다루어지고, 특수한 심적 현상들, 즉 정서, 상상, 사고, 동기, 개념 등과 같은 측면은 별도로 논의되고 있는 형편이다.[1] 아무튼 심신 관계는 심리철학의 최신 주제이므로 이를 제11장에서 간략하게나마 살펴보지 않을 수 없다.

2. 마음과 몸의 상호작용

마음과 몸의 관계에 대해서 데카르트는 어떻게 접근했는가?[2] 그에 따르면, 마음과 몸은 근본적으로 종류가 다른 실체다. 그렇지만 마음과 몸은 인과적으로, 또 쌍방향으로 상호작용한다.[3] 예컨대, 감각적 지각(sense-perception)은 몸에서 마음으로 작용한다. 예컨대, 광막에서 나타나는 변화가 원인이 되어 사물을 보게 된다. 이와 달리 편지를 쓰기로 마음을 먹을 경우에는 마음에서 몸으로 작용하는 것이다. 결심이 원인이 되어 손가락 근육으로 신경이 전달되게 만든다. 데카르트는 이런 상호작용이 두뇌의 송과선에서 발생한다고 믿었다.

데카르트는 마음을 비-물질적 실체로 보았다. 만약 마음을 비-물질적 실체로 본다면 다음과 같은 문제가 생길 것이다. 물질적 성격이 없는 실체와 물질적 성격이 있는 실체가 어떻게 서로 인과적 관계에 놓일 수 있는가? 그런데 이 질문에는 (비-물질적) 실체와 (물질적) 실체 간의 상호작용이 전제되어 있다. 그러나 꼭 이렇게 볼 필요가 없다. 실체와 실체 간의 상호작용이 아닌 다른 방식의 상호작용도 생각해 볼 수 있을 것이다. 다시 말해서 심리적 현상과 신체 상태가 서로 연결될 수 있다. 그렇다면 심리적 현상과 신체적 상태는 인과적으로 상호작용하는가? 이를 어떻게 설명할 수 있는가?

예컨대, 나쁜 치아 때문에 치통이 생긴다고 하자. 여기서 아이의 치통을 일으킨 것은 무엇인가? 답은 뻔하다. 아이의 썩은 치아 상태다. 이것은 몸에서 마음으로 향하는 일-방향적 인과 관계를 보여 주는 아주 분명한 사례다.

이와 반대로, 심리적 현상이 신체적 상태를 일으킬 수 있는가? 만약 물리적 상태의 심리적 원인을 찾아낼 수 있다면 쌍-방향적 상호작용이 밝혀지게 될 것이다. 예컨대, 연필을 손으로 집으려고 마음을 먹으면 실제로 그것을 집을 수 있다. 연필을 집는 행동에서 물리적 수준의 변화가 나타난다. 연필을 집으려고 손가락이 움직이고, 팔의 근육이 움직이고, 뉴런이 활성화된다. 그런데 이런 움직임을 일으킨 것은 무엇인가? 이를 인과적으로 추정할 수 있다. 신체의 움직임을 일으킨 것은 신경 수준의 미세한 사건이다. 이 미세한 사건을 일으킨 것은 무엇인가? 그것은 연필을 집으려고 했던 아이의 마음이다. 그렇다면 아이의 결심이 물리적 사건을 일으켜서 아이가 연필을 집는 것으로 끝난 것이다. 만일 결심이 없었다면 이런 움직임도 없었을 것이다. 마침내 물리적 사건을 일으키는 심리적 사건을 찾아낸 것으로 보인다. 마음에 대한 데카르트의 실체론에 의존하지 않으면서도 쌍-방향적 상호작용의 사례를 찾은 것처럼 보인다.

정말 그런가? 결심이 물리적 움직임을 실제로 일으킨 것인가? 이와 관련된 두 가지 난점을 살펴보자. 첫째, 인과적 행위라는 개념은 물리적인 것에 적합한 것이다. 따라서 '신경계에 변화를 일으키는 결심'보다는 '통증을 일으키는 썩은 치아'가 더 적합한 개념인 것 같다. 그런데도 결심이라는 심리적 사건이 물리적 세계에 변화를 일으킬 수 있는가? 이런 일이 어떻게 생길 수 있는가? 이를 밝히기란 쉽지 않다.

둘째, 우리가 순수한 물리적 인과를 다룰 경우, 당연한 것으로 간주하는 점이 한 가지 있다. 즉, '하나의 물리적 사건(b)이 다른 것(c)을 일으킬 때, 그것(b)을 일으키는 또 다른 물리적 사건(a)이 있다'라는 점이다. 물리적 사건이 발생한다면 그것을 일으킨 어떤 것을 물리적 수준에서 찾을 수 있다는 뜻이다. 그렇다면 신경계의 변화(c)를 일으키는 아이의 결심(b)에 대해서 어떻게 말할 것인가? 실제로 무엇(a)이 그것(b)을 일으키는가? 그것은 심리적인 것(결심)인가, 혹은 물리적인 것인가? 만일 물리적인 것이라면 심리적 인과가 차지할 자리는 없어지고 마는가?

여기서 일부 철학자는 상호작용론을 포기하고 (쌍-방향이 아닌) 일-방향 버전을 수용하기도 한다. 이에 따르면, 물리적 사건의 심리적 원인(인과)은 없고, 심리적 사건의 물리적 원인(인과)만 있다. 즉, 나쁜 치아가 치통을 일으킬 뿐이다. 이런 일-방향적 상호작용론을 가리켜서 부수 현상론(epiphenomenalism)이라고 부른다.[4] 이 이론의 매력은 심리적 인과의 문제점에서 볼 때 분명하다. 아이에게 치통이 있다면 이는 무엇이 일으킨 것이지 원인도 없는 사건은 아니다. 그리고 그 원인은 치아에 있는 것이지 그 밖에 어디에 있겠는가?

그러나 부수 현상론에도 난점이 있다. 결국 심리적인 것(mentality)은 물리적 세계의 부산물로 남을 뿐이고, 물리적 세계에 영향을 미칠 힘은 없어지고 만다는 점이다. 그러나 이는 우리의 직관에 어긋난다. 예컨대, 산업 시대와 후기산업 시대를 거치면서 공장, 도시, 비행기, 우주로켓, 그리고 인터넷이 만들어지고 세상이 확 달라진 것을 생각해 보자. 이 모든 것은 마음이 물질에 작용한 성과가 아닌가? 그런데도 인간의 생각과 결정은 원인(적 행동)이

못되고 그저 '부수'일 뿐이라고 말할 수 있는가?

3. 인간: 물리적 실체 혹은 그 이상

여기서 우리는 순환론에 빠지고 만다. 쌍방향 상호작용론의 문제점 때문에 부수 현상론으로 나아갔는데 되돌아오고 말았다. 그렇다면 다른 대안이 있겠는가? 지난 수십 년 동안, 수많은 철학자가 물리주의 혹은 유물론으로 기울었다. 이에 따르면, 물리적 현상만 있을 뿐이요, 인과 관계도 물리적 현상 간에만 있을 뿐이다.

그렇다면 물리주의(physicalism)에서는 심리적 영역을 어떻게 다루는가? 물리주의에 속하는 이론으로는 (철학적) 행동주의, 중추 상태 유물론(동일론), 기능주의, 인공지능 이론이 있다. 이를 하나씩 살펴보자.

첫째는 철학적 행동주의다.[5] 여기서 데카르트의 관념은 거부된다. 다시 말해서 '심리적 현상은 사적, 비-물질적 세계 속에서 자신에게만 관찰될 수 있는 사건이다'라는 관념은 거부된다. 철학적 행동주의에 따르면, '심리적인 것'은 타인이 외부에서 관찰할 수 있다. 개인의 지능, 위트, 우울은 그의 행동, 말, 신체 언어 등을 통해서 타인이 관찰할 수 있다. 길버트 라일은 그의 『마음의 개념』 제2장에서 데카르트의 관념에 대한 행동주의적 대안을 옹호했다.

물론 행동주의에도 난점이 있다. 즉, 고통스러운 경험은 수동적 현상인데, 이런 점을 행동주의는 제대로 다룰 수 없다. 예컨대, 아이에게 치통이 생기면 그는 찡그리거나 턱을 붙잡는다. 그러나 이처럼 공적으로 관찰되는 사건은 고통의 표현이지 고통 그 자체는 아니다. 정말, 아이는 고통을 겪으면서도 이를 어떤 식으로든 밖으로 드러내지 않을 수 있다. 예컨대, 아이는 고통에 빠지지 않은 것처럼 보일 수 있다. 이런 경우에는 행동주의적 용어로 기술할 수 없다.

둘째는 중추 상태 유물론이다. 이는 물리주의의 두 번째 주장이다. 이에 따르면, 고통과 같은 경험은 확실히 실재하는 것이지만 사실상 (신경계 속의 C-섬유의 활성화와 같은) 두뇌 과정과 똑같은 것이다. 여기서 하나의 사건이 두 가지 방식으로 기술되고 있다. 예컨대, 금성이라는 행성이 보는 시간에 따라 모닝 스타와 이브닝 스타로 부를 수 있는 것과 똑같다. 모닝 스타가 이브닝 스타다. 마찬가지로 고통이라는 특수한 느낌은 'C-섬유의 특수한 활성화'다. 이를 중추 상태 유물론(central state materialism)이라고 부른다. 이에 따르면, 심리적 담론은 불필요하다. 심리적 상태 혹은 심리적 사건은 독립된 영역이 아니기 때문에 실재는 모두 그리고 오직 물리적이다. 두뇌 생리학이 있을 뿐, 심리학은 없다. 마음은 뇌와 동일하다. 이런 주장을 가리켜 동일론(identity theory)이라고도 부른다.[6)]

동일론에도 난점이 있다. 즉, 동일론은 '고통에 빠지는 것이 어떤 느낌인지'를 제대로 밝혀 주지 못한다. 만일 고통과 뇌 과정이 사실상 똑같다고 한다면 고통에 관해서 참인 것은 뇌의 과정에 관해서도 참이다. 다시 말해서 뇌 과정이 전적으로 물리적이어서 의식을 일으킬 특성이 아예 없다면 아이의 치통도 마찬가지일 것이다. 그러나 아이의 치아가 아플 때 그가 직접 경험하는, 즉 그가 겪는 지독한 통증이 있는데, 이것이 설명에서 빠진다면 이런 설명은 그의 치통을 제대로 표현하지 못하는 것이다. 이렇게 보면 의식은 그처럼 쉽게 제거될 수 있는 것이 아니다.

동일론은 또 다른 난점을 갖고 있다. 만일 심리적 현상과 뇌 과정을 동일한 것으로 본다면 다음과 같은 일은 아마 불가능할 것이다. 다시 말해서 인간의 구조와 다른 구조를 가진 동물에게, 그리고 (뇌가 없지만) 인간의 뇌와 거의 비슷하게 기능하는 (우리가 모르는 금속 재료로 만들어진) 기관을 가진 (다른 행성에서 건너온) 존재에게는 '심리적인 것'이 없다. 그러나 이런 점은 오히려 마음에 대한, 그리고 마음-물질 관계에 대한 기능주의적 설명과 부합된다. 기능주의에 따르면, 심리적 현상은 물리적 현상이 아닌 다른 차원의 실재에 속하는 것이 결코 아니다. 그것은 물리적인 것들, 예컨대 인간의 신체, 화성인의 몸, 기계 등이 기능하는 방식이라고 이해해야 한다. 다시 말해서 심리적 사태는 투입-산출 간의 인과적 관계라는 패턴에서 그것이 차지하는 위치에 따라 이해되어야 한다. 이를 믿음의 사례를 가지고 말해 보자. 만일 비가 오고 있다고 내가 믿는다면 이 믿음 상태는 나의 두뇌에 들어오는 시각적, 촉각적 투입에 따라 생긴 것이다. 이는 '내가 우산을 폄', 혹은 '가게 앞에서 나는 기다리고 서 있음'으로 이어진다. 이런 관계의 패턴이 중요한 것이라면 그것은 원칙적으로 (뇌와 인체가 아닌) 다른 물질 속에서도 복제될 수 있다.

컴퓨터 혁명 이후로 기능주의가 나타나서 특별한 영향을 미쳤다. 만일 우리가 마음을 (인간의 뇌와 신체에 꼭 의존하지 않는) 투입-산출 관계에 따라 이해한다면 그것을 (두뇌를 포함해서 다양한 종류의 컴퓨터 하드웨어에 들어갈) 소프트웨어로 생각할 수 있다. 이렇게 해서 나타난 것이 인공지능 이론이다. 인간의 마음이 컴퓨터 소프트웨어로 흡수되는 것처럼, 컴퓨터가 자체적으로 생각할 수 있을 것이라는 아이디어가 널리 퍼지게 되었다.

일반적으로 볼 때, 기능주의는 특히 인공지능 이론은 얼마나 수용될 수 있는가? 앞서 보았던 것처럼, 행동주의와 동일론에서는 통증의 경험과 같은 의식적인 심리적 현상의 주관적 느낌이 포착되지 못한다. 이런 한계는 기능주의에서도 마찬가지다. 기능주의적 설명에 따른다면, 치통과 같은 통증은 투입 측면에서는 하드웨어에 대한 어떤 손상, 그리고 산출 측면에서는 '내 턱을 붙잡기' 혹은 '회복을 원하기'와 같은 어떤 반응 사이를 매개하는 것이다. 그러나 통증을 이런 식으로, 즉 인과적 관계의 패턴으로 이해한다면 여기서는 빠뜨리면 안 될 중요한 어떤 것, 즉 치통의 주관적 경험이라는 그 특이한 느낌이 빠지고 말 것이다. 기능주의는 결국 의식이라는 가장 중심적인 특성을 빠뜨리면서 마음을 설명하는 이론이다.

기능주의에 속하는 인공지능 이론도 마찬가지다. 인공지능 이론은 우리에게 다음과 같이 상상할 것을 요구한다. 즉, 현재 알려진 컴퓨터보다 훨씬 더 향상된 미래의 컴퓨터가 있을 것이고, 이 컴퓨터 안에서 투입(키에 입력한 것)과 산출(스크린 위에 뜨는 것) 간에 발생할 수 있는 일은 '인간의 사고'와 기능적으로 맞먹는 것이라고 상상하자는 것이다. 그런데 정말 그렇게 될 수 있는가? 존 설(John Searle)은 그의 '중국어 방' 논변에서 그런 아이디어를 날카롭게 반박했다(Searle, 1992, 45). 존 설의 생각은 다음과 같다.

아이는 컴퓨터의 화면에 중국어로 떠오르는 질문에 응답해야 한다. 그런데 그 아이는 중국어를 모르기 때문에 결국 안내서를 사용할 수밖에 없다. 안내서는 화면에 뜨는 기호, 그리고 그것의 답이 되는 (그가 찾아내야 할) 적절한 기호를 그에게 알려 준다. 따라서 중국어(의 기호)를 전혀 이해하지 못할지라도 아이는 그 답을 제시할 수 있다. 이때 아이는 투입에 반응하고, 산출을 생산하는 컴퓨터처럼 움직인다. 컴퓨터도 아이와 마찬가지로 의미는 전혀 이해하지 못한 상태에서 프로그램된 지시를 기계적으로 따른다.

그러나 거기엔 빠진 것이 있다. 즉, 질문에 응답하는 사람의 반응에서 일상적으로 나타나는 지향성이라는 것이 빠진다. 이 지향성에는 응답자가 질문과 응답의 의미를 이해한다는 가정이 들어 있다. 예컨대, '지금 몇 시?'라고 물으면 응답자의 생각은 그 질문을 향하고, 그 질문을 어떤 식으로, 즉 어떤 개념으로 이해한다. 그가 '4시 반'이라고 답할 때, 그의 의식과 생각은 그 대상을 향하고 정답을 제시한다. 그런데 이런 사항은 미리 설정된 바에 따라—마음속에 아무것도 없이—기계적으로만 움직이는 컴퓨터에는 적용될 수 없는 점이다.

존 설의 '중국어 방'은 일종의 사고-실험이다. 이에 대해 다음과 같은 반론이 나타났다. 그 방에 들어 있는 사람은 더 큰 시스템의 한 부분일 뿐이며; 그는 전체 컴퓨터와 동등한 것이 아니라, 그 구성 요소 중 하나일 뿐이고; 인공지능의 옹호자들은 '하나의 트랜지스터가 사고하고 이해할 수 있다'라고

주장하지 않으며; 그 대신 그 시스템 전체가 사고하고 이해할 수 있다는 것이다.[7)]

이제까지 지난 반세기에 걸쳐 나타났던 물리주의의 여러 이론, 즉(철학적) 행동주의, 동일론, 기능주의, 인공지능 이론 등을 살펴보았다. 이 이론들은 마음을 물질과학의 영역으로 끌어들이려는 시도라고 할 수 있다. 이런 이론에서 마음의 작동을 이해한다는 것은 어떤 일인가? 그것은 생물학자와 물리학자처럼 공적으로 관찰 가능한 자료를 갖고 하는 일이지 (철저하게 데카르트적인 설명 혹은 지향성과 의식을 강조하는 설명처럼) 관찰 불가능한 자료를 갖고 하는 일이 아니다. 그뿐만 아니라 이런 이론은 흔히 마음의 본질적 특성이라고 간주하는 것을 모두 효과적으로 제거하기 때문에 심리적인 것을 무시하고 물리적인 것을 옹호하는 데 효과적이라고 볼 수 있다.

최근에 나타난 어떤 물리주의에서는 심리적인 것을 아주 철저하게 무시해 버린다. 이 입장에 따르면, 일상생활에서 우리가 사용하는 '믿음', '고통', '사고', '시도', '원함' 등은 통속심리학(folk psychology)[8)]의 용어이며, 이런 용어에는 주체성, 의식, 지향성이라는 통속적 함의가 들어 있다. 그렇지만 이런 용어는 실재에 대해 신뢰할 만한 지침을 주지 못하는 것이므로 제거(eliminate)되어야 마땅하고, 그 대신 그런 함의가 전혀 없는 과학적 심리학의 용어를 사용해야 한다. 또 우리가 일상적으로 심리적 상태(경험으)로 간주하는 숙고, 슬픈 감정, 고통을 겪음, 애정을 원함 등은 결코 존재하는 것이 아니며, 그런 것이 존재한다는 생각은 우리의 언어 때문에 오도된 것이다.

이처럼 물질과학의 법칙에 따라 마음을 이해하려고 작심했던 심리철학자들은 지난 수십 년 동안 중요한 연구 프로그램을 추진했다. 물리주의는 오늘날 더욱 복잡한, 수많은 전문적인 이론을 낳았다. 그런데 이런 이론은 (이와 함께 자주 연구되기도 하는) 의식의 생리학적 기반에 관한 활발한 연구와 구분되어야 한다. 의식에 관한 생리학은 인간과 동물의 신경 시스템에서 심적 현상의 원인이 되는 부분을 밝혀내는 연구 분야다. 물리주의와 생리학을 왜 구분해야 하는가? 왜냐하면 '의식은 물리적인 것이 아닌 어떤 것이다'라고 주장하는 사람들도 의식의 물리적 원인에 대해 흥미를 느낄 수 있기 때문이다.

지난 반세기 동안 심리철학을 지배한 것은 물리주의다. 그러나 그것에 비판적인 철학자도 많다. 이 중에서 가장 유명한 철학자가 토마스 네이글(Thomas Nagel)이다. 그의 유명한 논문(1979) '박쥐가 된다는 것은 무엇과 같은가?'[9]의 주제는 의식의 특성인 주관성이다. 이것은 물리주의자를 아주 힘들게 만드는 주제다. 박쥐는 인간과 다르게 에코-로케이션(반향 정위)으로 세계를 감지한다. 박쥐는 환경 속의 사물을 음향 소리를 이용해서 파악한다. 이는 박쥐가 그런 경험을 한다는 것이 주관적으로 어떤 일과 같은 것인지를 인간으로서 알기가 어렵게, 아마 불가능하게 만든다. 만약 우리가 박쥐의 몸안에 있다면 어떻게 될 것인가는 상상할 수도, 또 알 수도 없는 일이다. 그렇지만 다음 이야기는 모두 참이다. 심리적 활동이 가능한 인간이 된다는 것에는 주관성이 들어 있다. 그리고 물리주의는 주관성의 측면을 파악하는 데 실패했고, 그것을 결코 파악하지 못할 것이다.

물리주의의 주류에 맞섰던 또 다른 철학자는 '중국어 방'이라는 논변을 제시했던 존 설이다. 『마음의 재발견(1992)』, 『마음, 언어, 사회(1999)』라는 책에서 그는 다음과 같이 주장했다. 물리주의는 의식에 대해 주의를 기울이긴 했지만, 제대로 기울이지 못했다.

논쟁은 여전히 진행 중이다. 원칙적으로 해결될 수 있는 문제인지조차 불투명하다. 앞으로 '주관적 관점이란 환상이다'라는 주장, 혹은 '두통의 느낌은 물질과 동일한 것일 수 있다'라는 주장을 입증해 줄 결정적 증거가 나타날 것인가? 이처럼 새 버전의 물리주의가 나타날 것인가? 이와 달리 의식적인 것을 비-의식적인 것에 흡수시키기를 거부하는 이원론자들이 여전히 자신의 견해를 지켜 낼 수 있는가? 여하튼 심신 문제는 미스터리에 속한다. 늘 그럴 수밖에 없을 것 같다.

4. 마음의 형이상학과 교육

이제까지 마음과 몸의 관계, 즉 심(리)적인 것과 물(리)적인 것의 관계에 관한 논쟁을 간단히 살펴보았다.[10] 이런 형이상학적 논의의 교육적 연관성은 무엇인가? 물리주의의 이론, 그리고 그 후속 이론을 둘러싸고 벌어지는 논쟁은 가정의 양육 혹은 학교의 교육이 부딪히는 실천적 문제를 다루는 데 무슨 도움이 될 것인가? 혹시나 그럴 수 있을지도 모르겠으나 존 화이트에 따르면, 아직은 아닌 것 같다.

물론 심신 관계 문제는 그 자체로는 흥미로운 것임은 틀림없다. 그런데 그 문제보다 부모나 교사에게 더 유익한 것은 무엇인가? 그것은 일상적으로 사용하는 심리적 개념을 더 분명하게 이해하는 일일 것이다.

5. 요약

이 장에서 논의한 사항을 다음과 같이 정리할 수 있다.

마음에 관한 설명(제1장)은 교육과 관련성이 있었다. 이와 달리 마음과 몸의 관계에 관한 심층적, 형이상학적 이론은 그렇지 못한 것 같다.

데카르트의 이론은 마음과 몸의 쌍-방향적, 인과적 상호작용을 옹호했지만, 그의 이론은 난관에 봉착했다. 이와 다르게 부수 현상론은 물리적인 것이 심리적 사건을 일-방향적으로 일으킨다고 보았다. 여기서 심리적인 것은 물리적인 것의 단순한 부수물로 간주된다. 부수 현상론은 20세기 후반에 마음에 관한 물리주의적 설명으로부터 도전을 받았다. 철학적 행동주의는 심리적 활동을 관찰 가능한 행동, 혹은 관찰 가능한 방식으로 행동하는 성향이라고 보았다. 그런데 행동주의의 문제점은 고통과 같은 감각을 설명하지 못한다는 것이다. 그 이후로 고통과 두뇌 상태를 동일시하는 동일론이 나타났다.

이론적으로 본다면 뇌가 없는 존재, 즉 인간이나 동물과 다르게 만들어진 존재가 있을 수 있고, 이런 존재에게도 심리적 활동과 똑같은 것이 생길 것이다. 이에 동의하는 철학자들은 기능주의 이론으로 기울었다. 기능주의는 심리적 상태를 투입-산출 간의 인과적 관계로 본다. 기능주의의 한 가지가 인공지능 이론이다. 이 이론은 마음을 (컴퓨터 하드웨어와 대조되는) 컴퓨터 소프트웨어로 이해한다. 이에 따라 '사고하는 컴퓨터'의 가능성에 대해 관심이 쏟아졌다. 최근에 와서 물리주의의 여러 변형이 나타났다. 그중 하나는 통속심리학적 용어를 제거해 버리고 물질과학의 언어를 사용할 것을 제안한다. 대체로 물리주의가 지배적인 상황 속에서도 비판이 나타났다. 즉, 물리주의는 경험의 주관성에 대해서 적절한 관심을 쏟지 못한다는 비판이다.

심리적인 것과 물리적인 것의 관계에 관한 논란은 이처럼 다양하고 복잡하다. 근본적으로 형이상학에 속하는 이런 문제들이 학부모와 교사의 교육적 과업과 어떻게 연결될 것인지는 여전히 의문스럽다.

학술적 후기

I

마음에 관한 철학적 탐구에는 오랜 역사가 있다. 일찍부터 동서양 사상가들은 마음의 본성에 관한 문제를 다루었다. 『마음과 철학』 시리즈를 보면 서양의 고대부터 현대의 철학자, 그리고 불교와 유교의 전통적 사상가들이 마음을 어떻게 이해했는지를 보여 준다.[1)]

마음의 본성, 혹은 심(心)의 이치(理致)에 관한 철학을 우리나라에서는 심리철학 혹은 마음의 철학[2)]이라고도 부른다. 심리철학은 영미 철학의 한 영역으로서 20세기 후반에 영미의 여러 대학에서 공인되었다. 다시 말해서 영어권 대학의 교육과정에서는 1960년대에 비로소 '심리철학' 혹은 '심신 문제'가 자리를 잡기 시작했다. 더 폭넓게 본다면 '마음 상태와 신체 상태 간의 관계를 어떻게 볼 것인가'에 대한 체계적 성찰은 영미의 경우에는 19세기 후반 혹은 20세기 초에 나타났다.[3)]

철학은 당대의 최신 과학으로부터 영향을 받는다. 심리철학도 마찬가지다. 20세기의 심리철학은 심리학, 신경과학, 컴퓨터 과학의 발전으로부터 큰 영향을 받았다. 심리학의 행동주의는 마음과 행동의 연관성에 주목했고, 신경과학은 신경조직과 기능에 관한 연구를 통해 뇌에 대한 우리의 이해를 크게 증진시켰고, 영국의 수학자인 앨런 튜링(Alan Turing, 1912~1954)의 연구는 컴퓨터 혁명을 이끌었다. 이처럼 과학의 발전은 마음의 여러 문제에 대해 철학이 다양하게 접근하는 데 큰 영향을 미쳤다.[4)]

마음이란 무엇인가? 이는 철학의 한 가지 질문이라기보다 그 핵심 질문이다. 왜냐하면 인간의 모든 인식과 행위는 마음을 통해서 이루어지기 때문이다. 따라서 마음의 본성에 대한 성찰은 교육철학에서도 핵심이라고 볼 수 있다.

II

철학자가 '마음의 본성을 어떻게 이해하는가?'는 그의 철학에서 핵심을 차지한다.[5)] 이는 교육철학에서도 똑같을 것이다. 예컨대, R.S. 피터스의 교육철학에서도 그 점을 확인할 수 있다. 피터스는 다음과 같이 말한다.

> 교육이 실현하고자 하는 가치에… 가치 있는 정신(마음) 상태가 포함된다. 교육에서 전달될 수 있는 가치 있는 정신(마음) 상태가 다양하다는 사실이 '교육의 목적'에 관한 논의가 분분하게 된 근본적인 이유다.[6)]

> 교육받은 사람이란 모종의 정신(마음) 상태를 성취한 사람… 교육에서 말하는 마음의 분화와 발달이라는 것은 어떻게 파악될 수 있는가? 교육을 할 때 우리가 해야 할 일은… 개인의 마음이 발달하기에 적합한 환경을 만들어 주고, … 적절한 관념을 개인의 마음 속에 심어 주는 일이다.[7)]

여기서 말하는 마음과 교육의 관계는 다음과 같이 그려 볼 수 있다.

마음 → 마음의 분화/발달 → 사고 및 활동의 형식으로의 입문 → 성년식으로서의 교육

피터스에 따르면, 마음이 분화되고 발달하는데, 이는 사고 및 활동의 형식으로 분화되며, 그리고 사고 및 활동의 형식으로 입문되는 것이 성년식으로서의 교육이다. 그런데 피터스는 마음에 대한 자신의 견해가 어떤 것인지, 또 이것이 그의 교육관과 어떻게 연관되는지를 자세히 밝히지 못했다. 안타깝게도 그는 『윤리학과 교육』에서 그것을 너무 간략히 다루고 말았다. 왜냐하면 그의 책은 윤리학의 관점에서 교육을 논의하는 데 치중하는 것이라서 그의 '마음의 철학'까지 자세히 다루기는 어려웠기 때문이다. 거기서 그는 다음과 같은 사항을 강조하는 데 그쳤다. "마음의 발달에서 사회적 차원이 있다는 것과 분화된 사고의 형식이 간주관적 성격을 갖고 있다는 사실을 파악하고 나면 교육이 성년식에 비유될 수 있다."[8] 다시 말해서 마음의 발달은 사회적인 것이고, 사고의 형식은 간주관적인 것이며, 따라서 교육은 성년식에 비유될 수 있다는 뜻이다.

피터스가 말한 것처럼, 마음을 어떻게 이해하는가는 교육에서 매우 중요하다. 이는 크리스틴 매카시(Christine McCarthy)도 똑같이 강조한 점이다.

> 교육의 핵심 목표, 그리고 교육 개념의 핵심은 발달하는 학생들의 마음에 더 좋은 영향을 미치는 일이다. 그런 교육적 과업을 수행하려면 인간의 마음에 대해 풍부한, (또 합당할 정도로) 명확한 관념을 가지고 출발하는 것이 유용할 것이다.[9]

매카시가 강조하듯이, 교육에서 중요한 것은 마음에 대한 풍부하고, 또 명

확한 관념이다. 그런데 마음에 대한 풍부하고 명확한 관념은 피터스의 제자인 존 화이트에게서 찾아볼 수 있다. 피터스의 『윤리학과 교육』이 1966년에 출간된 후 36년이 지난 2002년에 존 화이트의 『아동의 마음』이 출간되었다. 이 책은 심리철학의 관점에서 교육을 본격적으로, 그리고 종합적으로 논의한 최초의 저서라고 볼 수 있다. '본격적'이란 마음에 관한 심리철학의 논의를 바탕으로 삼아 교육을 논의한다는 뜻이다. '종합적'이란 마음과 교육의 관계를 다각적으로 혹은 종합적으로 논의한다는 뜻이다. 이를 가리켜 필자는 '마음의 교육철학'이라고 부르고 싶다. 존 화이트의 마음의 교육철학은 피터스의 경우와 약간 다른데, 다음과 같이 그려 볼 수 있다.

마음 → 심적 영역의 발달 → 개념, 믿음, 지능, 사고, 상상, 동기, 정서, 자아의 발달 → 전인 형성으로서 교육

화이트에 따르면, 마음은 심적 영역의 발달로 이해될 수 있다. 심적 영역은 개념, 믿음, 지능, 사고, 상상, 동기, 정서, 자아 등으로 분화될 수 있다. 이들 심적 영역이 다양하게 또 조화롭게 발달함으로써 전인이 형성될 수 있으며, 이를 돕는 활동이 곧 교육이다. 여기서 우리는 화이트의 교육철학이 피터스의 교육철학과 상당히 다름을 마음의 차원에서 확인할 수 있다.

화이트의 『아동의 마음』을 이해하는 데 도움이 될 네 가지 사항은 다음과 같다. i) 화이트는 R. S. 피터스와 D. W. 햄린의 지도를 받으면서 철학과 심리학을 연구했고, 그 후 R. S. 피터스를 따라서 교육철학 연구에 몰두했다. ii) 화이트는 교육철학 정교수가 된 후, 지능에 관한 중요한 저서를 출간하였다. 이는 지능의 심리, 역사 및 교육에 관해 학제적으로 접근한 책이다. iii) 화이트의 『아동의 마음』은 마음과 교육의 관계를 다각적으로 논의한 독특한 책이다. iv) 화이트의 『아동의 마음』은 그의 교육목적론과 긴밀하게 연결된

다. 이를 조금 더 살펴보자.

첫째, 화이트는 학부에서 역사학을 전공하고, 대학원에서 철학과 심리학을 전공했다. 피터스 교수와 햄린 교수는 프로이트, 피아제의 심리학에 깊은 관심을 가졌고, 이에 관한 심리철학적 탐구를 선도했다. 피터스의 『동기의 개념』, 『이성과 정념』, 『심리학과 윤리적 발달』[10], 그리고 햄린의 『경험과 이해의 성장』 및 다른 논문이 그와 같은 탐구에 속한다. 이렇게 보면 화이트가 교육 문제를 철학, 심리학, 역사학 측면에서 학제적으로 접근하게 된 배경을 짐작할 수 있다.

둘째, 화이트는 지능 문제에 대해 깊은 관심을 보였다. 화이트의 『하워드 가드너의 다중지능은 더해지는 것인가?』는 가드너의 다중지능 이론에 대한 철학적 비판서이고, 그리고 화이트의 『지능, 숙명, 그리고 교육: 지능검사의 이데올로기적 뿌리』는 지능과 교육의 관계에 관한 역사적/심리적/철학적 연구서다.[11] 두 권의 책에서 화이트는 마음의 여러 측면 중에서 지능을 집중적으로 다루었다. 물론 마음의 다른 측면에 관한 교육철학 연구도 많다. 이런 연구의 성과가 모두 그의 『아동과 마음』에 포함되었다.

셋째, 화이트의 『아동의 마음』은 마음의 전반적 측면을 교육과 연결하여 논의한 책이다. 이 책은 "심리철학과 교육이 어떻게 서로 연관될 수 있을까?"에 관심과 홍미를 갖는 일반 철학자와 교육철학자에게 자극을 줄 것이다. 그러나 교육철학이 최근의 뇌과학과 컴퓨터 기술이 선도하는 급진적인 변화에 대응할 수 있는 학문적 기반을 찾으려면 화이트가 이 책에서 시도한 것과는 약간 다른 차원에서 심리철학의 발전에 깊은 관심을 가질 필요가 있다고 생각된다. 이 점은 다음 절에서 다시 언급할 것이다.

넷째, 『아동의 마음』이 출간되기 이전과 이후에 화이트는 교육목적에 관한 여러 저서를 연속적으로 출간하였다.[12] 그런데 화이트는 『아동의 마음』에서 심리철학의 문제가 다른 저서에서 그가 다루었던 교육목적 문제와 어떻게 연결되는지를 여러 군데에서 자세히 지적하고 있다. 이는 '인간의 마음'과

'교육의 목적'이 서로 연결되는 문제임을 상세하게 보여 준다. 다시 말해서 이는 심리철학이 윤리학이나 정치철학과 함께 교육목적 문제를 다루는 데 필요한 중요한 학문 영역임을 말해 준다.

III

최근의 심리철학은 교육과 어떤 관련성이 있는가? 몸과 마음의 관계에 관한 형이상학적 논의는 화이트가 보기에 교육적 관련성이 거의 없다고 한다. 심리철학의 형이상학적 문제는 우리가 교육을 이해하는 데 아무 도움도 주지 못한다는 화이트의 견해는 다음과 같이 그려 볼 수 있다.

마음 → 마음과 몸의 관계 → 이원론, 물리주의(행동주의, 동일론, 기능주의, 인공지능 이론) → 인간 형성과의 관련성? 교육과의 관련성?

이 책의 제11장에서 언급한 것처럼, 화이트는 마음과 몸의 관계를 탐구하는 여러 가지 형이상학적 이론이 교육 문제와 도대체 무슨 관계에 있는가에 대해 심각한 의문을 품고 있다. 심신 문제에 관한 최근의 심리철학은 화이트가 보듯이 교육과 아무 관련성이 없는가? 앞으로 교육철학자는 이런 점을 어떻게 받아들일 것인가?

먼저, 마음의 미래는 어떻게 달라질 것인가? 애미 카인드(Amy Kind)는 인간의 마음의 미래가 크게 달라질 것이라고 보고 다음과 같이 말한다.[13] 미래의 과학기술은 인간의 심적 생활에 큰 영향을 미칠 것이다. 왜냐하면 과학기술은 인간의 심적 능력을 '증강시키는(enhance)' 데 응용될 수 있기 때문이다. 애미 카인드는 마음의 미래를 마음의 확장, 마음의 전송, 마음의 병합으로 전망한다. 이는 인간의 마음의 형태와 범위에 관해서 중대한 문제를 제기할 것이다. 그렇다면 심리철학은 이 세 가지에 대해 큰 관심을 쏟지 않을 수 없다. 이를 조금 더 언급해 보자.

첫째, 마음의 확장 문제다. 앤디 클라크(A. Clark)와 데이비드 찰머스(D. J. Chalmers)는 '확장된 마음(extended mind)'이라는 글에서 인간의 마음이 피부 밖의 세계로 확장될 것이라고 말한다. '마음의 확장'이란 무엇인가? 예를 들어 보자. 스마트폰에는 수많은 전화번호가 담겨 있다. 각자의 기억보다 훨씬 더 많은 양이다. 우리가 스마트폰을 활용하는 것처럼, 알츠하이머병 환자는 노트북을 어떤 식으론가 활용할 수 있다. 만일 그의 기억 기능을 기계가 대체해 준다면 그의 마음은 확장되는 셈이나 다름없다. 기계 장치가 뇌와 연결되면 인간의 마음은 크게 확장될 수 있다.

둘째, 마음의 전송(upload) 문제다. 인간의 마음, 즉 그의 믿음이나 다른 심적 상태는 그의 신체 밖에, 즉 어떤 저장 장치에 전송(업로드)될 수 있다. 어떻게 또 얼마나 전송할 수 있을까? 철학자 찰머스는 전송의 여러 가지 시나리오를 제시하면서 이 문제를 논한다. 만일 인간의 마음에 들어 있는 심적 상태가 기계에 모두 전송될 수 있다면 그 기계는 '나'가 되는 것일까? 또 사람의 몸이 바뀔 수 있듯이 마음도 바뀔 수 있을지 모른다. 즉, 인간의 생각과 기억이 다른 것으로 교체될 수도 있다는 말이다. 언젠가 나의 뇌 기능이 쇠약해질 때, 참신한 기능으로 업로드할 수 있다면 나는 이를 허용할 것인가? 한 걸음 더 나아가 디지털 백업을 통해서 어떤 식으론가 영원히 생존할 수 있는 길이 생길지도 모른다. 이렇게 해서 영원히 존재한다면 그것은 무슨 의미가 있을까?

셋째, 마음의 병합(merger) 문제다. 사람의 마음을 서로 연결하는 데 과학기술이 응용될 수 있다. 예를 들어, 영국의 케빈 워릭과 그의 아내(이레나)는 팔뚝에 실리콘 침을 삽입해서 신경계를 직접 연결하였고, 모종의 정신감응(텔레파시)이 가능하게 만들었다. 또 사랑하는 사람은 몸은 둘이어도 마음은, 부분적으로 혹은 전체적으로 하나가 되기를 바랄 것이다. 이는 이윽고 현실화될 수 있을지 모른다. 또 과학기술을 통해서 인간의 마음이 네트워크 속에서 서로 연결된다면, 즉 사람들의 두뇌를 연결하는 네트워크가 만들어진다면 통일된 집단적 사고가 가능해질 것이다. 여기서 나의 마음과 남의 마음은 서로 어떻게 뒤섞일 것인가? 거기서 '나'를 이루는 것은 어느 것이고, 또 어디서 나의 '나다움'을 찾을 수 있겠는가? 여기서 의식의 통일성 및 정체성 문제가 제기될 것이다.

애미 카인드의 이야기와는 약간 달리, 수잔 슈나이더(Susan Schbeider)와 피트 만딕(Pete Mandik)은 "심리철학은 미래를 어떻게 형성해 갈 수 있는가?"라는 글에서 인공 일반 지능(Artificial General Intelligence: AGI)과 초지능 인공지능(Superintelligent Artificial Intelligence: SAI)의 가능성, 그리고 인공지능의 의식(AI consciousness)이라는 문제를 거론한다.[14] 이를 간단히 살펴보자.

첫째, 인공 일반 지능(AGI)은 사람 수준의 일반적 인공지능을 가리킨다. 즉, 단일한 과제에만 탁월한 것이 아니라 다양한 영역의 자료를 통합할 수 있는 영역-일반적 인공지능이다. AGI는 더 높은 수준의 지능으로 업그레이드될 수 있다. 또 만일 인간보다 더 지적인 기계가 생기게 되면 이 기계는 인간이 설계할 수 있는 기계보다 더 지적인 기계를 설계할 수 있을 것이다. 그렇게 되면 사람을 뛰어넘는, 다시 말해서 지구를 지배하는 인간의 지능을 뛰어넘는, 초지능을 가진 인공지능이 새로 나타나게 될 것이다.

둘째, 초지능 인공지능(SAI)이란 "모든 영역에서, 즉 사회적 기능, 일반적 지혜, 과학 창의성 등에서 인간의 최고 수준의 지능을 뛰어넘는 일반 인공지능"(Schneider and Mandik, 305)을 가리킨다. 보통의 인간은 SAI에 의해서 전개될 수 있는 변화를 예언할 수도 없고, 이해할 수도 없을 것이다. 인간보다 더 지능적인 SAI가 인류를 위협할지도 모른다. 그렇다면 SAI는 인류의 생사가 걸린 문제일 수 있다. 과연 '지능의 폭발'은 좋은 일일까, 나쁜 일일까? AI와 가치는 어떤 관계에 있는가? 사람에게 우호적인 AI를 만들 수 있는가? AI와 관련된 가치나 도덕의 문제를 놓고 컴퓨터 과학자, 심리철학자, 도덕철학자는 모두 고심할 것이다.

셋째, 인공지능의 의식이란 무슨 의미인가? 사람들이 고민하거나, 음악을 듣거나, 혹은 석양을 바라볼 때, 그들의 뇌에서는 정보처리 과정이 진행되고, 이와 동시에 그들의 내면에는 주관적 경험이 나타난다. 이는 내적 경험 속에서 자신만이 느낄 수 있는 어떤 성질이다. 그러면 기계에도 이런 의식이 있을까? AGI나 SAI가 출현한다면 여기에도 이런 의식이 있을 것인가? 정교한 AI는 정보를 처리하는 과정에서 어떤 식으론가 내면적으로 느끼는 것이 있을까? 실리콘-기반의 초지능 시스템은 어떤 식으론가 내면으로부터 느끼는 바가 있을까? AI도 인간처럼 의식할 수 있을까? 혹은 영리한 AI는 마치 의식이 있는 것처럼 행동하는 데 성공할 수 있지 않을까? 이와 달리 만일 인간이 기계로 변한다면 지능은 증강될 수 있겠지만, 그 대가로 인간의 의식이나 내적 경험은 잃게 될지 모른다. 이럴 경우, 보통의 인간으로서 가질 수 있는 주관적, 내적 경험은 포기해도 좋은 것인가?

이제까지 간단히 살펴본 것처럼, AI와 연결된 마음의 미래를 놓고 철학은 활발하게, 심각하게 고민 중이다. 왜냐하면 그런 문제는 인간과 관계가 있는 일이기 때문이다. 그렇다면 그것은 인간 교육과 어떤 관계가 있을까? 심리철학의 여러 이론은 교육과 어떤 관련성이 있을까? 화이트처럼 심리철학의 추상적 이론은 교육과 관련성이 없는 것처럼 간주하는 것이 과연 적절한가? 혹시 교육을 어떻게 이해하는가에 따라 심리철학과 교육의 연관성을 다르게 볼 수 있는가? 그렇다면 교육을 어떻게 이해해야 인공지능과 관련된 심리철학의 문제가 교육과 관련된 것으로 보일 것인가?

IV

이 책을 쓰게 된 계기는 무엇이었는가? 1980년대 중반에 나는 존 화이트 교수를 만났고, '심리철학'을 접하게 되었다. 2002년에 화이트의 『아동의 마음』을 통해서 '마음의 교육철학'이라는 연구가 가치 있는 분야임을 느꼈다. 2018년에 나는 정년 퇴임으로 자유로워졌고, 심리철학과 『아동의 마음』에 대한 관심이 되살아났다. 이를 조금만 더 언급하자.

1980년대 중반, 런던대에서 교육철학을 공부할 때 나는 심리철학이라는 학문 영역이 있는 것을 처음으로 알게 되었다. 또 피터스의 『윤리학과 교육』에 나오는 '마음의 기원과 발달'이 너무 소략하고 불분명하다는 나의 말을 듣고 화이트 교수는 심리철학에 관한 책을 소개해 주었다.[15] 조너선 글로버는 『마음의 철학』 서문에서 심리철학은 '특수한 심적 현상에 관한 우리의 사고의 일반적 틀'에 관한 문제를 다루며, 이 문제를 다섯 가지 영역으로 나눌 수 있다고 했다.[16] 콜린 맥긴의 『마음의 본성』은 마음의 전체적인 틀을 구체적인 심적 현상을 통해서 밝히는 책이다.[17] 그러나 그 무렵에 나는 심리철학이 도대체 교육과 어떤 관계가 있는지를 전혀 파악할 수 없었다. 그러다가 심리철학은 나의 관심 밖으로 밀려났다. 왜냐하면 당시에 윤리학과 정치철학에서 새로 등장한 자유주의와 공동체주의(communitarianism)의 대결에 사로잡혔던 나의 관심은 M. 샌델, A. 매킨타이어, C. 테일러로 쏠렸기 때문이다. 그러면서 20세기가 지났다.

2002년에 화이트 교수는 그의 『아동의 마음』을 나에게 보내 주었다. 그의 다른 저서를 한국어로 번역한 것에 관한 고마움 때문이었을 것이다. 『아동의 마음』을 전남대에서 대학원생들과 함께 읽었다. 그런데 마음의 다양한 측면이 교육 문제와 연결되고 있다는 점은 인상적이었지만, 심리철학에 대한 기본 지식이 부족한 편이어서 제대로 이해하는 데 모두가 애를 먹었다. 그 이후 심리철학에 관한 국내외 연구에 자주 눈길이 가기도 했으나, 화이트 교수의 교육목적에 관한 저서에 더 이끌리면서 『아동의 마음』은 다시 내게서 멀어졌다.

21세기에 들어와서 국내외적으로 마음에 관한 철학적 연구가 계속해서 쏟아졌다. 특히 2012년 『마음과 철학』은 동서양의 마음에 대한 철학을 폭넓게 소개해 주었다. 또 인공지능과 뇌과학의 발달 속에서 마음의 이야기가 대중 속으로 퍼지고 있었다.[18] 이런 상황에서 필자는 『아동의 마음』을 다시 펼쳤다. 마음이란 무엇인가? 마음과 교육은 서로 어떻게 연결되는가? 교육철학자인 화이트 교수는 그런 문제를 어떻게 접근하는가? 이 문제가 비로소 서서히 이해되기 시작했다.

나는 화이트의 교육목적에 관한 여러 저서를 김희봉 교수와 공역했고, 또 화이트 교수의 '일, 학습, 잘삶'에 관한 교육철학을 논의하는 책을 임배 박사와 저술했다. 그런데 이와 달리 나는 약간 비판적 관점에서 화이트의 『아동의 마음』을 논하는 책을 쓰고 싶었다. 다시 말해서 길버트 라일의 『마음의 개념』에 대해서 길버트 라일의 제자인 엔소니 케니가 『마음의 형이상학』을 저술했듯이 나도 그렇게 하고 싶었다.[19] 두 책의 목차는 거의 똑같지만, 접근하는 관점과 서술하는 내용이 크게 다르다. 케니의 책을 염두에 두면서 나도 비판적 관점에서 『마음과 교육』을 쓰려고 시도하였다. 그러나 결과적으로 나의 연구는 존 화이트의 안목에서 벗어나지 못했고, 현재의 책으로 만족해야 했다. 그렇지만 이 책이 한국의 교육철학 학계에 '마음과 교육에 관한 학문적 관심'을 불러일으키는 데 작은 계기가 되기를 희망한다.

미주

제1장 마음

1) 여기서 동물의 의사소통에 관한 과학적 연구가 '일부 동물과 인간의 연속성 및 공통성'에 대한 철학적 관심을 불러일으켰음을 짐작할 수 있다.
2) '심적', '심리적', '정신적' 등으로 쓰인다. '심적'이라는 형용사는 활동, 현상, 속성, 사태, 상태, 사건, 측면, 과정, 능력, 생활 등에 붙어져 심적 활동, 심적 현상, 심적 속성, 심적 상태, 심적 사태, 심적 사건, 심적 측면, 심적 과정, 심적 능력, 심적 생활 등으로 아주 다양하게 사용된다. 물론 심적 사태와 심적 속성을 구별하기도 한다(박준호 역, 이안 라벤스크로프트 저, 심리철학, 246).

   라벤스크로프트는 심적 상태의 가장 중요한 일반적 특징을 다음과 같이 여섯 가지로 제시한다(ibid., 18-20). 이 여섯 가지 특징은 심적 상태에 관한 이론을 평가할 때 기준으로 활용될 수 있다.

   1. 어떤 심적 상태는 세계의 상태에 의해서 일어난다.
   2. 어떤 심적 상태는 행위를 일으킨다.
   3. 어떤 심적 상태는 다른 심적 상태를 일으킨다.
   4. 어떤 심적 상태는 의식적이다.
   5. 어떤 심적 상태는 세계 속의 사물을 향한 것이다.
   6. 어떤 심적 상태는 어떤 종류의 뇌 상태와 체계적으로 상관되어 있다.
3) 이하에서 JW, ○○는 John White (2002), *The Child's Mind*의 해당 쪽을 가리킴.
4) 지력은 사고 능력(capacity for thought)을 가리킨다(Kenny, 1992, 127).
5) 이한구는 길버트 라일의 『마음의 개념』을 번역하면서 이를 '성향'으로 번역한다(이한구 역, 라일 저, 60).

6) 교육계에서 지식, 기능, 태도라고 말할 때의 그 기능이다. skill은 기능 혹은 기술로 옮긴다. 기술은 technic 혹은 technology와 혼동하지 않아야 하고, 기능은 function과 구별해야 한다.
7) 발현상태를 가리키는 'occurrent'는 피처(Pitcher, 1972, 224)에게서 보인다. 피처는 정서를 두 가지(occurrent emotion, dispositional emotion)로 구분한다. 엔서니 케니(Kenny, 1992, 71)는 지속상태를 가리켜 'enduring state'라고 말한다.
8) 이한구는 길버트 라일의 『마음의 개념』 제5장에서 '성향과 발생사건'이라고 번역한다. 성향은 지속상태, 그리고 발생사건은 발현상태와 같은 뜻으로 보면 된다. 그런데 발현적 심적 상태와 비발현적(non-occurent) 심적 상태라는 용어도 사용된다(Kind, 2020, 129). 카인드는 이 구분을 클라크(A. Clark)와 찰머스(D. J. Chalmers)의 1998년도 논문 '확장된 마음(The Extended Mind)'을 논의할 때 적용한다. 과학기술의 발달로 인하여 인간의 심적 능력이 향상될 수 있는 길이 열리는데, 카인드는 이를 세 가지로 논의한다. 세 가지는 마음의 확장, 전송, 병합이다(Kind, 2020, 126). 이에 대해서는 학술적 후기, 293쪽을 참조.
9) 교육이 무엇인가를 이해할 때 지속상태와 발현상태의 구분은 매우 중요하다. 이 점은 46쪽에 들어 있는 〈발현상태와 지속상태의 교육적 중요성〉에서 자세하게 밝혀진다. 이 구분은 233쪽에서 정서를 구분하는 데, 그리고 정서와 연관된 생각의 유형을 구분할 때도 적용된다.
10) 여기서 감각에 대해 약간 더 언급할 필요가 있다. 아이가 고통, 두통이라는 개념을 가질 수 없는 것은 아니다. 아이는 실제로 그런 개념을 가질 수 있다. 예컨대, 아이가 두통을 겪는다고 하자. 머리가 쑤실 때, 아이는 '이것이 사라지면 좋겠어'라고 생각할 수 있다. 이 경우에 개념이 등장하는 것은 확실하다. 그런데 이 개념은 그런 생각과 함께 나타나는 것이지 고통을 느낄 때 생기는 것이 아니다. 아이가 두통을 경험할 때 어떤 개념을 적용할 필요는 없다. 다시 말해서 고통에 이어서 생각이 뒤따를 때 개념이 나타난다. 고통과 생각은 동일한 것이 아니다. 따라서 고통 그 자체는 '개념이 없는' 의식이다.
11) '어떤 개념화가 더 적절한가?'라는 문제가 생길 수 있다. 예컨대, 정의와 공정, 혹은 기회와 능력 간의 충돌에서도 그런 문제가 생기게 된다. 이런 논란은 윤리적 · 정치적 문제와 연결되고, 결국 교육목적 문제와 연결될 것이다. 그러나 이

주제는 심리철학의 범위를 벗어난다. 아무튼 교육목적에 관한 문제는 심리철학이 윤리학 혹은 정치철학과 만나는 지점에서 자주 발생한다.

12) '필요에 따라서'라고 말하는 까닭은 아이의 상상을 발달시키는 일도 중요하기 때문이다. 상상은 실재를 뛰어넘을 때가 많다. 이 책 177쪽을 참조.
13) 이 책 제1장 49쪽에 들어 있는 〈표〉 교육적 변화를 참조.
14) 제3장을 참조.
15) 개념에 대한 자세한 설명은 제2장을 참조.

제2장 개념

1) 개념 습득은 언어에 의존한다라고 주장하는 철학자는 비트겐슈타인과 기치(P. T. Geach)다. 이와 달리 언어 이전에도 개념 습득이 가능하다고 보는 철학자는 D. 햄린과 A. 매킨타이어다. 존 화이트는 후자에 속한다.
2) 매킨타이어는 그의 『의존적, 합리적 동물: 인간에게 덕이 필요한 까닭(1999)』에서 '동물의 지적 활동의 일부 측면'과 '언어를 사용하는 인간의 실천적 이성' 간의 연속성과 유사성의 의의를 논한다. 흥미롭게도 매킨타이어는 하이데거의 동물관에 대해서 다음과 같이 비판한다. 하이데거는 동물들 간의 차이점을 놓치고 있다. 즉, 늑대, 코끼리, 고릴라, 침팬지, 고래 등의 지적 활동의 일부 측면은 인간의 실천적 합리성과 연속성 및 유사성을 지닌다는 점을 간과한다(Maclntyre, 1999, 44-48).
   언어를 사용하지 않는 동물에게는 믿음이 있을 수 없다고 주장하는 철학자들(Donald Davidson, Stephen Stich, John Searle)이 많은데, 매킨타이어는 이런 철학자들이 '인간의 믿음도 인간과 동물이 공유하는 능력을 기초로 생긴 것'임을 간과한다고 비판한다(ibid., 60).
   "윤리학이 생물학에 의존하지 않아도 가능하다고 내가 가정했던 적이 있는데, 그것은 오류라고 지금 나는 판단한다"(ibid., x)라는 매킨타이어의 말은 생물학에 의존하지 않는 마음의 철학은 불가능하다는 뜻으로 받아들일 수 있다.
3) 이에 대해서는 햄린(D. W. Hamlyn, 1982)의 『경험과 이해의 성장』 제6장, 프라이스(H. H. Price, 1953)의 『사고와 경험』을 참조.
4) 이 책 제2장 68쪽 참조.
5) 이는 부모교육 프로그램에서 아무리 강조해도 지나칠 수 없는 사항이다. 개념학

습을 논할 때(69쪽) 다시 언급된다.

6) Price, H.H. (1953). *Thinking and Experience*(p. 101). JW, 42에서 재인용한 것임.

7) 이 책 제2장 68쪽에서 다시 언급함.

8) 지능과 신호 인지의 이런 관계는 이 책 제5장 122쪽 참조.

9) 문법적으로 말하면 이런 개념들을 표현하는 단어는 명사, 형용사, 대명사, 동사, 부사, 전치사, 접속사 등으로 분류된다. 교육에 대한 전통주의자들은 '마음의 함양에서 문법이 중요하다'라는 점을 강조한다. 왜냐하면 아이는 그처럼 다양한 종류의 개념을 제2의 천성처럼 사용할 수 있어야 한다고 그들이 보기 때문이다. 그렇게 할 수 있는 방법이 무엇인가는 그들에게 또 다른 문제다.

10) 이 책 제2장 53-54쪽 참조.

11) 본유설, 본유주의라고도 옮김.

12) 이 책 제2장 53, 71쪽 참조.

13) 여기서 논하는 개념학습은 크리스토퍼 윈치(Christopher Winch)의 『인간 학습의 철학(1998)』에서 더 자세하게 다루고 있다. 개념학습에 관한 캐루터스(Peter Carruthers)의 원형이론(prototypes theory)과 윈치의 이론이 들어 있다(이병승, 김우영 공역, 윈치 저, 224-239). 원형이론은 마골리스(Eric Margolis)와 로렌스(Stephen Laurence)의 '개념론'에서 더 자세히 다루어지고 있다[Stich S.P. and Warfield, T. A. ed. (2003). *The Blackwell Guide to Philosophy of Mind*. 제8장, 195-198]. 개념에 관한 더욱 최신의 논의는 피콕(Christopher Peacocke)의 '개념과 소유 조건'에서 찾아볼 수 있다(McLaughlin, B. P., Beckermann, A., and Walter, S. ed. (2009). *The Oxford Handbook of Philosophy of Mind*. 제26장).

제3장 믿음

1) 가정하기에 대해서는 제7장 170쪽 이하에서 다룬다.

2) p는 명제를 가리킴.

3) 상상력의 발달은 실재하지 않는 것과 관련된다. 이에 대해 제7장 177쪽 참조.

4) 제2장 26쪽에 나오는 개념을 참조.

5) 모든 아이가 알아야 할 필요가 있는 개념으로는 어떤 것이 있는가? 이는 교육목적에 관한 윤리적 문제를 제기한다.

6) 교육과 지식 습득의 연관성을 중시하는 사람들은 지식 습득을 교육의 정의에 집어넣고 싶을 것이다. 그러나 꼭 그럴 필요는 없다. 왜냐하면 지식 습득뿐만 아니라, 좋은 시민을 기르는 일도 교육의 목적에 속하기 때문이다. 그렇지만 교육의 목적이 무엇이든 간에 지식은 어떤 목적에서나 중요한 위치를 차지한다. 왜냐하면 아이가 좋은 시민이 되려면 아이가 살아갈 사회, 정치제도와 같은 많은 것에 대한 지식과 이해가 갖추어져야 하기 때문이다.
7) 하비 시겔(Harvey Siegel, 2010)의 '지식과 진리'를 참조. 이는 이지헌 역, 베일리 R, 베로 R, 카 D, 매카시 C 공편, 『교육철학 2: 가치와 실천』 서울: 학지사. 제6장에 들어 있음.
8) 지식학습과 교육목적의 관계에 대해서는 제8장 209쪽 참조.
9) 제2장에서 그런 종류의 이해를 습득하는 일에 대해 논의했다.
10) '위험한 사실적 믿음의 조장'이라는 사회적 문제에 대해서는 다음 자료를 참조. 엘런 뷰캐넌(Allen Buchanan)의 '교육과 사회적 · 도덕적 인식론'(이지헌 역, 해리 브릭하우스, 마이클 맥퍼슨 공편, 『고등교육의 목적: 도덕과 정의의 문제』. 제6장, 165-203. 서울: 학지사.
11) 이런 유형의 지식을 가리켜서 '무엇을 앎(knowledge of)' 혹은 친숙지(acquaintance knowledge)라고 한다.
12) 이 모든 것의 핵심과 가치가 무엇인가라는 윤리적 문제가 있다. 여기서 지식의 파지 및 시험과 관련된 교육목적 문제가 나타난다.

제4장 발달

1) 화이트가 이해하는 바, 발달론은 "씨앗으로부터 성숙한 것으로 나아가는 생물학적 펼쳐짐이 식물이나 신체와 같은 물리적 세계에서 나타나는데, 이것이 심적 세계에서도 나타난다는 이론"(White, 1998, 7)을 가리킨다. 화이트에 따르면, 가드너의 다중지능 이론은 발달론에 속한다. 화이트는 가드너의 다중지능 이론의 발달론적 측면에 대해 상세하게 비판한다(ibid., 6-12). 이 비판은 가드너가 지능 영역을 구분하는 여러 기준 중에서 네 번째 기준, 즉 '독특한 발달론적 역사 및 전문적 수행의 최종 상태'라는 기준의 문제점을 지적한 것이다. 이 책 제5장 137쪽 참조.
2) 마음에 대한 물리주의자의 설명에 대해서는 제11장 278쪽 참조.

3) 제11장 283쪽.

4) 제2장 74쪽.

5) 제5장 130쪽에서 이를 논할 것이다.

6) 크리스토퍼 윈치(Christopher Winch)는『인간 학습의 철학』제7장에서 발달에 대한 자신의 견해를 밝힌다. 여기서 그는 피아제의 발달론을 비판하면서 발달론의 결함을 두 가지로 지적한다. 하나는 "인간의 잘-삶에 대한 비사회적 혹은 어떤 측면에서 반사회적인 관념"이고, 그리고 다른 하나는 "인간이 다른 유기체처럼 생득적, 생물학적 충동에 의해서만 지배를 받는다고 보는 인간 활동에 대한 자연과학적 견해"다. 요컨대, 발달론은 "인간의 사회적 특성 및 사회적 특성이 심리에 미치는 영향을 간과하고 있다"(이병승, 김우영 공역, 윈치 C. 저, 83).

7) 아동-중심 교육관에 대해 긍정적인 교육철학자가 없지 않다. 존 달링은 피터스(R. S. Peters)와 디어든(R. F. Dearden)이 아동발달을 어떻게 보았는지를 다양한 시각에서 논의한다. Darling, J. (1994). *Child-Centered Education and Its Critics*. London: Paul Chapman. 75-82.

8) 발달에 관한 교육철학자들의 논쟁은 1970년대 초반부터 런던에서 나타났다. 이는 마음의 발달에 관한 화이트의 교육철학에 영향을 미쳤다. 엘리엇(R. K. Elliott)의 '교육과 인간 존재', 햄린(D. W. Hamlyn)의 '발달의 개념', 엘리엇의 '발달의 개념: 햄린에 대한 응답'이 그런 것으로, 발달에 관한 중요한 논문이다.
특히 엘리엇 교수는 런던대 교육전문대학원 교육철학과에서 피터스 교수와 함께 활동했는데, 현상학과 미학 분야의 저명한 학자였다. 엘리엇 교수는 '교육과 인간 존재'라는 글에서 '발달'에 관한 논의를 다음과 같이 시작한다. 엘리엇은 "피터스와 허스트는 교육을 마음의 발달과 아주 밀접하게 연결시키며, 그리고 지적 발달을 지식과 이해의 발달로 이해한다"(R. K. Elliott, 1975b, 105)라고 언급하면서 지식과 이해의 발달에서 나타나는 "발달이라는 개념의 애매성"을 거론하기 시작한다. 엘리엇은 교육을 지식과 이해뿐만 아니라 마음의 상태와 관련된 것으로 본다. "어떤 교과가 교육적 가치를 갖는지를 밝혀내려면 우리는 그것이 마음의 힘을 발달시키는 좋은 수단인지, 혹은 그것이 과연 한 인간이 알아야 할 만큼 중요한 것인지를 밝혀낼 필요가 있다. … 이 문제를 보다 면밀히 살펴보아야 하는 이유는 첫째, '학문'은 복잡한 성격을 지닌 것이어서 교육적 결함을 가질 수 있으며, 둘째,

최소한 어떤 경우엔 그 학문을 배우지 않고서도 그 학문이 탐구하는 대상에 접근할 수 있으며, 또 이것이 더 좋은 길일 수 있기 때문이다"(ibid., 106). 엘리엇은 거기에 덧붙인다. "나는 니체와 비트겐슈타인이 처음으로 철학책을 쓰기 전에 과연 얼마나 많은 철학적 훈련을 받았는지를 알지 못하지만, 그들이 도대체 철학적 훈련을 받을 필요가 있었는지 이 이유를 나는 모르겠다. 왜냐하면 그 두 사람은 이미 엄청난 지력을 지닌 사람이었고, 지적 역량이 고도로 발달한 사람이었기 때문이다"(ibid., 110).

제5장 지능

1) 다음을 참조. Clark, A. (2003). Artificial Intelligence and the Many Faces of Reason. in Stich S. P., and Warfield T. A. ed. (2003). *The Blackwell Guide to Philosophy of Mind*. Oxford: Blackwell Publishing. ch. 13.
2) Ryle, G. (1949). p. 45, 이한구 역서(2019)의 56쪽.
3) MacIntyre, A.(1960). Purpose amd Intelligent Action. *Proceedings of the Aristotelian Society* (Supplement Volume). JW, 81에서 재인용.
4) 제8장 194, 200쪽.
5) 제2장 62, 66쪽.
6) 제8장, 198쪽.
7) 제1장 41쪽.
8) 창의성에 대해서는 제7장을 참조.
9) Wiseman, S. ed. (1967). *Intelligence and Ability*. Harmondsworth: Penguin. 280. JW, 89쪽에서 재인용.
10) '반증 불가능한 것(a)'이 '부정될 수 없는 것(b)'이 되고, 이것이 '확실히 참인 것(c)'이 되고 만다. 이렇게 a → b → c로 넘어가는 것이 오류다.
11) Gardner, H. (1993). *Multiple Intelligence: The Theory in Practice*. New York: Basic Books, 71. JW, 92에서 재인용.
12) Ryle, G.(1949). p. 48. 이한구 역서(2019)의 61쪽을 참조.
13) Gardner, H.(1983). *Frames of Mind*. London: Heineman, 60. JW, 93에서 재인용.
14) op. cit., 62-69. JW, 93에서 재인용.

15) 가드너의 이론에 영향을 미친 것은 피아제식의 발달론, 그리고 굿먼 식의 상징론인데, 이 두 가지는 근거가 희박한 이론이라고 화이트는 비판한다.

16) 굿먼의 인지적 예술 이론은 가드너에게 큰 영향을 미쳤다. 화이트가 지적하였듯이, 굿먼의 이론을 스크루턴(R. Scruton)이나 버드(M. Budd)와 같은 철학자는 부정적으로 비판한다(White, 1998, 13). 가드너의 지능에서 특이한 점은 거기서 미학적 사항이 특별한 역할을 수행한다는 점이다. 가드너의 이론에서는 지능이 예술과 아주 밀접하게 연관되는 것이 특징이다(ibid., 12). '상징 시스템으로 부호화될 가능성'이라는 기준은 '모든 지능에서 상징의 사용이 나타난다'를 의미한다. 여기서 '가드너의 MI 이론에서 상이한 지능을 범주화하는 것'은 '굿먼의 상이한 유형의 상징의 범주화'와 연결되고 있음을 알 수 있다. 이에 대해 화이트는 의심하면서 비판적으로 논의한다(ibid., 14).

17) JW, 95.

18) 윈치(C. Winch)의 다음과 같은 언급을 참조. "나의 책은 양육과 교육에 적용되었던 학습의 개념을 철학적으로 다루는 글이다. 이 책이 필요한 까닭은 학습이 그동안 많은 심리학자와 이들의 영향을 받은 교육자들에 의해서 왜곡되었기 때문이다"(이병승, 김우영 공역, 윈치 C. 저, 1).

19) 이 장에서 짐작할 수 있듯이, 존 화이트는 심리학에서 다루는 지능에 대해 상당히 부정적 입장을 드러낸다. 그렇지만 화이트의 이런 지능관에 대한 다른 교육철학자들의 반응이 두 가지로 나타났다. i) 마이클 핸드(Michael Hand, 2007, 35)는 지능을 '이론-집중적 활동에 대한 적성'이라고 이해한다. 그에 따르면 지(능)적이란 '이론-집중적 활동에 대해 적성을 갖고 있는'이라는 뜻이다. 핸드는 이를 일상적 의미의 지능으로 보며, 이런 지능이 교육 실천에 종사하는 사람들에게 어째서 유용한 것인지를 밝히고 있다. 핸드는 이론적 측면에서 지능을 논의하고, 화이트는 실천적 측면에서 지능을 논의한다는 차이점이 여기서 드러난다. ii) 캐리 윈스텐리(Carrie Winstanley, 2015, 81)는 마이클 핸드보다 더 폭넓은 지능관을 보여 준다. 왜냐면 그는 스텐버그의 지능 이론에서 강조하는 지혜 혹은 실천적 지능을 중시하기 때문이다. 그런데 지능을 실천적 측면에서 강조한다는 점에서 우리는 화이트와 스텐버그의 유사성을 엿볼 수 있다. 물론 스텐버그는 심리학자이며 화이트는 철학자인 점에서 또다른 차이가 있을 것이다. 철학자로서 화이

트는 제5장에서 지능의 세 가지 의미를 구분하고 있다. 화이트는 이런 구분을 그의 1974년도 논문인 '지능과 천성–육성 문제의 논리'에서 이미 밝혀냈다.

제6장 사고

1) 지향성의 이런 특성은 제1장 38쪽에서 일반적으로 살펴보았다.
2) 스테판 존슨(Stephen Johnson)의 글 '전이될 수 있는 기능'을 참조. 여기서 존슨은 전이될 수 있는 기능에 대해 다음과 같이 비판한다. "대학, 정부 보고서, 경영자 단체에서 나온 '전이될 수 있는 기능' … 을 보면 온갖 것들이 있다. 1) 논리적 사고, 통찰(예견)력, 목표 설정, 타이핑, 충성, 유연성, 동기 유발, 정직성, 2) 문제해결, 적응력, 자신감, 불확실성과 싸우기, 의사결정, 3) 계열화시키기, 분류하기, 비교하기, 사실–의견 구별하기, 가설 설정하기, 새로운 아이디어 찾기, 체계적이기, 4) 팀워크, 선도력, 문제해결, 충성, 정직성, 동기 유발, 5) 계획, 동기, 팀워크, 스트레스 관리, 명료한 사고, 자기주장, 변화 관리, 글쓰기, 6) 의사소통, 수리 적용, 정보공학, 문제해결, 타인과 함께 일하기, 자기 학습의 개선, 7) 리더십, 영향력 발휘, 동기 유발, 열정, 자아 인식, 유연성, … 여기에 기능/능력/성향/덕/태도가 뒤섞여 있다"(이지헌 역, 스테판 존슨 저, 259).
   그리고 "비판적 사고조차도 영역이 다를 경우에는 상이한 것을 요구하며, 일반적 사고 기능이란 온갖 의도와 목적에도 불구하고 시간 낭비이며, 얄팍하게 참인 것처럼 보이는 처방이고, 우리가 일상생활이나 학문 활동에서 암암리에 부딪히는 힘든 문제들을 다루는 데 별로 도움이 되지 못하는 것이다. … 썩 놀라운 일인데, 일반적 사고 기능에 대한 강력한 반대 증거가 인공지능 연구, 그리고 일반적 사고 규칙, … 탐구에서도 나타나고 있다"(ibid., 273).
3) 이를 넬 나딩스(Nel Noddings)의 견해와 비교해 볼 필요가 있음. 나딩스는 그의 『교육철학』 제5장에서 '논리와 비판적 사고'를 폭넓고 균형 있게 다룬다. 이 견해는 이지헌의 『교육의 철학적 차원』 제5장 논리학과 비판적 사고에도 자세하게 설명되어 있다.
4) 실천적 사고의 중요성에 대해 매킨타이어(Alasdair MacIntyre)는 도움을 줄 수 있다. 덕 윤리학자 혹은 공동체주의 윤리학자로 알려진 매킨타이어는 그의 『의존적, 합리적 동물: 왜 인간 존재에게는 덕이 필요한가(1999)』에서 실천적 추론을 강조

한다.

그의 책 제8장의 제목은 이렇다. '어떻게 우리는 독립적으로 실천적 추론을 하는 사람이 되는가? 어떻게 해서 덕은 이런 사람이 될 수 있게 하는가?' 이 제목이 가리키는 의미는 다음과 같다. 만일 독립적으로 실천적 추론을 하는 사람이 되고, 또 그런 사람으로 계속 남아 있으려면 사회적 관계가 필수적이고, 또 이를 위해서는 덕이 필수적이다.

그의 책 제9장의 제목은 '사회적 관계, 실천적 추론, 공동선, 그리고 개별 선'이다. 이 장에는 다음과 같은 내용이 들어 있다. "우리가 독립적으로 실천적 추론을 하는 사람이 되는 것은 우리에게 필요한 것을 줄 수 있는 어느 특별한 타인들과의 관계 속에서만 가능한 일이다"(MacIntyre, 1999, 99). "독립적인 실천적 추론은 인간으로서 충실하게 잘 사는 데 필수적이다 … 실천의 수준에서 타당한 추론을 하지 못하는 것은 큰 결함이다"(ibid., 105). "실천적 추론은 … 일반적으로 일정한 사회적 관계 속에서 타인들과 함께하는 추론이다 … 우리가 속해 있는 그 모든 사회적 관계의 잘됨과 별도로 또 이것과 아무런 관계가 없이는 우리 자신의 좋음, 또 우리 자신의 잘됨이 무엇인가를 실천적으로 제대로 이해할 수 없다 … 따라서 우리 각자가 자기에게 좋은 것을 성취한다는 것은 타인들이 우리에게 좋은 것을 자기에게도 좋은 것으로 만들 때 비로소 가능해진다. 여기서 타인은 우리에게 아직 능력이 없을 때 우리를 도와주는데, 이렇게 함으로써 우리가—만일 우리가 타인을 도와준다면 이익과 이익을 적당하게 주고받는 선에서 타인도 우리를 도와줄 것이라는 계산을 하지 않고서—타인에게 좋은 것을 우리 자신에게도 좋은 것으로 받아들이는 그런 미덕을 습득하고 또 발휘하는 인간이 되게 만든다"(ibid., 107-108).

5) 이 문제에 관한 관심은 결국 아리스토텔레스의『니코마코스 윤리학』(이창우, 김재홍, 강상진 역)으로 뻗어 갈 것이다. 여기서 실천적 지혜는 다음과 같이 언급되고 있다. "자신에게 좋은 것, 유익한 것들과 관련해서 잘 숙고할 수 있다는 것이 실천적 지혜를 가진 사람의 특징으로 보인다. … 전체적으로 잘 살아가는 것과 관련해서 무엇이 좋고 유익한지를 잘 숙고한다는 뜻이다. … 잘 살아가는 것과 관련해 일반적으로 잘 숙고하는 사람이 실천적 지혜가 있는 사람일 것이다. … 실천적 지혜를 가진 사람은 … 자신과 사람들을 위해서 좋은 것들을 분별해 낼 줄 알 … 기

때문이다. …실천적 지혜는 인간적인 좋음에 관계하며, … 실천적 지혜는 실천적인 것인데, 실천 혹은 행위는 개별적인 것들에 … 실천적 지혜는 인간을 위해 정의롭고 고귀하고 좋은 것들에 관련하는 것(ibid., 226), … 실천적 지혜 없이는 좋은 사람이 될 수 없다"(ibid., 210, 211, 216, 231).

또 역자들은 그 책의 각주 28에서 다음과 같이 언급한다. "'실천적 지혜'라는 말은 그 일상적 용법에서는 개인의 사사로운 일에서의 실천적 지혜에 한정되지만, 실제로 그러한 지혜를 발휘하는 마음의 능력은 자신의 가정과 공동체까지 확장될 수 있 … 다"(ibid., 217).

6) 제1장 28쪽.

7) 제3장 93쪽.

8) 실천적 사고를 강조하는 화이트는 그의 책 『교육목적론』(이지헌, 김희봉 역)에서 다음과 같이 주장한다. "지식 중심의 교육관들을 살펴보면 그것도 결국에는 윤리적 가치에 기초를 두고 있다는 점을 발견할 수 있다"(ibid., 185). "지식의 획득은 인간의 선을 구성하는 것이므로 바람직한 것이다. … 인식론이 아닌 윤리학이 교육을 정당화하는 데 더 근본적인 철학 분야다"(ibid., 189). "국가 교육과정의 지침이 수행해야 할 가장 유용한 기능은 … 학생이 습득할 것으로 기대하는 모든 지식은 학생에게 교육시켜야 할 가치들과 확실히 '밀접한' 관계에 있는 지식 혹은 그 가치들을 구성하는 지식으로 이루어지도록 노력하는 일일 것이다"(ibid., 218).

이와 달리 이론적 사고를 옹호하는 콜린 린지(Colin Wringe)는 그의 『교육목적론』(김정래 역) 제4부 '내재적 가치'에서 다음과 같이 주장한다. "자유교육의 목적은 여전히 지식과 이해, 진리와 합리성의 추구로 표현되는 지적 활동에 맞추어져 있다"(ibid., 202). "지식, 합리성, 이해, 진리와 같은 가치에 몰입한다는 것 자체를 정치적인 편향이라고 볼 수는 없다"(ibid., 205). "지적 활동은 그 영역이 무한하고, 진지한 것이며, 또한 상당한 도전감을 주면서도 그 대상의 성취에는 배타적 경쟁이 없다는 특징을 지닌다"(ibid., 223). "세상사와 개인사에 관한 일을 확정적으로 재단할 수 있는 논점은 없다. 따라서 '우리는 어떻게 살아가야 하는가?' 또는 심지어 '이 질문에 적합한 답을 구하기 위하여 우리는 어떤 것을 고려해야 하는가?'라는 질문에 대한 확정적인 답은 없다. (그러나) 모든 인간에게 인지적 요소가 중요하다는 점을 강조하는 입장이 … 필연적으로 요구된다"(ibid., 233).

9) 제5장 127쪽.

10) 여러 가지 유형의 사고 중에서 명상적 사고를 얼마나 강조해야 하는가와 관련된 교육목적 문제가 여기서 제기된다.

11) 제2장 62쪽.

제7장 상상

1) 상상의 의미를 이처럼 세 가지로 구분하는 사람들이 많다. 엔서니 케니(A. Kenny, 1988, 113, 120)는 그것을 '심적 이미지를 떠올리는 능력', '추측, 가정, 창안하는 능력', 그리고 천재적인 과학자와 시인에게서 뚜렷이 드러나는 '창조적 상상력'으로 구분한다. 존 패스모어(J. Passmore, 1980, 146)는 상상의 개념을 이미징(imaging), 상상하기(imagining), 상상적임(being imaginative)으로 구분한다. 이런 구분은 길버트 라일(G. Ryle)에게도 보인다. 이한구는 라일이 사용하는 imaging과 imagining을 모두 '상상하기'로 옮겨 쓴다(이한구 역, 라일 저, 326, 331). 상상의 여러 의미를 가능하면 명확히 구별하는 것이 좋다.

2) 제6장 148쪽.

3) '동정적'이라고 붙이지 않고 '공감적'이라고 붙이기도 한다. 그런데 다음의 경우를 생각해 보자. 고문하는 사람은 아마 고문을 당하는 사람들이 느끼는 두려움을 아주 잘 상상할 것이다. 물론 이렇게 공감은 하지만 동정하는 측면은 없을 것이다. 따라서 '공감적'보다는 '동정적'이 더 적절한 표현이라고 말할 수 있다.

4) 제6장 145쪽.

5) 상상에 관한 최신의 철학적 논의는 *The Routledge Handbook of Philosophy of Imagination*을 참조. 상상에 관한 교육철학적 논의는 Kieran, E., & Dan, N. ed. (1988). *Imagination and Education*. Milton Keynes: Open University Press를 참조, 그리고 김회용, 곽덕주 공역, K. 이건 저,『상상력 교육』. 서울: 학지사 참조.

6) 제3장 87쪽.

7) 정서와 믿음, 혹은 생각 간의 연관성에 대해서는 제9장 228쪽을 참조.

8) 문학, 연극, 미술, 창의적 글쓰기, 과학, 수학, 역사, 지리, 사회, 인성교육, 진로 교육 등은 교육과정에서 중요한 활동을 차지한다. 이런 활동은 바람직한 목적과 가치에 의해 정당화될 필요가 있다. 또 이런 활동에서 요구되는 가정하기(라는 상상)

를 발휘하고 발달시키는 것도 바람직한 목적과 가치에 의해 정당화되어야 한다.

9) 마지막 사례에서 보듯이, 상상적인 것이 늘 환대를 받는 것은 아니다. 왜냐하면 바람직하지 못한 목적과 얽힐 수 있기 때문이다.

10) *Report of the National Advisory Committee on Creativity, Culture, and Education*(JW, 128).

11) 창조의 두 가지 개념 구분에 대해서는 엘리엇(R. K. Elliott)의 『창조성의 버전들(1998)』을 참조. 이 논문에서 엘리엇이 주장하는 바는 다음과 같이 요약할 수 있다. 창조의 개념은 크게 두 가지다. 하나는 전통적 개념이고, 다른 하나는 새로운 개념이다. 전통적 개념의 핵심은 '신의 창조'라는 신화다. 신화의 창조적 활동과 얼마나 비슷한가 하는 점은 '창조적'임을 평가할 수 있는 기준이다. 그러나 신의 세계 창조는 전통적으로 예술 작품의 창조를 모델로 삼은 것이므로 예술적 창조가 더 근본적인 측면도 있다. 그런데 창조의 전통적 개념이 일상 언어에 깊이 새겨지면서 창조성의 부여는 만드는 사람(제작자)에게만 허용되었고, 새로운 것을 전혀 만들지 못하는 사람들에게는 허용되지 못했다. 이에 따라 과학자는 이미 존재하는 사물에 관한 진리를 발견하는 지혜로운 인간이라고 불렀을지라도 '창조적'이라고 불리지 못했다. 그러다가 그 이후로 혁명적 과학자들에게 창조적이라는 말이 적용되었다. 이는 그들이 우리가 생각하는 세계를 재창조, 재구성하였기 때문이다. 또 신의 창조 중에서도 인간의 창조가 세계의 창조보다 더 큰 의미가 있었고, 그리고 기독교가 지배했던 여러 세기 동안에는 경건함 때문에 자아 창조라는 말을 쓰지는 못했지만, 자아를 형성하는 일의 중요성을 부정하지는 않았다. 이처럼 자아 형성과 자아실현이라는 아이디어는 상당히 오래된 긴 역사를 갖는다. 그러므로 최근에 니체, 하이데거, 가브리엘 마르셀과 같은 철학자들이 자아 창조를 강조한 것은 창조의 전통적 개념을 이어받은 것이라고 볼 수 있다. 이런 점 때문에 창조라는 개념은 혼란스러운 것이 되고 말았다. 거기엔 또 다른 이유가 있었다. 전통적 개념과 분명하게 구분되지 않았던 새로운 개념이 출현했기 때문이다. 이 새로운 개념에 따르면, 창조적이라는 말을 듣기 위해서 구태여 무엇을 새로 만들거나 창조할 필요가 없다. 새로운 의미의 창조는 가치 있는 활동에서 성공적으로 표출되는 상상 혹은 창의를 가리키게 되었고, 이에 따라 창조의 패러다임은 예술이 아닌 과학 혹은 실천적 활동에서 찾게 되었다. 이 새로운 개

넘은 전통적인 개념과 크게 다른 것임에도 혼동되기가 쉽다. 창조에 대한 철학적 분석은 이런 혼란을 일으킨 요인을 잘 밝혀내고, 창조라는 개념이 우리에게 강한 호소력을 지녔던 까닭까지도 제대로 밝혀내야 할 것이다.

12) 여기서 암시하는 교육목적 문제를 엘리엇은 다음과 같이 언급한다. "우리는 예술과 과학의 상대적 가치를 결정해야 하며; '인정받는 학문적 성취'와 '인간 영혼의 돌봄' 사이에서 선택하거나 조화를 모색해야 하며; 어디까지 혁신을 추구할 것이며, 어디까지 '안정된 인습 속에서의 성공'에 만족할 것인가를 고심해야 한다"(R. K. Elliott, 1998, 232).

제8장 동기

1) 문맥에 따라서 행위를 행동이라고 쓰기도 할 것이다. 물론 행위의 주체를 가리켜서 행위자라고 하지 행동자라고 말하지는 않는다. 행동인, 혹은 행동가의 의미는 약간 다르다. 행위철학(philosophy of action)은 심리철학의 하위 영역이다. 다음 자료를 참조. Sarah K. Paul, *Philosophy of Action*(Routledge). Jonathan Dancy. *Philosophy of Action: An Anthology*(Blackwell). Alfred R. Mele, *The Philosophy of Action*(Oxford University Press). 이을상 역, 카를바흐 저. 『행위철학』. 경기: 서광사.

2) 행위와 의지의 관계에 대해서 콜린 맥긴(Colin MacGinn)은 그의 책 『마음의 특성』에서 다음과 같이 밝힌다. "지각하기, 혹은 생각하기는 심적 현상 중에서 인지적인 쪽에 속한다. 인지적 (심적) 현상의 특성은 세계를 있는 그대로 표상하는 것이다. 그것은 '표상되는 바와 같이 과연 세계가 존재하는가'의 여부에 따라서 맞거나 혹은 틀린 것으로 판단될 수 있다. 인지적 (심적) 현상의 역할은 세계에 맞추는 것이다. 그러나 이와 다른 역할을 가진 심적 현상이 있다. 이는 마음에서 의지적인 쪽에 속한다. 의지의 역할은 세계를 이해하는 것이 아니라 변화시키는 데 있다. 즉, 세계를 있는 그대로 표상하지 않고 그 세계를 행위자가 원하는 바에 따라 만들어 가는 것이다. 인지적 측면이 수동적이라면, 의지적 측면은 능동적이다. 의지가 구현되면 세계는 변화한다. 의지가 물질적 변화를 일으키려면 이런 변화를 일으킬 수 있는 신체적 행동으로 연결되어야 한다. 의지가 가장 자연스럽게 표출되는 것은 신체적 행동이다. 의지라는 심적 현상은 이해라는 심적 현상과 함께 마

음의 큰 부분을 차지한다"(*The Character of Mind*, 81).
인지적 대 의지적이라는 구분은 윤리학에서도 나타난다. 토마스 허카(Thomas Hurka)는 그의 책 *The Best Things in Life*에서 가장 좋은 삶의 한 가지 요소로서 '성취'를 거론한다. 허카에 따르면, 마르크스는 자유로운 창의성을 내세웠고, 니체는 권력의지의 발휘를 강조했다. 이들에게 좋은 삶이란 세계를 이해하는 것이 아니라 새로운 세상을 만들어 내는 삶, 즉 성취다. 지식이란 인간이 이미 존재하는 세계를 받아들이고, 그의 마음을 그 세계에 맞추는 것이다. 이와 달리 성취는 인간이 마음에 품은 목표에 맞추어 세계를 바꾸는 것이다. 성취는 세계를 마음에 맞추는 일이다. 성취를 이루어 내려면 강인한 의지와 치밀한 능력이 필요하다. 공평한 세상을 만드는 일, 정원 가꾸기와 아이 기르기와 같은 일상적인 일, 그리고 자신의 삶을 스스로 선택하여 이루어 내는 일처럼, 뭔가를 이루어 내는 것이 좋은 삶을 만들어 낸다(이순영 역, T. 허카 저, 151-178). 이는 다음 글에서도 언급되고 있음. 이지헌(2018). '교육철학.' 이지헌 외 공저(2018),『교육학 개론』. 서울: 학지사. 124-126을 참조.

3) 제6장 160쪽에도 실천적 사고에 관한 언급이 있음.
4) 여기서는 원함(want)과 욕구(desire)를 엄밀하게 구분하지 않고 혼용하기도 한다. 그러나 엔서니 케니(Anthony Kennny)는 그의 책『마음의 형이상학』에서 need, want, desire, volition의 차이를 다음과 같이 밝힌다. "식물이 갖는 것은 필요이고, 동물과 인간이 갖는 것은 필요와 원함이다. 그런데 동물과 인간의 원함에는 차이가 있다. … '욕구'는 동물적 욕구를 가리키며, 이와 달리 '의욕(volition)'은 언어를 사용하는 인간만이 가질 수 있는 원함을 가리킨다. 욕구와 의욕은 모두 원함에 속한다. … 욕구와 의욕의 중요한 차이점은 욕구는 즉각적 만족을 추구하는 것이고, 현재 시점에서 원하는 것이며, 충족될 때까지 어느 정도 지속적으로 느끼는 원함이다. 이와 달리 의욕은 시간상으로 거리가 있는 어떤 것을 원함을 가리킨다"(ibid., 35-36).
5) 콜린 맥긴(Colin Mcginn)은 그의 책에서 욕구(원함), 믿음, 의도, 의지, 행위를 다음과 같이 구분한다. "만일 어떤 사람이 이웃을 방문하기를 원하고, 이웃집의 문을 두드리면 방문할 수 있다고 믿고, 이웃집의 문을 두드릴 의도를 품고 있다면 이로써 그의 의지를 실행에 옮길 준비가 된 셈이고, 그리하여 이웃집의 문을 두드

리는 것을 시도하면 의도한 행위는 성공적으로 수행될 수 있다. 여기서 욕구는 행위의 핵심 방향을 가리키고, 믿음은 그 핵심에 도달하는 수단을 구체화해 주고, 의도는 그런 핵심에 도달하는 데 필요한 바를 하려는 결의다. 다시 말해서 욕구는 추진력을 제공하고, 믿음은 그것을 실천적인 것으로 바꾸어 주고, 의도는 관련된 행동을 수행할 준비를 가리키며, 의지는 이 모든 계획을 행위로 옮긴다. 행위자가 어떤 행위를 왜 하는지를 알려면 우리는 앞과 같은 사항들을 재구성하여 그것들이 어떻게 이해 가능한 패턴을 이루는지를 보여 줄 필요가 있다"(C. Mcginn, *The Character of Mind*, 1982, 94).

6) 제3장 89쪽.

7) 이유를 갖거나 표현하는 데에서 동물과 인간은 차이를 보인다. 이를 엔서니 케니(A. Kenny)는 다음과 같이 설명한다. "인간이 Y를 하기 위해서 X를 할 때, Y의 성취는 그가 X를 하는 이유다. 그러나 동물이 Y를 하기 위해서 X를 할 때, 동물은 X를 하면서 어떤 목표를 추구할지라도 이유를 가지고 X를 하는 것은 아니다. 왜냐하면 언어가 없는 동물은 자기의 행동을 위해 이유를 제시할 수 없기 때문이다. … 이유를 제시하는 일반적 능력이 있는 존재가 되어야 비로소 이유를 위해 행동하는 능력을 가진 존재가 된다. 인간은 합리적, 즉 이유를 제시하는 동물이다. 언어가 없는 동물은 이유를 제시하는 존재가 아니며, 따라서 이유를 위해 행동할 수 없다"(A. Kenny op. cit., 38-39).

그러나 매킨타이어(A. MacIntyre)는 그의 *Dependent Rational Animals*(1999)에서 앞과 다른 입장을 제시한다. 동물도 행동의 이유를 가질 수 있음을 다음과 같이 밝히고 있다. "그들(돌고래, 고릴라 등)은 비록 언어를 사용하는 인간과 중요한 측면에서 다르긴 하지만, 자기들끼리만 아니라 인간들과도 관계를 형성할 수 있으며, 또 그런 상호작용과 목적을 파악할 수 있으며, 자기들의 의도와 목적을 표현할 수 있다"(ibid., 61). 특히 그의 책 제6장 행위의 이유를 참조.

8) 제5장 122쪽에서 지능에 관해서도 비슷한 사항을 지적했다.

9) 정서와 행위의 관계에 대해서는 제9장 235, 240쪽을 참조.

10) 타인의 동기를 알아내는 일은 프라이버시와 관련된 윤리적 문제를 일으킨다. 프라이버시란 '사적 활동 공간'을 의미한다. 이진우(2009)의 책『프라이버시의 철학』제4장 '프라이버시의 윤리와 정치'를 참조. 여기에 교육에 관한 언급은 없다.

11) 여기서 동기 유발의 가치와 관련된 교육목적 문제가 생긴다. 바람직한 동기와 바람직하지 못한 동기는 어떤 근거에서 구분될 수 있는가?

12) 제4장 111쪽.

13) 교육적 학습은 대체로 영속적, 대체 불가능한 것을 가리킨다는 점이 강조되고 있다. 여기서 '이런 교육적 학습에 무엇을 포함시켜야 할 것인가'라는 교육목적 문제가 제기된다.

14) 전심에 대해서는 존 화이트 저, 이지헌/김희봉 역,『잘삶의 탐색』. 248쪽을 참조.

15) 제6장 159쪽에서 '이론적 사고의 내재적 가치'를 언급한 부분을 참조.

16) 여기서 '예술 활동'을 너무 좁게 보지 않는다. 즉, 심각한, 난해한 예술로 좁혀 생각할 필요는 없다. 진지한 예술과 오락적 예술을 엄밀히 구분하기가 어렵다.

17) 그렇다고 해서 예술 작품을 아이의 삶의 모델로 삼아야 할 필요는 없다.

18) Thomas Nagel. (1979). *Mortal Questions*, 130을 참조. 또 네이글에 따르면, '실천적 갈등'은 가치가 여러 가지여서 그중 하나를 결정해야 하는 문제 상황을 가리킨다. 실천적 갈등을 일으키는 가치의 유형에는 다음과 같이 다섯 가지가 있다. 의무, 권리, 공리, 완전주의적 목적, 사적 헌신이 그것이다. 이 중에서 사적 헌신은 '자기 자신이 수행하는 일이나 프로젝트에 대한 헌신'이며, 이 점을 설명하는 중에 본문의 위 인용문이 등장한다(ibid., 128-129).
또 윤리학과 동기에 관한 네이글의 다음과 같은 언급을 참고. "윤리학은 믿음뿐만 아니라 행위를 통제하려는 것이다. 윤리 문제를 해결하려고 할 때 우리는 어떻게 살 것인가, 또 우리의 사회제도를 어떻게 만들 것인가를 알아내려고 노력하는 것이지 세계와 인간에 대한 더 정확한 그림을 그려 내는 데 그치지 않는다. 따라서 윤리학은 동기와 연결된다"(ibid., 144).

19) 공동체에 관한 관심 및 타인의 잘삶에 대한 관심은 교육목적으로서 어떻게 정당화될 것인가? 이에 관해서는 존 화이트 저, 이지헌/김희봉 역,『잘삶의 탐색』. 제10장 '좋은 삶을 살기: 잘삶과 도덕성'을 참조.

20) 여기서 평등의 의미는 '모든 사람이 그 자체로서 중요한 존재라는 점에서 똑같다'는 점을 가리킨다.

21) 210쪽 참조.

22) 여기서 우리는 자아 창조와 연관된 교육목적의 영역으로 들어간다.

23) 이에 관해서는 『잘삶의 탐색』. 제11장 '잘삶에 관한 전문가는 있는가?'를 참조.
24) 이 장에서 논의된 사항과 관련해서 엘렛과 에릭슨의 '동기와 학습'이라는 글을 참조. F. S. Ellett, Jr., & D. P. Erickson. (2010). Motivation and Learning, 이지헌 역(2013). 『교육철학 2: 가치와 실천』. 제19장 동기와 학습, 225-251.

제9장 정서

1) 『예기(禮記)』의 「예운(禮運)」 편에 나오는 칠정(七情)은 다음과 같다. 희(joy), 노(anger), 애(sadness), 구(fear), 애(love), 오(disliking), 욕(liking)이 그것이다. 괄호 안은 애미 카인드(Amy Kind, 2020)의 영역임.
2) 엔서니 케니는 느낌, 기분, 정서, 태도, 덕, 성격 특성을 마음의 정의적 측면으로 보고, 이를 다음과 같이 구분한다. "기쁨과 같은 느낌, 우울과 같은 기분, 사랑과 같은 정서, 칭송과 같은 태도, 용기와 같은 덕, 부끄럼과 같은 성격 특성 등"(A. Kenny, 1992, 52).
그러나 아멜리 로티(Amelie O. Rorty)는 다음과 같이 지적한다. "정서는 자연적 부류를 형성하지 않는다. 정서의 분류에 관한 아주 다양한 논란의 긴 역사 때문에 정서는 이질적 집단이 되고 말았다. 다양한 조건과 상태가 아주 다른 이유와 서로 다른 근거 위에서 거기에 포함되었으므로… 기분, 동기, 태도, 성격 특성으로부터 분명하게 구분될 수 없다"(A. O. Rorty, 1980, 1).
3) 제1장 44쪽.
4) 감각, 지각, 정서의 차이에 대한 A. 케니의 설명은 247쪽의 표에 들어 있다.
5) 이는 제1장 38쪽에서 언급한 언어로 표현한 것임.
6) 정서의 구분은 제8장 201쪽에서도 언급하였다. 거기서 정서는 어떤 행위를 하도록 동기를 부여한다는 점을 강조했다.
7) 제2장 56쪽.
8) 제1장 34, 35쪽.
9) 제8장 201, 213쪽.
10) 정서에 관한 최신의 철학적 논의는 *The Oxford Handbook of Philosophy of Emotion*을 참조.
11) 20세기 후반에 정서 교육에 대한 영국 교육철학계의 논쟁은 주목할 만하다. 대표

적 논문은 리처드 피터스(1972), 존 화이트(1984), 메리 워녹(1986)의 글이다. 화이트와 워녹은 정서 교육에 대한 피터스의 관점을 비판한다.

먼저, 화이트에 따르면 피터스는 정서의 교육 가능성을 너무 좁게 보고 있으며, 교육에서 정서의 소극적 역할만 인정하고 있다(J. White, 1984, 204). 피터스의 이런 협소한 정서 교육관은 그의 정서, 교육 및 인간에 관한 생각에서 비롯된 것이며, 이는 칸트를 연상하게 한다(ibid., 205). 피터스가 '진리 추구의 내재적 가치'를 교육의 목적으로 삼고 있는 것과 달리, 화이트는 교육의 목적을 '자신과 타인의 잘삶을 추구하는 실천적 지혜'에서 찾는다. 이 실천적 지혜에는 정서를 지적 방향에서 관리, 통제, 추구하는 일을 배우는 것이 포함된다(ibid., 199). 이처럼 화이트는 피터스와 다르게 교육에서 정서의 긍정적 역할을 인정한다.

그리고 화이트는 그의 '예술, 잘삶, 그리고 교육'이라는 글에서 잘삶이라는 교육 목적을 예술교육에서도 밝힌다. 그는 학교 교육과정에서 예술 작품에 친숙하게 하는 것이 자아 인식의 증진, 윤리적 가치의 강화, 그리고 공동체 성원의 결속을 위해 중요하다고 주장한다(J. White, 1988, 196).

또 워녹은 피터스의 정서관을 다음과 같이 비판한다. 피터스가 이해하는 정서는 본질적으로 수동적인 것으로, 동기가 될 수 없으며, 그리고 정서를 경험하는 주체는 정서에 시달리는 환자로 이해된다. 피터스처럼 정서를 인간이 시달리면서 겪는 것으로 볼 것인가, 아니면 워녹처럼 정서를 인간이 세계를 보는 방식으로, 즉 수용하거나 거부할 수 있는 선택으로 볼 것인가에 따라서 정서 교육에 관한 이야기는 크게 달라진다(M. Warnock, 1986, 213-214). 워녹의 경우, 모든 교육에는 정서 교육이 포함되어 있으며, 교육의 다른 부분으로부터 정서 교육을 분리하는 것은 불가능하다(ibid., 216, 219).

12) 아이의 정서 생활을 지도할 때 어떤 방향으로 나아가야 할 것인가? 교육목적론에 관한 이런 윤리학적 문제는 이 책의 범위를 벗어난다.

13) 제10장 267쪽 참조.

14) 이는 성교육 수업에 관한 이야기가 아니다. 물론 성관계 수업에서 사랑의 역할도 더 주목할 필요가 있다.

15) 콘스탄틴 코프만(Constantin Koopman)은 그의 글 '예술, 미학, 교육'에서 정서(감정) 교육으로서의 예술교육을 세 가지로 이해하고 있다(이지헌 역, 베일리, 베

로, 카, 매카시 공편, 394-395).

i) 자아 표현으로서의 예술교육: 정서의 표현 혹은 즉흥적 분출을 중시하는 입장

ii) 감정 교육으로서의 예술교육: 인간의 감정의 풍요로움, 풍성함을 발견하고 감상하는 것을 중시하는 입장

iii) 합리적 정서 교육으로서의 예술교육: 예술에서 감정은 이성에 의존한다고 보고, 이해를 통한 감정의 확충, 초월, 통제 및 사회성 증대를 중시하는 입장

16) 헵번(R. H. Hepburn)은 그의 글 '예술 그리고 감정과 정서의 교육'에서 다음과 같이 말한다. "동시대 작가의 위세는 가끔 유행하는 정서-상투어를 오히려 강화시키고, 그리하여 아무 비평도 거치지 않은 채 마치 그것이 불가피한 필수적인 것처럼 보이게 만드는 확성기 혹은 프로젝터가 되어 버릴 수 있다. 따라서 현대 예술에 너무 집중하지 않는, 혹은 현대 작가에게 너무 쉽게 성자의 지위를 부여하지 않는 것이 중요하다"(R.H. Hepburn, 1998, 180). 그러면서 그는 다음과 같이 질문한다. "예술이 강력한 정서적 반응을 일으키는 것이 사실이라면 그런 반응은 정말 정서를 교육시키는 것으로 간주할 수 있을까? 그것이 마찬가지로 정서적으로 타락시키지 않을 것이라고 어떻게 확신할 수 있을까?"(ibid., 182).

제10장 자아

1) 최근의 문헌으로 *The Oxford Handbook of the Self*(Shaun Gallagher ed., 2011)를 참조. 화이트가 추천한 책으로 다음 책이 있다. Jonathan Glover. (1988). *I: The Philosophy and Psychology of Personal Identity*. London: Penguin Books. 이 책을 한자경의 『자아의 연구』(1997, 서광사)와 비교해 보면, 과거 서양 사상가들의 견해에 담겨 있는 자아관이 무엇인가를 연구하는 한자경의 접근 방식, 그리고 현대적 관점에서 자아관을 탐구하는 조너선 글로버의 접근 방식이 크게 다르다는 점을 인지할 수 있다.

2) 인격이란 무엇인가? 이에 대해 마르셀 마우스(Marcel Mauss)의 다음 언급을 참조. "인격에 대한 우리의 생각을 고정된 것으로 보는 것은 환상이다. … 그것은 종족의 사회적 역할에서 시작한 것이며, persona는 마스크를 가리키는 라틴어다. 로마인의 인격관은 법적 권리를 갖는 자였고, (따라서 노예는 인격이 아니었으며), 금욕주의와 기독교 사상에서 인격은 도덕적 가치를 지닌 존재였고, 근대적

사고방식에서 인격은 주로 의식의 상태를 지닌 사람이었다. … 우리의 인격관은 계속해서 변하고 있다”(J. Glover, 1988, 60에서 재인용). 조너선 글로버에 따르면, “인격의 일차적 특성은 자아의식”(ibid., 61)이다.

찰스 테일러(Charles Taylor)는 그의 ‘인격의 개념’에서 다음과 같이 말한다. “인격은 자아감을 갖는, 미래와 과거에 대한 생각이 있는, 가치를 갖거나 선택할 수 있는; 한마디로 말해서 삶의 계획을 가질 수 있는 존재다. … 인격이란 사물에 대해 자신의 관점을 가진 존재다”(C. Taylor, 1985, 97).

3) 이 점에 대해서는 도올 TV에서 김용옥의 노자 강의 22. ‘종교교육과 인문교육’을 참조.
4) 제1장 28쪽, 제6장 158쪽을 참조.
5) 이와 관련하여 앤드류 헤커(Andrew Hacker)의 다음 주장을 참조. “나는 수학이 영예로운 학문이며, 배움의 전당에서 존경받는 지위를 차지할 자격이 있다고 인정한다. 하지만 수학을 재능의 범주로 끌어들여 핵심 지위를 부여하는 것은 그와는 다른 문제다”(박지훈 역, 앤드류 헤커 저, 『수학의 배신』, 100).
6) 실천적 추론에 관해서는 다음 책이 있음. Joseph Raz. (1978). *Practical Reasoning*. Oxford: Oxford University Press.
7) 제4장 106쪽.
8) 제5장 124쪽.
9) 제2장 60쪽.
10) 제1장 38쪽.
11) 제7장 170쪽.
12) 제9장 231쪽.
13) 제8장 200쪽.
14) 자신의 과거에 대한 기억의 객관성은 교육철학에서 다룰 윤리적 문제다. 필자는 과거의 기억이 청소년에게 얼마나 중요한지를 최근에, 〈파란만장〉이라는 TV프로그램에서 불우한 청년의 훌륭한 고백을 듣고 절실하게 깨닫게 되었다. 산다는 것은 고통(生卽苦)이어서 누구에게나 고통스러운 과거가 있다. 특히 청소년의 고통스러운 과거가 교육에서 중요하게 다루어져야 함을 철학적으로 접근할 필요가 있다고 본다.

15) 이는 자아 발달의 제2단계에서 자아가 됨을 가리킴.

16) 인간의 존재에 대한 시간적 이해는 교육목적과 연관된 중요한 문제다.

17) 이 주제와 관련하여 다음 책을 참조. 강수돌(2015).『여유롭게 살 권리: 일에 지쳐 삶을 잃어버린 당신에게 전하는 오래된 미래』. 서울: 다시봄, 이지헌, 임배 공저(2016).『과로사회를 위한 존 화이트의 교육철학: 일, 학습, 그리고 잘삶』. 서울: 학지사.

제11장 몸

1) 마음의 주요 부분들, 그리고 부분들 간의 상호 연관을 종합적으로 다룬 책으로는 길버트 라일의『마음의 개념』, 앤서니 케니의『마음의 형이상학』, 콜린 맥긴의『마음의 성격』등이 있다. *The Oxford Handbook of Philosophy of Mind*(2009)의 제5부에서 다양한 심적 능력을, 즉 상상, 사고, 언어와 사고, 의식, 기억, 정서, 지향적 행위 등을 따로 다룬다.

2) 김상환은 그의 글 '데카르트: 이원론과 정념론(2012, 154)'에서 실체와 심신이원론에 대해 다음과 같이 밝힌다. '실체'란 '존재하기 위해 자기 자신 이외의 다른 사물에 의존하지 않는 존재자'를 의미한다. '심신이원론'이란 '물리적인 것과 정신적인 것이 독립적으로 존재하여 서로 동일시될 수 없다고 보는 철학적 이론'을 가리킨다. 존 헤일(John Heil, 2020, 20)은 데카르트가 심신을 구분하는 세 가지 특징을 다음과 같이 그림으로 제시한다.

물질적 신체	마음
공간적	비-공간적
물질적 성질	독특한 심적 성질
공적	사적

3) 이를 상호작용론(interactionism)이라고 하고(Julie Yoo, 2019, 191), 이원주의(dualism)라고도 한다(박준호 역, 이안 라벤스 크로프트, 심리철학: 초보자 안내서). 줄리 유(Julie Yoo)는 환경, 마음, 신체 간의 인과적 상호작용을 다음과 같은 사례를 들어 설명한다. 주변이 어두워지면 이를 지각하는 심적 상태가 발생하고, 이 심적 상태는 더 잘 보려는 욕구로 이어지며, 이것이 신경계에 변화를 일으킴으로

써 팔을 움직여 전등 스위치를 켜게 하여 방이 밝아지면서 더 잘 보이게 된다. 이 관계는 다음 그림으로 나타낼 수 있다(J. Yoo, 2019, 191).

더 잘 보려는 욕구 　　　　　　　　　　　　　　밝은 빛에서 지각한다

- -

더 잘 보려는 욕구에 따른 신경계의 변화 → 손으로 전등 스위치를 켠다.

4) 부수 현상론의 '부수'가 의미하는 바는 다음과 같다. "물질적 사건은 심적 부산물(byproduct)을 가질 수 있다 … 심적 사건은 어떤 물질적 원인의 효과… 물질적 현상의 부수 효과(side effect)다"(Heil, 2020, 42). 부수 현상론에 따르면, 두뇌의 물리적 속성은 두뇌의 비물리적 속성의 원인이지만, 반대 방향의 인과 관계는 성립하지 않는다(박준호 역, 이안 라벤스크로프트 저, 44). 부수 현상론을 부수 현상적 속성 이원론이라고 말한다(ibid.). 부수 현상론은 일찍이 토마스 헉슬리(Thomas Huxley, 1825~1895), 산타야나(Santayana, 1863~1952)가 주장했던 이론이다(Julie Yoo, 2019, 193).
5) 철학적 행동주의는 심리학자인 스키너의 행동주의, 혹은 방법론적 행동주의(박준호 역, 이안 라벤스크로프트 저, 66-71)와 구별된다.
6) 동일론에 따르면 마음은 두뇌다. 심리적 상태는 두뇌의 물리적 상태다. 물이 H_2O인 것처럼, 또 번개가 대기의 전기 방전인 것처럼 심리적 상태는 두뇌 상태다(박준호 역, 이안 라벤스크로프트 저, 75). 동일론은 일찍이 홉스(Thomas Hobbes, 1588~1679), 가상디(Pierre Gassendi, 1592~1655)가 주장했던 이론이다. 이 이론은 1950년대에 미국의 플레이스(U. T. Place), 파이글(H. Feigle), 그리고 호주의 스마트(J. J. C. Smart)가 옹호했다. 1960년대에는 기능주의가 등장했다.
7) 애미 카인드(Amy Kind, 2020, 110)는 이것을 다른 사례를 가지고 설명한다. 어떤 은행의 비밀금고의 비밀번호는 세 자리다. 보안회사의 조언에 따르면, 그 번호를 모두 아는 이는 그 은행에 아무도 없다. 은행장은 첫째 자리, 부장은 둘째 자리, 과장은 셋째 자리의 숫자/기호를 알 뿐이다. 개인적으로는 아무도 열 수 없고 집단으로만 열 수 있다. 바꾸어 말하면 그 비밀번호를 아는 것은 세 사람이 집단으로 결합한 전체 시스템뿐이다. 이와 비슷하게 중국어 방에 있는 사람은 중국어를 이해할 수 없고, 더 큰 시스템의 일부일 뿐이며, 중국어를 이해하는 것은 더 큰 시

스템이다.

8) 통속심리학은 상식적 심리학을 가리킨다(박준호 역, 이안 라벤스크로프트 저, 121).

9) 이는 한우진의 번역을 따른 것임(한우진, 2012, 413). '~처럼 느낀다는 것이 어떤 일인가', '주체에게 무엇과 같은 것인가'라는 의미로도 이해할 수 있음(박준호 역, 이안 라벤스크로프트 저, 294).

10) 이 장에서 간단히 다루고 있는 내용을 더 자세히 살펴보려면, 애미 카인드(Amy Kind, 2020)의 『마음의 철학: 기본서』가 아주 좋다. 이 책은 마음의 철학을 사이언스 픽션(SF), SF 영화를 사례로 들어가면서 설명한다. 더 자세한 안내서로는 존 헤일(John Heil, 2020)의 『마음의 철학: 최신 개론서』가 있다.

학술적 후기

1) 서울대학교철학사상연구소에서 『마음과 철학』이라는 이름으로 2012년과 2013년에 펴낸 4권의 책을 가리킴.

2) '마음의 철학'이라는 명칭은 다음 책에서 따온 것임. 김광수(2006). 『마음의 철학』. 서울: 철학과현실사.

3) Rebecca Copenhaver and Christopher Shields, 'General Introduction,' in Kind A. ed. (2019). *Philosophy of Mind in the 20th and 21st Centuries*. London: Routledge, x.

4) Amy Kind, 'Introduction to Volume 6,' in Kind A. ed. (2019). *Philosophy of Mind in the 20th and 21st Centuries*. London: Routledge, 1.

5) 강진호(2012). 서울대학교철학사상연구소 엮음(2012). 『마음과 철학: 서양편(하)』, 서문. xiv.

6) Peters, R. S. (1966), 이홍우, 조영태 역(2003). 『윤리학과 교육』. 서울: 교육과학사. 26. 괄호 안은 필자 추가.

7) 위 책, 63. 괄호 안은 필자 추가. 또한 제4장 주 8)에 있는 엘리엇(R.K. Elliott)의 견해를 참조.

8) 위 책, 76. initiation을 성년식으로 옮기지만, 입문으로 옮길 수도 있다.

9) 크리스틴 매카시(2010). '마음의 개념', Bailey, R., Barrow, R., Carr, D., & McCarthy, C. ed. (2010). *The Sage Handbook of Philosophy of Education*.

London: Sage Publications. 이지헌 역(2013). 『교육철학 2: 가치와 실천』. 서울: 학지사, 178.

10) *The Concept of Motivation*(Routledge and Kegan Paul, 1958, 2nd edition, 1960), *Reason and Compassion*(Routledge and Kegan Paul, 1973), *Psychology and Ethical Development*(Allen & Unwin, 1974)

11) *Do Howard Gardner's Multiple Intelligences Add Up?*(London: Institute of Education, 1988). *Intelligence, Destiny, and Education: The ideological roots of intelligence testing*(London: Routledge, 2006).

12) 그의 책은 다음과 같이 우리나라에 번역되었다. 『교육목적론』(이지헌, 김희봉 공역, 학지사), 『잘삶의 탐색』(이지헌, 김희봉 공역, 교육과학사), 『청소년의 행복을 위한 교육』(이지헌 역, 라이스/화이트 공저, 공감플러스), 『중등교육과정: 그 역사와 철학』(이지헌, 김희봉 역, 학지사)

13) Kind, A. (2020). *Philosophy of Mind: The Basics*. London: Routledge. 125-150. 마음의 미래, 즉 마음의 확장, 전송, 병합에 관한 모든 언급은 이 책에 들어 있음.

14) Schneider, S., & Mandik, P. (2019). How Philosophy of Mind can Shape the Future in Kind A. ed. (2019). *Philosophy of Mind in the 20th, and 21st Centuries*. London: Routledge. 303-319. AGI, SAI, AI 의식에 관한 모든 언급은 이 글에 들어 있는 것임.

15) 특히 다음의 두 권이 기억에 남는다. Jonathan, G. ed. (1976). *The Philosophy of Mind*. Oxford University Press, 그리고 Colin, M. (1982). *The Character of Mind*. Oxford: Oxford University Press.

16) 심리철학의 다섯 가지 문제는 다음과 같다(J. Glover, 1976, 1).
  1) 해석 문제: 타인과 자신의 행위 및 심적 상태에 대한 우리의 해석을 정당화하는 문제
  2) 기술/분류 문제: 심적 상태와 행동을 기술하고 분류하는 문제
  3) 모델 문제: 마음의 모델, 혹은 특수한 종류의 심적 활동의 모델에서 생기는 문제
  4) 심신 문제: 의식적 경험과 '행위 혹은 뇌의 상태'의 관계에 관한 문제
  5) 정체성 문제: 시간에 따라 몸과 마음이 변함에도 불구하고 나는 동일한 인간으로 남는다는 견해를 정당화하는 문제, 그리고 어떤 종류의 변화가 있으면 동

일한 인간이라고 말하기에 부적합한가에 관한 문제

17) 맥긴의 책은 6개의 장으로 구성되어 있고, 각 장의 주제는 다음과 같다. 심적 현상, 마음과 몸, 의식과 지각, 사고와 언어, 욕구와 행위, 주체와 자아가 그것이다. 그에 의하면, "마음의 철학이 철학 전체에서 중심 자리를 차지한다"(122).

18) 예를 들면, 김재인(2017). 『인공지능의 시대, 인간을 다시 묻다』. 이 책의 표지에 다음 문장이 있다. "인공지능의 원리를 찾아 인간의 '마음'을 묻다."

19) Ryle, G. (1949). *The Concept of Mind*. London: Hutchinson. 이한구 역(2019). 『마음의 개념』. 서울: 문예출판사. Kenny, A. (1992). *The Metaphysics of Mind*. Oxford: Oxford University Press.

참고문헌

강수돌(2015). 여유롭게 살 권리: 일에 지쳐 삶을 잃어버린 당신에게 전하는 오래된 미래. 서울: 다시봄.

곽덕주, 최진, 김회용(2016). '상상력과 지식교육: 이건과 비고츠키를 중심으로'. 교육철학연구 제38권 제4호, pp. 1-31.

김광수(2006). 마음의 철학. 서울: 철학과현실사.

김상환(2012). '데카르트: 이원론과 정념론'. 서울대학교철학사상연구소 엮음(2012), 마음과 철학: 서양편 상. pp. 153-188. 서울: 서울대학교출판문화원.

김재인(2017). 인공지능의 시대. 인간을 다시 묻다. 서울: 동아시아.

김정래 역(2013), 린지 C. 저(1988). 교육목적론. 서울: 학지사.

김회용, 곽덕주 공역(2014), 이건 K. 저(2008). 상상력 교육. 서울: 학지사.

박연호 역(2002), 디어든 R. F. 저(1968). 초등교육의 철학. 서울: 교육과학사.

박준호 역(2012), 라벤스크로포트 I. 저(2005). 심리철학: 초보자 안내서. 서울: 서광사.

박지훈 역(2019), 헤커 앤드류 저(2019). 수학의 배신. 서울: 동아엠앤비

서울대학교철학사상연구소(2012a). 마음과 철학: 서양편 상. 서울: 서울대학교출판문화원.

서울대학교철학사상연구소(2012b). 마음과 철학: 서양편 하. 서울: 서울대학교출판문화원.

서울대학교철학사상연구소(2013a). 마음과 철학: 불교편. 서울: 서울대학교출판문화원.

서울대학교철학사상연구소(2013b). 마음과 철학: 유학편. 서울: 서울대학교출판문화원.

이병승, 김우영 공역(1014), 윈치 C. 저(1998). 인간학습의 철학. 서울: 학지사.

이순영 역(2013), 허카 T. 저(2011). 무엇을 더 알아야 하는가. 서울: 책읽는수요일.

이유상 역(1999), 카울바흐 F. 저. 행위철학. 서울: 서광사.
이지헌 역(2013), 메카시 C. 저(2010). '마음의 개념', 이지헌 역(2013), 베일리 R., 베로 R., 카 D., 메카시 C. 공편(2010). 교육철학2: 가치와 실천. pp. 177-202.
이지헌 역(2013), 베일리 R., 베로 R., 카 D., 메카시 C. 공편(2010). 교육철학2: 가치와 실천. 서울: 학지사.
이지헌 역(2013), 시겔 H. 저(2010). '지식과 진리'. 이지헌 역(2013), 베일리 R., 베로 R., 카 D., 메카시 C. 공편(2010). 교육철학2: 가치와 실천. 제6장.
이지헌 역(2013), 엘렛 F. S., 에릭슨 D. P. 저(2013). '동기와 학습'. 이지헌 역(2013), 베일리 R., 베로 R., 카 D., 메카시 C. 공편(2010). 교육철학2: 가치와 실천. pp. 225-251.
이지헌 역(2013), 존슨 S. 저(2010). '전이될 수 있는 기능'. 이지헌 역(2013), 베일리 R., 베로 R., 카 D., 메카시 C. 공편(2010). 교육철학2: 가치와 실천. pp. 253-279.
이지헌 역(2013), 쿱먼 콘스탄틴 저(2010). '예술, 미학, 교육'. 베일리 R., 베로 R., 카 D., 메카시 C. 공편(2010). 교육철학2: 가치와 실천. pp. 387-411.
이지헌 역(2018), 라이스 M. J., 화이트 J. 저(2012). 청소년의 행복을 위한 교육. 서울: 공감플러스.
이지헌 역(2020), 뷰캐넌 A. 저(2015). '교육과 사회적 도덕적 인식론'. 이지헌 역(2020), 브릭하우스 H. 맥퍼슨 M. 공편(2015). 고등교육의 목적: 도덕과 정의의 문제. 제6장 pp. 165-203.
이지헌 역(2020), 브릭하우스 H., 맥퍼슨 M. 공편(2015). 고등교육의 목적: 도덕과 정의의 문제. 서울: 학지사.
이지헌(2001). 교육의 철학적 차원. 서울: 교육과학사.
이지헌, 김희봉 공역(2002), 화이트 J. 저(1990). 교육목적론. 서울: 학지사.
이지헌, 김희봉 공역(2014), 화이트 J. 저(2011). 잘삶의 탐색. 서울: 교육과학사.
이지헌, 김희봉 공역(2016), 화이트 J. 저(2011). 중등교육과정: 그 역사와 철학. 서울: 학지사.
이지헌, 임배(2016). 과로사회를 위한 존 화이트의 교육철학. 서울: 학지사.
이진우(2009). 프라이버시의 철학: 자유의 토대로서의 개인주의. 서울: 돌베개.
이창우, 김재홍, 강상진 공역(2006), 아리스토텔레스 저. 니코마코스 윤리학. 서울: 이제

이북스.

이한구 역(2019), 라일 G. 저(1949). **마음의 개념**. 서울: 문예출판사.

이홍우 역(1990), 햄린 D. W. 저(1982). **지식과 이해의 성장**. 서울: 교육과학사.

이홍우, 조영태 공역(2003), 피터스 R. S. 저(1966). **윤리학과 교육**. 서울: 교육과학사.

전대호 역(2018) 가브리엘 M. 저(2015). **나는 뇌가 아니다**. 경기: 열린책들.

한우진(2012). '의식의 신비'. 서울대학교철학사상연구소(2012), **마음과 철학: 서양편 하**. pp. 399-425.

한자경(1997). **자아의 연구**. 서울: 서광사.

한정라 역(2020), 웨스트팔 J. 저(2016). **마음과 몸의 문제**. 서울: 한울.

허희옥, 양은주, 김다원, 문용선, 최종근(2017). '인공지능 시대의 인간 지능과 학습'. **교육철학연구 제39권** 제1호 pp. 101-132.

Bailey, R. ed. (2010). *The Philosophy of Education: An Introduction. London: Continum*. 이지헌 역(2011). **철학이 있는 교육, 교육을 찾는 철학**. 서울: 학이당.

Bailey, R., Barrow, R., Carr D., & McCarthy, C. ed. (2010). *The Sage Handbook of Philosophy of Education*. London: Sage Publications. 이지헌 역(2013). **교육철학 1, 2**. 서울: 학지사.

Brighouse, H., & McPherson, M. ed. (2015). *The Aims of Higher Education: Problems of Morality and Justice*. Chicago: The University of Chicago Press. 이지헌 역(2020). **고등교육의 목적: 도덕과 정의의 문제**. 서울: 학지사.

Brown, S., C. ed. (1975). *Philosophers Discuss Education*. London: Macmillan.

Clark, A. (2003). Artificial Intelligence and the Many Faces of Reason in Stich, S. P., & Warfield Ted A. ed. (2003). *The Blackwell Guide to Philosophy of Mind*. pp. 309-321. Oxford: Blackwell Publishing.

Darling, J. (1994). *Child-centered Education and its Critics*. London: Paul Chapman.

Dearden, R. F. (1968). *The Philosophy of Primary Education*. London: Routledge and Kegan Paul. 박연호 역(2004). **초등교육철학**. 서울: 교육과학사.

Dearden, R. F., Hirst, P. H., & Peters, R. S. eds. (1972). *Education and Reason*. London: Routledge and Kegan Paul.

Egan, K., & Nadamer, D. eds. (1988). *Imagination and Education*. Milton Keynes: Open University Press.

Elliott, R. K. (1975a). A Reply to the Concept of Development in *The Proceedings of the Philosophy of Education Society*, Vol. 9.

Elliott, R. K. (1975b). Education and Human Being I in S. C. Brown ed., *Philosophers Discuss Education*. London: Macmillan.

Elliott, R. K. (1998). Versions of Creativity. in Hirst, P. H., & White, P. eds. (1998). *Philosophy of Education: Major Themes in the Analytic Tradition* Vol II. pp. 224-233.

Farkas, K. (2019). The Boundaries of the Mind in Kind Amy ed. (2019). *Philosophy of Mind in the 20th, and 21st Centuries*. pp. 256-279. London: Routledge.

Glover, J. (1988). *I: The Philosophy and Psychology of Personal Identity*. London: Penguin Press.

Glover, J. ed. (1976). *The Philosophy of Mind*. London: Oxford University Press.

Goldie, P. ed. (2010). *The Oxford Handbook of Philosophy of Emotion*. London: Oxford University Press.

Guttenplan, S. ed. (1994). *A Companion to the Philosophy of Mind*. Oxford: Blackwell Publishers.

Hamlyn, D. W. (1975). The Concept of Development in *The Proceedings of the Philosophy of Education Society*, Vol. 9.

Hamlyn, D. W. (1982). *Experience and the Growth of Understanding*. London: Routledge and Kegan Paul. 이홍우 역(1990). **지식과 이해의 성장**. 서울: 교육과학사.

Hand Michael (2007). The Concept of Intelligence. *London Review of Education*. Vol.5, No.1, pp. 35-46.

Heil, J. (2020). *Philosophy of Mind: A Contemporary Introduction*. 4th ed. London: Routledge.

Hepburn, R. W. (1998). The Arts and the Education of Feeling and Emotion in Hirst, P. H., & White, P. eds. (1998). *Philosophy of Education: Major Themes in the Analytic Tradition* Vol IV. pp. 171-185.

Hirst, P. H., & Peters, R. S. (1970). *The Logic of Education*. London: Routledge and Kegan Paul. 교육의 논리. 서울: 배영사.

Hirst, P. H., & White, P. eds. (1998). *Philosophy of Education: Major Themes in the Analytic Tradition* Vol IV. London: Routledge.

Hirst, P. H., & White, P. eds. (1998). *Philosophy of Education: Major Themes in the Analytic Tradition* Vol II. London: Routledge.

Hurka, T. (2011). *The Best Things in Life*. Oxford: OUP. 이순영 역(2012). 무엇을 더 알아야 하는가. 서울: 책읽는수요일.

Kenny, A. (1992). *The Metaphysics of Mind*. Oxford: Oxford University Press.

Kind, A. (2020). *Philosophy of Mind: The Basics*. London: Routledge.

Kind, A. ed. (2016). *The Routledge Handbook of Philosophy of Imagination*. London: Routledge.

Kind, A. ed. (2019). *Philosophy of Mind in the 20th and 21st Centuries*. London: Routledge.

MacIntyre, A. (1960). Purpose and Intelligent Action in *Proceedings of the Aristotelian Society* (Supplement Volume)

MacIntyre, A. (1981). *After Virtue*. London: Duckworth.

MacIntyre, A. (1999). *Dependent Rational Animals: Why Human Beings Need the Virtues*. Illinois: Carus Publishing Company.

Margolis, E., & Laurence, S. (2003). Concepts, in Stich and Warfield ed.,(2003) pp. 190-213.

McCarthy, C. (2010). Concept of Mind in Bailey, R., Barrow, R., Carr, D., & McCarthy, C. ed. (2010). *The Sage Handbook of Philosophy of Education*. London: Sage Publications. 이지헌 역(2013). 교육철학 2. pp. 177-202. 서울: 학지사.

McGinn, C. (1982). *The Character of Mind*. Oxford: Oxford University Press.

Mclaughlin, B. P., Beckermann, A., & Walter, S. ed. (2009). *The Oxford Handbook of Philosophy of Mind*. Oxford: Clarendon Press.

Nagel, T. (1979). *Mortal Questions*. Cambridge: CUP.

Noddings, N. (2007). *Philosophy of Education* 2nd ed. Colorado: Westview.

Passmore, J. (1980). *The Philosophy of Teaching*. London: Duck-worth.

Passmore, J. (1998). Cultivating Imagination in Hirst, P. H., and White, P. eds. (1998). *Philosophy of Education: Major Themes in the Analytic Tradition* Vol II. pp. 234-251.

Peacocke, C. (2003). Concepts and Possession Conditions in Mclaughlin, B. P., Beckermann, A., & Walter, S. ed. (2009). *The Oxford Handbook of Philosophy of Mind*. pp.437-456.

Peters, R. S. (1972). The Education of the Emotions in Dearden, R. F., Hirst, P. H., & Peters, R. S. eds. (1972). *Education and Reason*. pp.179-194.

Pitcher G. (1972). Emotion in Dearden, R. F., Hirst, P. H., & Peters, R. S. eds. (1972). *Reason*, Part 2 of *Education and the Development of Reason*. London: Routledge and Kegan Paul.

Ravenscroft, I. (2005). *Philosophy of Mind: A Beginner's Guide*. Oxford: Oxford University Press. 박준호 역(2013). **심리철학: 초보자 안내서**. 서울: 서광사.

Rorty, A. O. (1980). Introduction in Rorty, A. O. ed. (1980). *Explaining Emotions*. p. 1. Los Angeles: University of California Press.

Ryle, G. (1949). *The Concept of Mind*. London: Hutchinson. 이한구 역(2019). **마음의 개념**. 서울: 문예출판사.

Schneider, S., & Mandik, P. (2019). How Philosophy of Mind can Shape the Future in Kind, A. ed. (2019). *Philosophy of Mind in the 20th, and 21st Centuries*. pp. 303-319.

Selleck, R. J. W. (1968). The New Education: The English Background, 1870-1914. London: Pitman.

Smith, R. (1983). The Use of Memory. *Journal of Philosophy of Education*. Vol. 17. No.1.

Stenberg, R. J. ed. (2000). *Handbook of Intelligence*. Cambridge: Cambridge University Press.

Stich, S. P., & Warfield, T. A. ed. (2003). *The Blackwell Guide to Philosophy of*

Mind. Oxford: Blackwell Publishing.

Suissa, J., Winstanley, C., & Marples, R. (2015). *Education, Philosophy and Well-being: New Perspectives on the work of John White*. London: Routledge.

Taylor, C. (1985a) Self-interpreting Animals in Taylor, C. ed. (1985). *Human Agency and Language: Philosophical Papers 1*. pp. 45-75. Cambridge: Cambridge University Press.

Taylor, C. (1985b) The Concept of a Person in Taylor, C. ed. (1985). *Human Agency and Language: Philosophical Papers 1*. pp. 97-113. Cambridge: Cambridge University Press

Warnock, M. (1986). The Education of the Emotions in Cooper, D. E. ed. (1986). *Education, Value and Mind*. London: Routledge.

White, J. (1974). Intelligence and the Logic of the Nature-Nuture Issue. *Proceedings of the Philosophy of Education Society of Great Britain*. VIII(1). 30-51. Also in White, J. (2005). *The Curriculum and the Child: the Selected Works of John White*. pp. 11-23. London: Routeldge.

White, J. (1984). The Education of the Emotions. *Journal of Philosophy of Education*. Vol. 18. No. 2. pp. 195-210.

White, J. (1988). The Arts, Well-being and Education in Hirst, P. H., & White, P. eds. (1998). *Philosophy of Education: Major Themes in the Analytic Tradition* Vol IV. pp. 186-196.

White, J. (1990). *Education and the Good Life*. London: Institute of Education University of London. 이지헌, 김희봉 공역(2002). **교육목적론**. 서울: 학지사.

White, J. (1997). *Education and the End of Work*. London: Cassell.

White, J. (1998). *Do Howard Gardner's Multiple Intelligences Add Up?*. London: Institute of Education.

White, J. (2002). *The Child's Mind*. London: Routledge.

White, J. (2005). The Puritan Intelligence. Oxford Review of Education. 31(3). Also in White, J. (2005). *The Curriculum and the Child: the Selected Works of John White*. pp. 56-73. London: Routeldge.

White, J. (2011). *Exploring Wellbeing in Schools*. London: Routledge. 이지헌, 김희봉 공역(2002). **잘삶의 탐색**. 서울: 학지사.

White, J. (2011). *The Invention of the Secondary Curriculum*. London: Palgrave. 이지헌, 김희봉 공역(2002). **중등교육과정, 그 역사와 철학**. 서울: 학지사.

White, J. (2013). *An Aims-based Curriculum: The Significance of Human Flourishing for Schools*. London: Institute of Education University of London. 이지헌 역(2016). **청소년의 행복을 위한 교육**. 서울: 공감플러스.

Winch, C. (1998). *The Philosophy of Human Learning*. London: Routledge. 이종승, 김우영 공역(2014). **인간학습의 철학**. 서울: 학지사.

Winstanley, C. (2015). On Intelligence. in Suissa, J., Winstanley, C., & Marples, R. ed., *Education, Philosophy and Well-being: New Perspectives on the Work of John White*. pp. 70-82. London: Routledge.

Wringe, C. (1988). *Understanding Educational Aims*. London: Unwin Hyman. 김정래 역(2013). **교육목적론**. 서울: 학지사.

Yoo Julie (2019). The Mental Causation Debates in the 21th Century in Kind Amy ed. (2019). *Philosophy of Mind in the 20th and 21th Centuries*. pp. 175-199.

찾아보기

인명

내용

저자 소개

이지헌(李智憲, Jeehun Lee, 1952~)

전남대학교 명예교수. 광주(光州)에서 태어나 전남대학교 교수로 1979년부터 2018년까지 교육철학을 가르치고 연구했다. 연구 분야는 고등교육의 철학 및 교육목적의 철학이다. 정년 후 2020년에 번역서로『고등교육의 목적: 도덕과 정의의 문제』를 출간했다. 그 이후 마음과 교육의 관계에 관한 철학적 연구를 계속했다. 요즈음 저자의 마음을 사로잡고 있는 주제는 다음과 같다. 한국 학생들은 왜 그토록 어려운 수많은 교과목을 억지로 배우게 되었는가? 다른 나라의 교육철학 연구에 언제까지 매달리고 의지할 것인가? 한국의 교육 현장과 거리가 먼 교육철학은 어떻게 해서 한국 대학에 자리를 잡게 되었는가? 교육철학의 신진 세력은 기존 세대의 교육철학을 어떻게 바라보는가? 등이다.

존 화이트의 교육적 관점에서 본
마음과 교육
Mind and Education in John White's View of Education

2022년 1월 20일 1판 1쇄 인쇄
2022년 1월 25일 1판 1쇄 발행

지은이 • 이지헌
펴낸이 • 김진환
펴낸곳 • ㈜ 학지사
04031 서울특별시 마포구 양화로 15길 20 마인드월드빌딩
대표전화 • 02-330-5114 팩스 • 02-324-2345
등록번호 • 제313-2006-000265호

홈페이지 • http://www.hakjisa.co.kr
페이스북 • https://www.facebook.com/hakjisabook

ISBN 978-89-997-2575-3 93370

정가 18,000원

저자와의 협약으로 인지는 생략합니다.
파본은 구입처에서 교환해 드립니다.